この本の特色としくみ

本書は，中学公民の内容を3段階のレベルに分け，それらをステップ式で学習できるようにした問題集です。各単元は，Step1（基本問題）と Step2（標準問題）の順に並び，章の項目や章末には Step3（実力問題）があります。巻頭には「地理・歴史の復習」を [illegible] 設け，復習と入試対策に役立ちます。

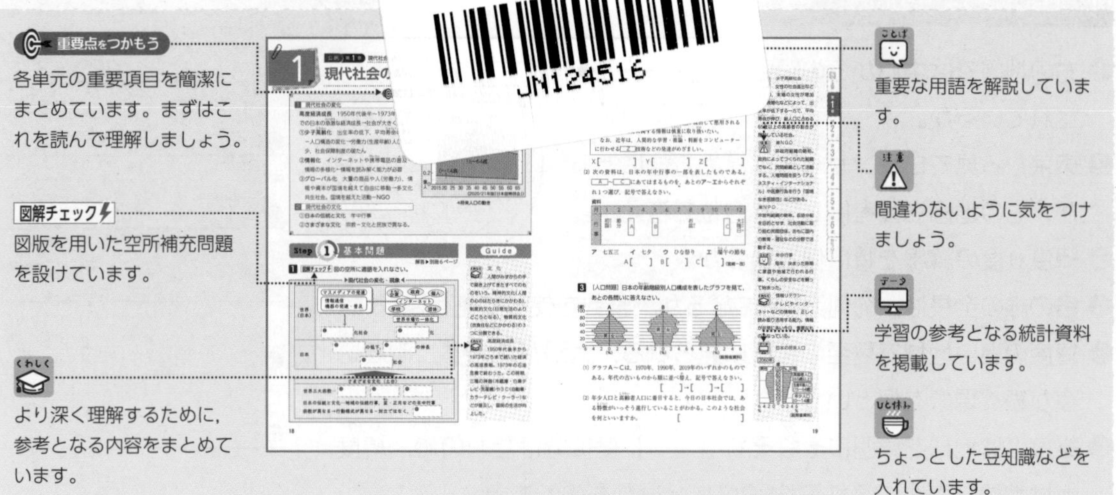

もくじ

本書に関する最新情報は，小社ホームページにある**本書の「サポート情報」**をご覧ください。（開設していない場合もございます。）
なお，この本の内容についての責任は小社にあり，内容に関するご質問は直接小社におよせください。

地理の復習　　解答▶別冊１ページ【　　月　　日】

世界と日本の地域構成，世界の人々の生活と環境

■次の各問いに答えなさい。また，［　　］にあてはまる語句や数字を答えなさい。

1　地球儀と世界地図

❶ 右の地図では中心からの距離と何が正確に表されているか。

ロサンゼルス
東京
5,000km
10,000km
15,000km

❷ 東京から見てロサンゼルスはどの方位にあるか，右の地図を参考にして八方位で答えよ。

❸ 緯度０度の緯線を特に何というか。

❹ ❸の線の全長は，約何万kmになるか。整数を使って答えよ。

❺ 緯度の高い地域で夏至のころに見られる，太陽が沈まず，明るい夜が続く現象を何というか。

❻ 経度とは地球を東西にそれぞれ［　　］度に分けたもので，緯度とは地球を南北にそれぞれ90度に分けたものである。

❼ 同じ経度の地点を結んだ線を何というか。

❽［　　］はイギリスのロンドンを通る❼で，各国の標準時を決める基準になっている。

❾ １時間の時差が生じる２地点間の経度の差は何度か。

❿ 日の出の時刻が早いのは，北海道と沖縄県ではどちらか。

2　世界と日本の地域構成

⓫ 三大洋とは太平洋と大西洋と［　　］のことをいう。

⓬ 六大陸のうち，最も面積の大きい大陸を何というか。

⓭ 世界を６つの州に区分したとき，人口が最も多い州は何州か。

⓮ 国と国との境界のことを何というか。

⓯ アジア州はさらに細かく，西アジア・南アジア・中央アジア・東アジア・東南アジア・シベリアの６つの地域に区分することができる。このうち，日本はどの地域に含まれるか。

⓰ 2020年現在，国際連合に加盟している国は何か国か。

⓱ アフリカ州には，直線的な国境線が多く見られるが，これはアフリカ州がかつてヨーロッパの国々の［　　］であったため，そのときに❼や緯線を使って引かれた境界線を，今も国境線として使用しているからである。

⓲ 日本やイギリスのように海に囲まれた島国（海洋国）に対し，モン

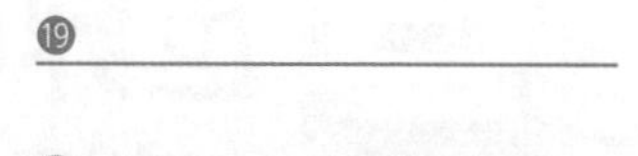

ゴルやスイスのように海に面していない国を何というか。

⑲ 世界で最も面積が大きい国はどこか。

⑳ 世界で最も面積が小さい国はどこか。

㉑ 世界で最も人口が多い国はどこか。

㉒ 国名がスペイン語で❸を意味するエクアドルが属する州はどこか。

㉓ オセアニア州の国の国旗には南十字星の入ったものや［　　］の国旗が入ったものが多い。

3 日本の地域構成

㉔ 領海をのぞく海岸から200海里までの範囲で，水産資源などを沿岸国が自由に利用できる水域を何というか。

㉕ 北方領土のうち，面積が最大の島は何か。

㉖ 日本の標準時子午線は［　　］度である。

4 世界の人々の生活と環境

㉗ 世界を５つの気候帯に分類したとき，１年を通して降水量が少なく，昼と夜の気温差が激しい気候帯を何というか。

㉘ 世界を５つの気候帯に分類したとき，四季の区別がはっきりしており，日本の大部分が属している気候帯を何というか。

㉙ 右の雨温図は，東京・ロンドン・ローマのうち，どの都市のものか。

年平均気温 13.2℃
年降水量 707mm
(2020年版「理科年表」)

㉚ ❸付近に位置する年中高温な気候帯で見られる森林を何というか。

㉛ 右の写真はカナダ北部に住む［　　］と呼ばれる人々の冬の狩り用住居でイグルーという。

㉜ １年の気温差が大きい冷帯の地域で見られる針葉樹の森林を何というか。

㉝ 砂漠(さばく)で水が得られ，集落や耕地になっている地域を何というか。

㉞ アンデス山脈中央部に位置するペルーのクスコなど標高の高い地域は，１年中涼(すず)しい［　　］気候に属している。

㉟ 世界三大宗教のうち，アフリカ北部や西アジアを中心に信仰(しんこう)されている宗教は何か。

❶緯度や経度は地球上の位置を表すだけでなく，気候や時差を考えるときにも有効である。
❹属する気候帯や宗教の違(ちが)いによって，人々の生活や考え方は大きく異なっている。

地理の復習

解答▶別冊1ページ【　　月　　日】

世界のさまざまな地域

■次の各問いに答えなさい。また，［　　］にあてはまる語句を答えなさい。

1 アジア

❶ 世界で最も高いエベレスト山など8,000m級の山々が連なり，「世界の屋根」ともいわれる山脈は何か。

❷ アジア南部～東部に影響を与える季節風をカタカナで何というか。

❸ アジア州の人口は世界人口の約何割を占めているか。

❹ 2015年まで中国で行われてきた人口抑制政策を何というか。

❺ 中国南部では［　　］，北部では小麦の栽培がさかんで，いずれも生産量は世界一(2018年)である。

❻ 外国の資本や技術の受け入れを認められた中国沿岸部の５つの都市・地域を何というか。

❼ BRICSのうち，中国と［　　］がアジアに含まれる。

❽ 欧米諸国の植民地にならなかった東南アジアの国はどこか。

❾ 東南アジアに植民地時代からある大規模な農場を何というか。

❿ 東南アジアの国々でつくられた協力組織である［　　］には，2020年現在，東南アジアの10か国が加盟している。

⓫ インドで主に信仰されている宗教は何か。

⓬ 西アジアは重要なエネルギー資源である［　　］の産出が多い。

2 ヨーロッパ・アフリカ

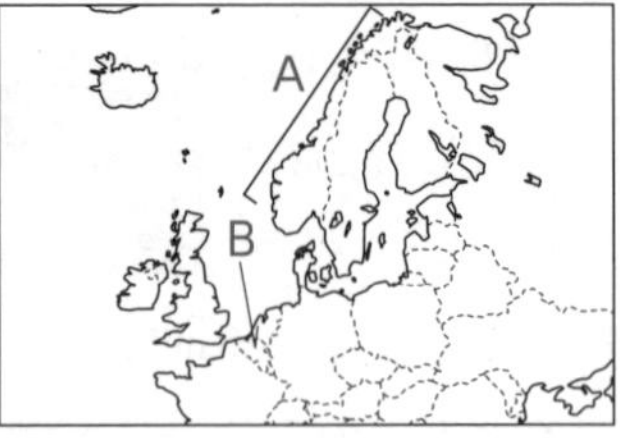

⓭ 地図中Aの地域で見られる氷河によってけずられた地形を何というか。

⓮ ユーラシア大陸の西側は，高緯度のわりには［　　］と北大西洋海流の影響で比較的温暖な気候である。

⓯ ロシアや東ヨーロッパの国で使われる言語は，ゲルマン系言語・スラブ系言語・ラテン系言語のうちのどれか。

⓰ ヨーロッパで多く行われている穀物の栽培と家畜の飼育を組み合わせた農業を何というか。

⓱ 地図中Bの国の首都ブリュッセルには［　　］(ヨーロッパ連合)の本部が置かれている。

⓲ ヨーロッパ連合加盟国の多くが採用している共通通貨は何か。

⑲ アフリカ大陸から地中海に注ぐ世界最長の河川は何か。

⑳ アフリカ大陸の気候は［　　］を境に南北に向かって，ほぼ熱帯雨林気候→サバナ気候→砂漠気候の順に分布している。

㉑ 南アフリカ共和国で続いた有色人種への差別政策を何というか。

㉒ 限られた鉱産資源や農作物の生産と輸出に頼る経済を何というか。

3 北アメリカ・南アメリカ

㉓ 北アメリカ大陸の太平洋側に位置する高く険しい山脈は何か。

㉔ アメリカ合衆国は多民族国家で，ヨーロッパ系やメキシコ・カリブ海の国々からきたスペイン語を話す［　　］などの移民が多い。

㉕ アメリカ合衆国の首都ワシントンD.C.や国際連合の本部がある［　　］は世界の政治・経済の中心になっている。

㉖ 世界のハイテク産業の中心となっているサンフランシスコ郊外の地域を何というか。

㉗ 南アメリカ大陸の太平洋側に連なる山脈は何か。

㉘ 南アメリカ大陸を流れる世界で最も流域面積の大きい河川は何か。

㉙ ラプラタ川周辺に広がる草原を何というか。

㉚ 南アメリカ州では主にスペイン語と何語が使用されているか。

㉛ ブラジルでは環境破壊が問題になっているが，さとうきびからつくられるアルコール燃料の［　　］の生産にも力を入れている。

㉜ 南アメリカ大陸はブラジルの鉄鉱石，ベネズエラの石油，チリの［　　］の他に，レアメタルなど鉱産資源にめぐまれている。

4 オセアニア

㉝ ニュージーランドや太平洋の島々はポリネシア・メラネシア・［　　］に分けられる。

㉞ オーストラリアの先住民族は何か。

㉟ オーストラリアやニュージーランドでは牛や［　　］の放牧がさかんである。

㊱ 右のグラフ中Aにあてはまるものは何か。

オーストラリアの主要な輸出品目（2017年）

230,163百万ドル

品目	%
A	21.1
石炭	18.8
液化天然ガス	8.5
金（非貨幣用）	5.9
肉類	3.9
その他	41.8

（2020/21年版「日本国勢図会」）

㊲ オーストラリアでかつて行われていたヨーロッパ以外からの移民を制限する政策を何というか。

3 日本の裏側に位置する南アメリカ（特にブラジル）には日系人が多く，日本との関係が深い。

4 オーストラリアやニュージーランドはかつてイギリスの植民地で，多くの移民がやってきた。

3 地理の復習

解答▶別冊2ページ 【　　月　　日】

日本のさまざまな地域 ①

■次の各問いに答えなさい。また，[　　]にあてはまる語句や数字を答えなさい。

1 地域調査

❶ 国土交通省に属する，地形図を発行している機関を何というか。

❷ 地形図を作成するときに，実際の距離を地図上の長さに縮めた割合を何というか。

❸ 2万5千分の1の地形図上に5cmで表される長さは，実際の距離では何mになるか。

❹ 地形図では通常，方位は上が［　　］を示す。

❺ 海面からの高さが等しい地点を結んだ線を何というか。

❻ ❺の間隔が狭いほど土地の傾きは［　　］である。

2 日本の地域的特色と地域区分

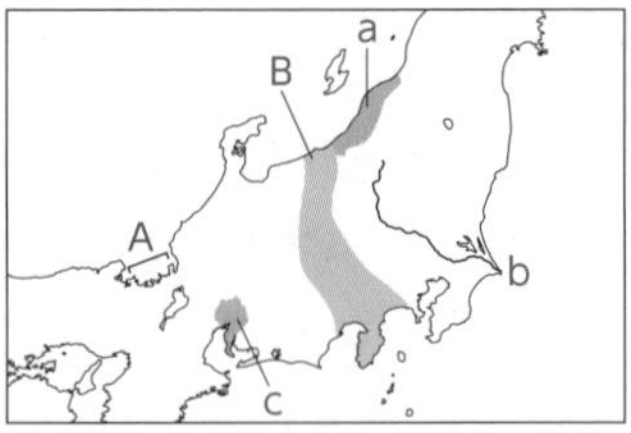

❼ 日本アルプスとは飛驒山脈・木曽山脈と，何山脈か。

❽ 地図中Aに見られるような入り組んだ海岸地形を何というか。

❾ 地図中Bの日本を東西に分ける溝状の地形を何というか。

❿ 地図中a～cの平野や川をそれぞれ何というか。

⓫ 日本の川は世界の川に比べて短く，流れが［　　］である。

⓬ ①那覇市と②金沢市は，日本の気候区分ではそれぞれ何という気候に属するか。

⓭ 災害に備えて被害地域を予測し，作成した地図を何というか。

3 世界から見た日本

⓮ 発展途上国で人口が急激に増えることを何というか。

⓯ 人口が流出し，社会生活の維持が困難な地域を何というか。

⓰ 化石燃料の使用により放出される温室効果ガスなどが原因でおこる地球環境問題は何か。

⓱ 石油や石炭を輸入に依存する日本などで開発が進められている，太陽光や風力などの資源が枯渇しないエネルギーを何というか。

⓲ 大都市周辺で行われる農業を何というか。

❶ ____
❷ ____
❸ ____
❹ ____
❺ ____
❻ ____
❼ ____
❽ ____
❾ ____
❿ a ____
b ____
c ____
⓫ ____
⓬ ① ____
② ____
⓭ ____
⓮ ____
⓯ ____
⓰ ____
⓱ ____
⓲ ____

⑲ 稚魚まで育てて，放流し，成魚をとる漁業を何というか。

⑳ 関東地方から九州地方北部にかけて工業地帯・地域が連なる帯状の地域を何というか。

㉑ 小さく軽くて高価なＩＣなどの輸送には，［　　］が適している。

4 九州地方

㉒ 世界最大級のカルデラをもつ熊本県の火山は何か。

㉓ 1993年に世界自然遺産に登録されている鹿児島県の島は何か。

㉔ 畜産や畑作が盛んな鹿児島県・宮崎県に広がる台地は何か。

㉕ 筑後川の下流に広がる稲作が盛んな平野は何か。

㉖ 北九州工業地域は，官営工場である［　　］がつくられたことから金属工業を中心に発達した。

㉗ 北九州市や水俣病の発生した水俣市が選定された，環境保全の取り組みに積極的な都市を何というか。

㉘ 右の地図は沖縄県全体の約10％を占める［　　］の分布を示している。

㉙ 沖縄県では，重要な観光資源である，きれいな海に広がる［　　］が開発により破壊されており，問題になっている。

(沖縄県資料)

5 中国・四国地方

㉚ 中国・四国地方を日本海側，瀬戸内，太平洋側に分けたとき，季節風と対馬海流の影響を受け，冬に降水量の多いのはどこか。

㉛ 讃岐平野ではため池をつくり，［　　］にそなえてきた。

㉜ 右のグラフが表す果実は何か。

㉝ 高知平野では野菜の［　　］栽培がさかんで，なすの生産量は全国有数である。

㉞ 瀬戸内工業地域の水島地区（倉敷市）などにある，関連する工場をパイプラインで結んだ施設を何というか。

ある果実の県別生産量(2018年)

(2020/21年版「日本国勢図会」)

㉟ 世界で最初の被爆都市であることから，平和記念都市として世界に核兵器の廃絶や世界平和を訴えている都市はどこか。

3 日本の工業地帯や工業地域は原料や製品の輸出入に便利な臨海部に集中している。

5 瀬戸内では工業都市が多く，人口が集中する一方，南四国や日本海側では過疎化が進む。

4 地理の復習

解答▶別冊3ページ 【　　月　　日】

日本のさまざまな地域 ②

■次の各問いに答えなさい。また，［　　］にあてはまる語句や数字を答えなさい。

1 近畿地方

❶ 日本で最大の湖を何というか。

❷ 若狭湾や志摩半島に見られる複雑な海岸地形を何というか。

❸ 奈良市や京都市の文化財はユネスコの［　　］に登録されている。

❹ 平安京の都があった［　　］市は，歴史的な価値を残しながら発展していくことをめざし，景観政策を進めている。

❺ 国際貿易都市である［　　］市は，1995年に発生した阪神・淡路大震災で被災した。

❻ 兵庫県や京都府などの大都市郊外で，野菜や生花などを栽培し，大都市に出荷する農業を何というか。

❼ 近畿地方でみかんやかきなどの果樹栽培がさかんな県はどこか。

❽［　　］工業地帯の，大阪湾岸の埋立地には鉄鋼や石油化学の大工場が，内陸部には中小工場が多い。

2 中部地方

❾ 飛驒・木曽・赤石山脈をまとめて何というか。

❿ 木曽川下流の［　　］平野西部では，水害に備えて集落の周りを堤防で囲んだ輪中がつくられてきた。

⓫ 下流に越後平野が広がる日本最長の河川を何というか。

⓬ 右の雨温図は上越市(日本海側の気候)，松本市(中央高地の気候)，静岡市(太平洋側の気候)のうち，どの都市のものか。

年平均気温 13.6℃
年降水量 2,755mm
(2020年版「理科年表」)

⓭ 中部地方にある4つの政令指定都市のうち，最も人口が多い都市はどこか。

⓮ 右のグラフは［　　］の生産量の県別割合を表している。

ある果実の県別生産量(2018年)
174,700t
山梨 23.9%
長野 17.8
山形 9.2
岡山 8.8
その他 40.3
(2020/21年版「日本国勢図会」)

⓯ 長野盆地や甲府盆地では，水はけのよい［　　］で果樹栽培がさかんである。

⓰ 浅間山や八ヶ岳のふもとで夏の涼しい気候を利用して栽培されるレタスやキャベツなどの野菜を何というか。

⑰ 温暖で水はけのよい牧之原(まきのはら)で栽培がさかんな農作物は何か。 ⑰

⑱ 冬に雪が多い北陸地方では年に一度米を作る［　　］がさかん。 ⑱

⑲［　　］は自動車工業を中心とする日本最大の工業地帯である。 ⑲

3 関東地方

⑳ 流域面積が日本最大の河川を何というか。 ⑳

㉑ 関東平野に広がる火山灰が堆積(たいせき)した赤土を何というか。 ㉑

㉒ 関東地方などで冬に吹(ふ)く，乾燥(かんそう)した北西の季節風を何というか。 ㉒

㉓ 日本で最も人口が集中している［　　］圏(けん)には日本の人口の約4分の1が集中しており，過密化による都市問題を抱(かか)えている。 ㉓

㉔ 東京23区では昼間人口と夜間人口のどちらが多いか。 ㉔

㉕ 東京湾(わん)の西側には［　　］工業地帯，東側には京葉工業地域，内陸には北関東工業地域が形成されている。 ㉕

㉖ 右のグラフは関東地方のどの工業地帯(地域)のものか。 ㉖

㉗ 千葉県にある貿易総額が日本最大の貿易港は何か。 ㉗

ある工業地帯(地域)の工業製品別出荷額の割合(2017年)

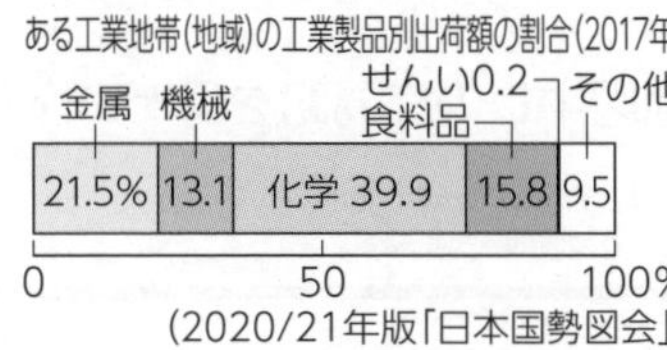

(2020/21年版「日本国勢図会」)

4 東北地方，北海道地方

㉘ 右の地図中A・Bの山脈，C・Dの平野，Eの半島をそれぞれ何というか。 ㉘A B C D E

㉙ 地図に＝で示された本州と北海道を結ぶ海底トンネルを何というか。 ㉙

㉚ 東北地方の太平洋側に夏に吹く，冷たく湿(しめ)った北東の風を何と呼ぶか。 ㉚

㉛ 北海道の太平洋側の沿岸地域では，夏に［　　］がよく発生する。 ㉛

㉜ 北海道の先住民族を何というか。 ㉜

㉝ 根釧(こんせん)台地では，乳牛を飼育して乳製品をつくる［　　］がさかん。 ㉝

㉞［　　］平野では客土による土地改良などで稲作(いなさく)がさかんになった。 ㉞

㉟ 七夕(たなばた)祭りで有名な東方地方の地方中枢(ちゅうすう)都市はどこか。 ㉟

㊱ 青森県と秋田県にまたがる世界自然遺産登録地はどこか。 ㊱

復習ポイント

2 東海・中部高地・北陸の気候や地形をいかした特色ある産業をそれぞれ理解する。

3 日本一人口の多い東京の都心や湾岸(わんがん)地域では再開発が進み，人口が増加している。

5 歴史の復習

解答▶別冊3ページ【　　月　　日】

原始・古代の歴史

■次の各問いに答えなさい。また，[　　]にあてはまる語句を答えなさい。

1 文明のおこり

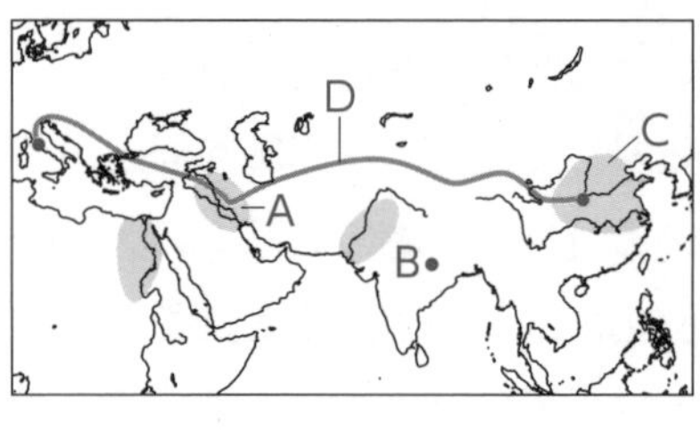

❶ 地図中Aのチグリス川とユーフラテス川のほとりでおこった文明を何というか。

❷ 紀元前5世紀ごろに地図中Bで仏教を説いた人物はだれか。

❸ 地図中Cの中国文明でつくられた，漢字のもととなった文字を何というか。

❹ 中国とローマなどを結ぶ，地図中Dの交易路を何というか。

❶ ＿＿＿＿
❷ ＿＿＿＿
❸ ＿＿＿＿
❹ ＿＿＿＿

2 日本の原始・古墳時代

❺ 主に縄文(じょうもん)時代の人々が食べた後に捨てた貝がらなどが堆積(たいせき)した遺跡(いせき)を何というか。

❻ 紀元前4世紀ごろ，稲作(いなさく)とともに鉄器や[　　]などの金属器が伝わった。

❼ 3世紀，邪馬台国(やまたいこく)では女王である[　　]がまじないによって政治を行い，30余りの国々を従えていたとされる。

❽ 大和政権(やまとせいけん)の王は[　　]と呼ばれ，5世紀ごろには，九州地方から東北地方南部の豪族(ごうぞく)を従えるようになった。

❾ 戦乱の多い中国や朝鮮(ちょうせん)半島から一族で移住し，さまざまな知識や技術を日本に伝えた人々を何というか。

❺ ＿＿＿＿
❻ ＿＿＿＿
❼ ＿＿＿＿
❽ ＿＿＿＿
❾ ＿＿＿＿

3 古代国家の形成

❿ 聖徳太子(しょうとくたいし)が，家柄(いえがら)にとらわれず，能力のある人物を役人に取り立てた制度を何というか。

⓫ 聖徳太子が役人の心がまえを示した，右の史料を何というか。

史料

> 一に曰(いわ)く，和をもって貴(たっと)しとなし，さからうことなきを宗(むね)とせよ。
> 二に曰く，あつく三宝(さんぽう)を敬え。三宝とは仏(ぶつ)・法(ほう)・僧(そう)である。

⓬ 聖徳太子が建てたと伝えられる，現存する最古の木造建築である寺院を何というか。

❿ ＿＿＿＿
⓫ ＿＿＿＿
⓬ ＿＿＿＿

⑬ 中臣鎌足とともに大化の改新を推し進める中心となった人物はだれか。

⑬ ＿＿＿＿＿＿

⑭ 大化の改新では，それまで豪族が支配していた土地や人民を国が直接支配することとする［　　］の原則が示された。

⑭ ＿＿＿＿＿＿

4 平城京と天平文化

⑮ 唐にならい，701年に制定された，国家のしくみを定めた法律を何というか。

⑮ ＿＿＿＿＿＿

⑯ 6歳以上のすべての人々に口分田を与え，死ねば国に返還させる制度を何というか。

⑯ ＿＿＿＿＿＿

⑰ 口分田が不足してきたために，743年に定められた，新しく開墾した土地の私有を認めた法律を何というか。

⑰ ＿＿＿＿＿＿

⑱ 仏教の力で国を守ろうと，国分寺・国分尼寺を国ごとに建てることを命じた天皇はだれか。

⑱ ＿＿＿＿＿＿

⑲ 遣唐使がもち帰ったと思われる品々が収められていた，東大寺にある右の写真の建造物を何というか。

⑲ ＿＿＿＿＿＿

⑳ 奈良時代の末に，大伴家持がまとめたといわれる，天皇や貴族から農民の歌まで収めた歌集を何というか。

⑳ ＿＿＿＿＿＿

5 平安京と貴族の政治

㉑ 784年に長岡京，794年に平安京に都をうつし，乱れていた政治を立て直そうとした天皇はだれか。

㉑ ＿＿＿＿＿＿

㉒ 唐から帰国し，天台宗を伝え，比叡山に延暦寺を建てた人物はだれか。

㉒ ＿＿＿＿＿＿

㉓ 朝廷の高い位を一族で独占し，右の史料の歌を詠んだとされ，その栄華をほこった人物はだれか。

史料

> この世をば　わが世とぞ思う　望月の
> 欠けたることも　なしと思えば

㉓ ＿＿＿＿＿＿

㉔ 仮名文字で，『源氏物語』を著した人物はだれか。

㉔ ＿＿＿＿＿＿

㉕ 11世紀，浄土信仰の広まりの中で，藤原頼通は宇治（京都府）に［　　］を建てた。

㉕ ＿＿＿＿＿＿

復習ポイント

3 聖徳太子の行った政治改革（十七条の憲法・冠位十二階）と外交政策（遣隋使），飛鳥文化を整理しておこう。

3～**5** 飛鳥時代から平安時代，唐からもたらされたものを時代ごとに整理しよう。

歴史の復習

解答▶別冊4ページ 【　　月　　日】

6 中世の歴史

■次の各問いに答えなさい。また，[　　]にあてはまる語句を答えなさい。

1 武士の登場と成長

❶ 白河天皇が上皇となって，摂政や関白をおさえて行った政治を何というか。

❷ 平治の乱で源義朝らを破り，太政大臣となって，政治の実権を握ったのはだれか。

❸ 平氏を倒すために挙兵し，のちに鎌倉幕府を開き，征夷大将軍の位についたのはだれか。

❶ ＿＿＿＿
❷ ＿＿＿＿
❸ ＿＿＿＿

2 鎌倉幕府の成立

❹ 図中Xにあてはまる，将軍と主従関係にある武士を何というか。

❺ 図中Yにあてはまる語句を答えよ。

❻ 将軍の補佐をする役職である［　　］の地位についた北条氏は，政治の実権を握るようになった。

図

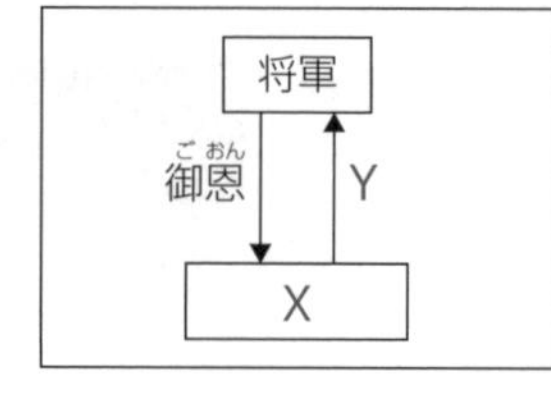

❼ 朝廷勢力を回復しようと，後鳥羽上皇らが1221年におこした争乱を何というか。

❽ ❼の争乱の後，朝廷を監視するために，幕府が京都に置いた機関を何というか。

❾ 1232年，裁判基準などを定め，長く武士の根本法となった法律を何というか。

❿ 元が高麗とともに二度にわたって博多湾に襲来したことを何というか。

⓫ 1297年，生活に苦しむ❹を救済するために，幕府が出した借金帳消しの法令を何というか。

❹ ＿＿＿＿
❺ ＿＿＿＿
❻ ＿＿＿＿
❼ ＿＿＿＿
❽ ＿＿＿＿
❾ ＿＿＿＿
❿ ＿＿＿＿
⓫ ＿＿＿＿

3 南北朝の動乱と室町幕府

⓬ 鎌倉幕府を滅ぼし，天皇中心の建武の新政を始めたものの，2年で失敗したのはだれか。

⓭ 京都と吉野の2つの朝廷が約60年間にわたって争い続けた時代を何というか。

⓬ ＿＿＿＿
⓭ ＿＿＿＿

⑭ ⑬の争乱をしずめ，朝廷を統一した室町幕府第３代将軍はだれか。

⑮ ⑭の将軍は，中国から倭寇の取り締まりを求められ，朝貢形式で，図のような合札を用いた［　　］を始めた。

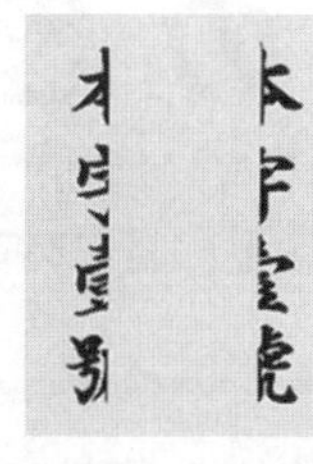

⑯ 15世紀に尚氏によって統一された［　　］は，中国や日本，東南アジアとの中継貿易で栄えた。

⑭ ＿＿＿＿＿＿
⑮ ＿＿＿＿＿＿
⑯ ＿＿＿＿＿＿

4　民衆の成長と戦国時代

⑰ 公家や寺社などに税を納め，営業独占権を得た同業者組合を何というか。

⑱ 15世紀には，農民などが土倉・酒屋などの高利貸しを襲い，借金の帳消しを求める［　　］がおこった。

⑲ 1467年に将軍のあとつぎ問題から京都でおこり，多くの守護大名を巻き込んで全国に拡大した戦乱を何というか。

⑳ ⑲の戦乱の後に広がった，下の身分でも実力のある者が，上の身分の者にとってかわる風潮を何というか。

㉑ 戦国大名は［　　］を独自で定め，領国の武士や農民をきびしく統制した。

⑰ ＿＿＿＿＿＿
⑱ ＿＿＿＿＿＿
⑲ ＿＿＿＿＿＿
⑳ ＿＿＿＿＿＿
㉑ ＿＿＿＿＿＿

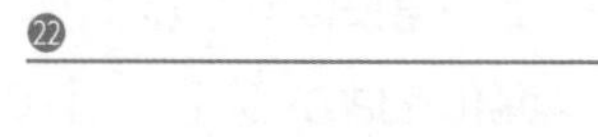

5　鎌倉文化と室町文化

㉒ 鎌倉時代，東大寺南大門に安置された金剛力士像をつくった中心的な仏師２人はだれか。

㉓ 鎌倉時代，宋から栄西や道元が伝えた，座禅によってさとりを開こうとする仏教を何というか。

㉔ 室町時代，足利義満に保護された観阿弥・世阿弥父子が大成した舞台芸能を何というか。

㉕ 室町時代，右の写真の銀閣を京都の東山に建てたのはだれか。

㉖ 武家の住居に取り入れられた，床の間などが設けられた建築様式を何というか。

㉗ 室町時代，雪舟が大成した墨一色で自然などを表現する絵画を何というか。

㉒ ＿＿＿＿＿＿
＿＿＿＿＿＿
㉓ ＿＿＿＿＿＿
㉔ ＿＿＿＿＿＿
㉕ ＿＿＿＿＿＿
㉖ ＿＿＿＿＿＿
㉗ ＿＿＿＿＿＿

復習ポイント

- **2** 鎌倉時代の２つの大きな戦乱（承久の乱・元寇）が幕府に与えた影響を比較・整理しよう。
- **4** 室町時代の経済の発展と民衆の成長をまとめよう。
- **5** 鎌倉仏教の宗派と開祖を整理し，その教えをまとめよう。

歴史の復習

解答▶別冊4ページ 【　　月　　日】

7 近世の歴史

■次の各問いに答えなさい。また，［　　］にあてはまる語句を答えなさい。

1 ヨーロッパ世界と日本

❶ 11世紀，イスラム勢力に奪(うば)われた聖地エルサレムを奪還(だっかん)するために，ローマ教皇(きょうこう)の呼びかけに応じて［　　］が派兵された。

❷ スペインの援助(えんじょ)で大西洋を横断し，アメリカ大陸付近の島に到達(とうたつ)したのはだれか。

❸ルターやカルバンがカトリック教会の腐敗(ふはい)を批判し，「聖書こそが信仰(しんこう)のよりどころである」とする［　　］が始まった。

❹ カトリック教会内部で立て直しをめざし，海外布教に力を入れた会派を何というか。

❺ ポルトガル船やスペイン船が来航し，長崎(ながさき)や平戸(ひらど)などで行った貿易を何というか。

❶ ______

❷ ______

❸ ______

❹ ______

❺ ______

2 安土桃山時代

❻ 織田信長(おだのぶなが)が鉄砲(てっぽう)を有効に使って，武田勝頼(たけだかつより)を破った戦いを何というか。

❼ 織田信長は安土城下(あづちじょうか)で，市場での税を免除(めんじょ)するなど，商工業の活発化をはかる［　　］の政策をとった。

❽ 豊臣秀吉(とよとみひでよし)が［　　］を行い，全国の田畑の面積や収穫(しゅうかく)高を調べたことで，土地に関する複雑な権利は整理された。

❾ 豊臣秀吉が出した，右の史料を何というか。

❿ 茶の湯（わび茶）を大成した堺(さかい)の商人はだれか。

史料（現代語訳）

諸国の百姓(ひゃくしょう)が刀やわきざし，弓，やり，鉄砲，そのほかの武具をもつことはかたく禁止する。…（略）…

❻ ______

❼ ______

❽ ______

❾ ______

❿ ______

3 江戸幕府の成立

⓫ 関ヶ原(せきがはら)の戦いに勝利した後，征夷大将軍(せいいたいしょうぐん)に任じられ，江戸(えど)に幕府(ばくふ)を開いたのはだれか。

⓬ 1615年に江戸幕府が定めた，大名(だいみょう)を統制するための法令を何というか。

⓭ ⓬の法令に参勤交代(さんきんこうたい)を制度として追加した，江戸幕府第3代将軍はだれか。

⓫ ______

⓬ ______

⓭ ______

⑭ 江戸時代初期に，商人や西日本の大名が東南アジアの国々とのあいだで行った貿易を何というか。　⑭＿＿＿＿

⑮ 1637年，キリスト教徒への迫害や重い年貢に苦しむ人々が九州地方でおこした，天草四郎を中心とした一揆を何というか。　⑮＿＿＿＿

⑯ 江戸幕府が貿易を統制し，日本人の海外渡航を禁じた外交政策を何というか。　⑯＿＿＿＿

4 産業の発達と政治改革

⑰ 諸藩は大阪や江戸に年貢米や特産物を売りさばくための［　　］を置いた。　⑰＿＿＿＿

⑱ 徳川吉宗が公事方御定書を定めたり，目安箱を設置したりするなどの政策を行った改革を何というか。　⑱＿＿＿＿

⑲ 幕府や藩に税を納めることで，営業の独占権を得た同業者組合を何というか。　⑲＿＿＿＿

⑳ 商人の経済力を積極的に利用し，幕府の財政改革に取り組んだ老中はだれか。　⑳＿＿＿＿

㉑ 農村では農民が領主に年貢軽減などを求める［　　］，都市では貧しい人々が米の買い占めを行う商人に対し打ちこわしを行った。　㉑＿＿＿＿

㉒ ききんに備えて米を蓄えさせるとともに，きびしい質素・倹約政策に代表される寛政の改革を行った老中はだれか。　㉒＿＿＿＿

5 元禄文化と化政文化

㉓ 元禄文化で，『曽根崎心中』などの人形浄瑠璃の脚本を書いたのはだれか。　㉓＿＿＿＿

㉔ 化政文化で流行した，右の図のような多色刷りの木版画を何というか。　㉔＿＿＿＿

㉕『古事記伝』を著した本居宣長が大成した［　　］は，のちに尊王攘夷運動に影響を与えた。　㉕＿＿＿＿

㉖ 解剖書を翻訳した『解体新書』を出版したのはだれか。　㉖＿＿＿＿

㉗ 農民や町人は，［　　］で“読み・書き・そろばん”などの実用的な知識を学んだ。　㉗＿＿＿＿

復習ポイント

2 豊臣秀吉がとった兵農分離政策について，理解しよう。

4 江戸時代の政治改革（享保の改革・寛政の改革・天保の改革）でそれぞれ行われた改革内容を整理しよう。

8 歴史の復習

解答▶別冊5ページ【　　月　　日】

近・現代の歴史

■次の各問いに答えなさい。また，[　　]にあてはまる語句を答えなさい。

1 市民革命と産業革命，アジア進出

❶ 17世紀末，イギリスで議会を無視する政治を続ける国王を追放し，オランダから新しい国王を迎え(むか)た革命を何というか。

❷ 18世紀半ば，イギリスで蒸気機関の改良から始まった工業の発展と，それにともなう社会の大きな変化を何というか。

❸ 1840年に始まった[　　]で，イギリスは清(しん)に勝利し，1842年に南京条約(ナンキンじょうやく)を結んだ。翌年に追加の不平等条約を結ばせた。

❶ ＿＿＿＿

❷ ＿＿＿＿

❸ ＿＿＿＿

2 開国と幕府の滅亡

❹ 1854年に，下田(しもだ)と函館(はこだて)の開港を認めたアメリカとの条約は何か。

❺ 1858年に，5港を開港し，アメリカと貿易を行うことを認めた条約を何というか。

❻ 安政(あんせい)の大獄(たいごく)を行い，1860年に暗殺された大老(たいろう)はだれか。

❼ 坂本龍馬(さかもとりょうま)らの仲立ちで，1866年に2つの雄藩(ゆうはん)の間で結ばれた，のちの倒幕(とうばく)につながる同盟を何というか。

❽ 1867年，江戸(えど)幕府が朝廷(ちょうてい)に政治の実権を返還(へんかん)したことを何というか。

❾ 鳥羽(とば)・伏見(ふしみ)の戦いから函館での戦いまでの，旧幕府軍と新政府軍との戦いをまとめて何というか。

❹ ＿＿＿＿

❺ ＿＿＿＿

❻ ＿＿＿＿

❼ ＿＿＿＿

❽ ＿＿＿＿

❾ ＿＿＿＿

3 明治維新

❿ 列強に対抗(たいこう)するため，国力を充実(じゅうじつ)させ，近代化された軍隊をもつことをめざす政策を何というか。

⓫ 1872年，政府は[　　]を公布し，学校制度を定めた。

⓬ 欧米(おうべい)の文化が積極的に取り入れられ，都市を中心に生活様式の大きな変化がみられたことを何というか。

⓭ 征韓論(せいかん)で敗れて政府を去り，西南(せいなん)戦争をおこしたのはだれか。

⓮ 板垣退助(いたがきたいすけ)らが中心となって展開した，藩閥(はんばつ)政治を批判し，国会開設を求めた運動を何というか。

⓯ 初代内閣総理大臣となったのはだれか。

⓰ 板垣退助が1881年に結成した政党を何というか。

❿ ＿＿＿＿

⓫ ＿＿＿＿

⓬ ＿＿＿＿

⓭ ＿＿＿＿

⓮ ＿＿＿＿

⓯ ＿＿＿＿

⓰ ＿＿＿＿

4 日清・日露戦争

⑰ 日清戦争のきっかけである朝鮮半島でおきた内乱を何というか。

⑱ 日清戦争の講和条約を何というか。

⑲ 1902年, ロシアに対抗するため, イギリスと［　　］が結ばれた。

⑳ 孫文が指導した, 中華民国が建国された革命を何というか。

⑰ ＿＿＿＿

⑱ ＿＿＿＿

⑲ ＿＿＿＿

⑳ ＿＿＿＿

5 第一次世界大戦と日本

㉑ 第一次世界大戦のきっかけである暗殺事件がおきた場所はどこか。

㉒ 1919年に誕生した, 世界平和を守るための国際組織を何というか。

㉓ 1925年, 普通選挙法とともに制定された, 共産主義を取りしまる法律を何というか。

㉑ ＿＿＿＿

㉒ ＿＿＿＿

㉓ ＿＿＿＿

6 第二次世界大戦と日本

㉔ ドイツやイタリアがとった全体主義の体制を何というか。

㉕ 1931年, 日本軍は南満州鉄道の爆破事件（柳条湖事件）をきっかけに［　　］をおこし, 翌年, 満州国を建国させた。

㉖ 日中戦争の長期化にともなって, 政府が議会の同意がなくても国民や物資を戦争に動員することができる［　　］が制定された。

㉗ 1941年, 日本軍がハワイの真珠湾などを奇襲攻撃したことから始まった戦争を何というか。

㉘ 連合国側が日本に対して無条件降伏を勧告した宣言を何というか。

㉔ ＿＿＿＿

㉕ ＿＿＿＿

㉖ ＿＿＿＿

㉗ ＿＿＿＿

㉘ ＿＿＿＿

7 戦後の日本と世界

㉙ 第二次世界大戦後の日本で, 地主がもつ土地を政府が強制的に買い上げ, 小作人に安く売り渡したことを何というか。

㉚ 国際平和を維持するための新しい組織としてつくられた, ニューヨークに本部を置く国際機関を何というか。

㉛ アメリカとソ連の直接に戦火を交えない対立を何というか。

㉜ 1951年に主に西側諸国との間で結ばれた第二次世界大戦の講和条約を何というか。

㉝ ㉜の条約と同時に結ばれた, 占領終結後もアメリカ軍の日本駐留を認めた条約を何というか。

㉙ ＿＿＿＿

㉚ ＿＿＿＿

㉛ ＿＿＿＿

㉜ ＿＿＿＿

㉝ ＿＿＿＿

3 明治政府の「富国強兵」政策の内容を整理・理解しよう。
6 満州事変から太平洋戦争の終結までのできごとを年代を整理して, 理解しよう。

現代社会の特色と文化

1 現代社会の変化

高度経済成長 1950年代後半～1973年ごろまでの日本の急激な経済成長→社会が大きく変化

①**少子高齢化** 出生率の低下，平均寿命の伸長－人口構造の変化→労働力(生産年齢)人口の減少，社会保障制度の破たん

②**情報化** インターネットや携帯電話の普及－情報の多様化←情報を読み解く能力が必要

③**グローバル化** 大量の商品や人(労働力)，情報や資本が国境を越えて自由に移動→多文化共生社会。国境を越えた活動－NGO

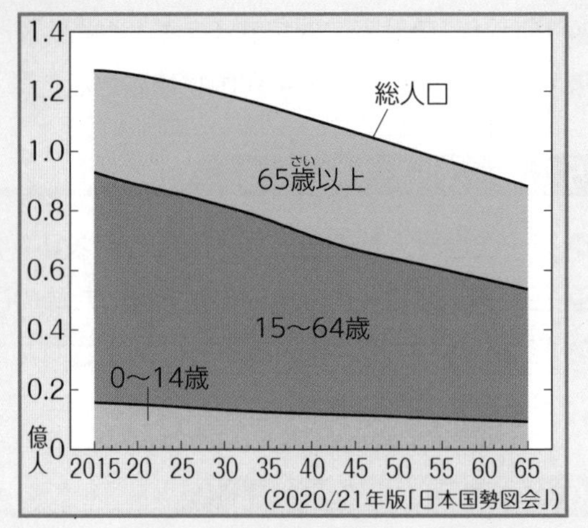

▲将来人口の動き

2 現代社会の文化

①**日本の伝統と文化** 年中行事

②**さまざまな文化** 宗教－文化と民族で異なる。

Step 1 基本問題

解答▶別冊6ページ

1 図解チェック 図の空所に適語を入れなさい。

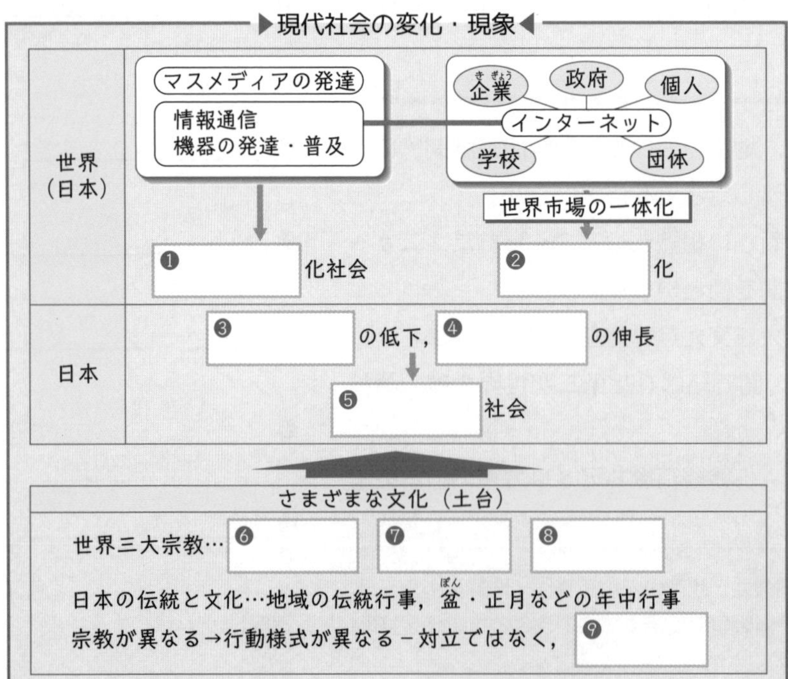

Guide

くわしく 文化 人間がみずからの手で築き上げてきたすべてのものをいう。精神的文化(人間の心のはたらきにかかわる)，制度的文化(日常生活のよりどころとなる)，物質的文化(衣食住などにかかわる)の3つに分類できる。

くわしく 高度経済成長 1950年代後半から1973年ごろまで続いた経済の高成長期。1973年の石油危機で終わった。この時期，三種の神器(冷蔵庫・白黒テレビ・洗濯機)や3C(自動車・カラーテレビ・クーラー)などが普及し，国民の生活が向上した。

2 ［情報化，年中行事］次の各問いに答えなさい。

(1) 次の文中の X ～ Z にあてはまる語句を，それぞれ答えなさい。

> 情報通信技術（ X ）が進歩して情報化が進み，産業や人々の働き方が変化している。現在は，人々が便利なサービスやアプリを利用する一方で，企業から Y が流出して悪用される被害もあり，自身に関する情報は慎重に取り扱いたい。
> なお，近年は，人間的な学習・推論・判断をコンピューターに行わせる Z 技術などの発達がめざましい。

X［　　　　］ Y［　　　　］ Z［　　　　］

(2) 次の資料は，日本の年中行事の一部を表したものである。 A ～ C にあてはまるものを，あとの**ア**～**エ**からそれぞれ1つ選び，記号で答えなさい。

資料

月	1	2	3	4	5	6	7	8	9	10	11	12
行事	初詣	節分	A		B			お盆			C	大晦日

ア 七五三　**イ** 七夕　**ウ** ひな祭り　**エ** 端午の節句

A［　　］ B［　　］ C［　　］〔宮崎－改〕

3 ［人口問題］日本の年齢階級別人口構成を表したグラフを見て，あとの各問いに答えなさい。

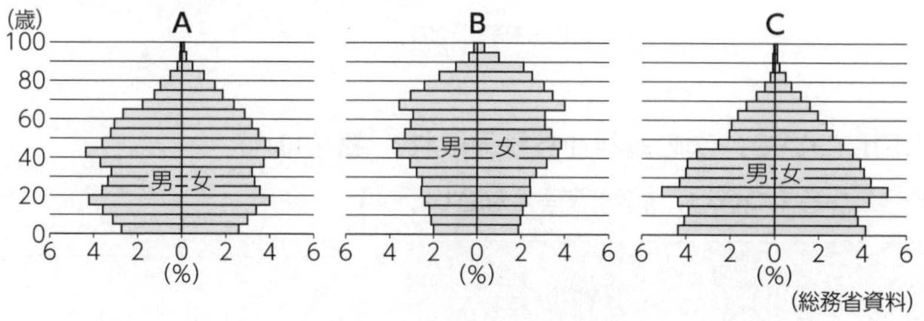

(1) グラフA～Cは，1970年，1990年，2019年のいずれかのものである。年代の古いものから順に並べ替え，記号で答えなさい。

［　　］→［　　］→［　　］

(2) 年少人口と高齢者人口に着目すると，今日の日本社会では，ある特徴がいっそう進行していることがわかる。このような社会を何といいますか。

［　　　　　　］

ことば　**少子高齢社会**
女性の社会進出などにより，未婚の女性が増加し，晩婚化などによって，出生率が低下する一方で，平均寿命が伸び，総人口に占める65歳以上の高齢者の割合が増加している社会。

注意　**■NGO**
非政府組織の略称。政府によってつくられた組織でなく，民間組織として活動する。人権問題を扱う「アムネスティ＝インターナショナル」や医療行為を行う「国境なき医師団」などがある。

■NPO
非営利組織の略称。収益分配を目的とせず，社会活動に取り組む民間団体。おもに国内の教育・福祉などの分野で活動する。

ことば　**年中行事**
毎年，決まった時期に家庭や地域で行われる行事。くらしの安全などを願って始まった。

くわしく　**情報リテラシー**
テレビやインターネットなどの情報を，正しく読み取り活用する能力。情報が非常に多い今日，重要なものとなっている。

データ　**日本の将来人口**

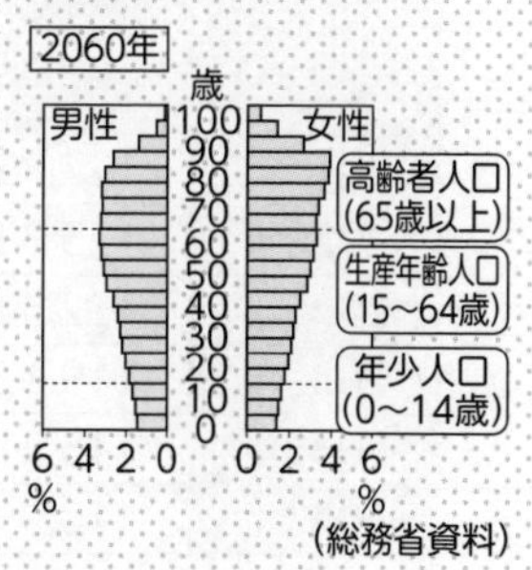

【　　月　　日】

Step 2 標準問題

時間 20分 ｜ 合格点 70点 ｜ 得点 　　点

解答▶別冊7ページ

1 [日本の社会と文化] 次の文を読んで，各問いに答えなさい。

> 日本は，a地球的な規模での結びつきの中にあり，b少子高齢化(こうれい)，情報化も進んでいる。そのため，日本のc文化・習慣と異なる多くの国々の人々がくらす，多文化共生社会となっている。

記述式
(1) 下線部aについて，次の文中の［A］にあてはまる語句をカタカナ5字で，［B］にあてはまる語句をカタカナ2字で，［C］にあてはまる内容を，「文化」の語句を使って10字以上14字以内で答えなさい。

> ［A］化が進む今日，［B］・モノ・カネ・情報が国境を越(こ)えて，行き来しやすくなっている。その世の中で，世界の人々が平和にくらすためには，より国際的な交流とともに，自国と他国の［C］ことが大切である。

重要 記述式
(2) 下線部bについて，右の図は，ある問題点を図示したものである。この問題点を，「年金」の語句を使って答えなさい。

高齢者(65歳(さい)以上)
生産年齢人口(15～64歳)
9.8人 1970年
2.1人 2018年
1.3人 2065年
(厚生労働省資料)

(3) 下線部cについて，次の文中の［　］にあてはまる語句を，ひらがな2字で答えなさい。

> ［　］は，正月の食べ物と思われがちです。西日本では丸［　］，東日本では角［　］を食べることが多いです。

〔岡山・神奈川－改〕

1 (8点×5－40点)

(1)	A
	B
	C
(2)	
(3)	

ワンポイント
(2) 年金は高齢者がもらうものだが，生産年齢人口の人々が納(おさ)める保険料や税金が使われる。

2 [人口問題] 日本の将来人口について，次の資料から読み取れることを，次のページのア～エから1つ選び，記号で答えなさい。

	総人口(千人)	年齢別人口(%)		
		年少人口 0～14歳	生産年齢人口 15～64歳	高齢者人口 65歳以上
2015年	127,095	12.5	60.8	26.6
2020年	125,325	12.0	59.1	28.9
2025年	122,544	11.5	58.5	30.0
2030年	119,125	11.1	57.7	31.2
2035年	115,216	10.8	56.4	32.8
2040年	110,919	10.8	53.9	35.3

(2020/21年版「日本国勢図会」)

2 (10点)

ワンポイント
年齢別人口は%で表示されているので，総人口に割合をかけると，それぞれの人口が求められる。

ア　総人口は2020年に増えているので，全体として減少傾向の年少人口も，2020年には増えている。

イ　生産年齢人口は，すべての年において最も割合が多く，いずれの年も８千万人以上である。

ウ　高齢者人口の割合はつねに増加傾向であり，いずれの年も，生産年齢人口の半分以上である。

エ　2020年には高齢者人口は３千５百万人を超え，20年後の2040年には，2020年よりも290万人以上も増えると予測される。

3　[情報化社会] 次の資料を見て，各問いに答えなさい。

資料Ⅰ　情報機器の普及率（２人以上の世帯）

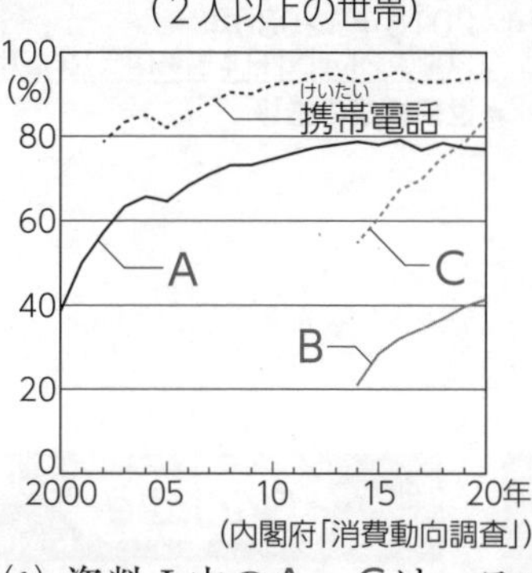

（内閣府「消費動向調査」）

資料Ⅱ

1950年代後半から現在にかけて，さまざまな電化製品が普及した。なお，近年は，a情報化社会に対応したパソコンなどの普及がめざましい。しかしその一方で，それらの情報機器を使用できる者と，使用できない者とのb情報格差も著しくなっている。

(1) 資料Ⅰ中のA～Cは，スマートフォン・タブレット型端末・パソコンのいずれかである。AおよびCにあてはまるものを，次のア～ウから１つずつ選びなさい。

ア　パソコン　**イ**　タブレット型端末　**ウ**　スマートフォン

記述式 (2) 資料Ⅱ中の下線部aの今日，わたしたちが情報を受け取るときに注意しなければならないことを，簡潔に答えなさい。

(3) 資料Ⅱ中の下線部bの名称を，次の**ア**～**エ**から１つ選びなさい。

ア　マスコミ　**イ**　インターネット

ウ　ＩＣＴ　**エ**　デジタルデバイド

(4) 今日の情報化社会においては，正しく情報を読み取ることが求められる。この「情報読み取り能力」のことを何といいますか。

記述式 **4**　[多文化共生] 右の表は，訪日外国人数の推移をまとめたものである。外国との間で人の往来が増えた時代に私たちはどのような姿勢でいることが大切か。「文化」，「価値」の語句を使って，簡潔に答えなさい。

年	人数	年	人数
1980	1,317	2010	8,611
1990	3,236	2019	31,882
2000	4,757		

（単位：千人）

（2020/21年版「日本国勢図会」）

3（8点×5－40点）

(1)	A
	C
(2)	
(3)	
(4)	

ワンポイント

(3) 情報格差は，発展途上国と先進工業国との間で，また同じ国内でも，所得や世代のちがいによる差が激しくなっている。

4（10点）

2 個人と社会生活

重要点をつかもう

1 家族と社会生活

①**家　族**　最も基礎的な社会集団であり，婚姻や血縁で結ばれている。

②**多様化する家族と社会**　祖父母などとくらす家族形態から，**核家族**へ。男女の平等，女性の社会進出の増加，**男女共同参画社会基本法**の制定など→晩婚化，**少子高齢化**問題。

2 個人と社会

①**きまり**　地域社会とのかかわりにおいて守るべきもの。社会の秩序を維持していくために必要(慣習・道徳・法)。

②**対立と合意**　対立の解消には，**効率**と**公正**の観点が必要。

③**決　定**　全員一致や多数決で決定。少数意見の尊重も重要。

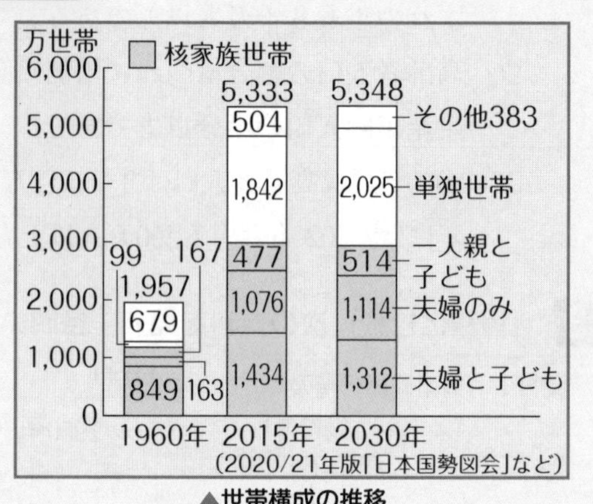

▲世帯構成の推移

Step 1 基本問題

解答▶別冊7ページ

1 図解チェック 図の空所に適語を入れなさい。

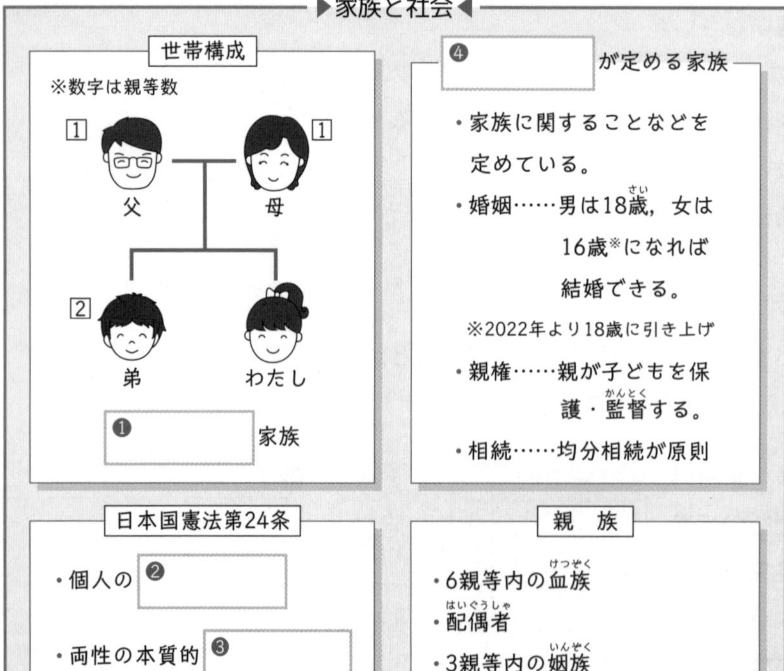

Guide

くわしく **■現代の家族制度**
男女平等，均分相続制。

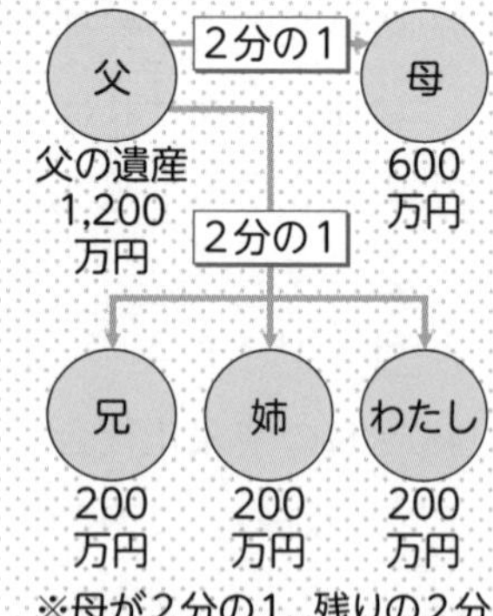

※母が2分の1，残りの2分の1を子が平等に分ける。

■家族生活の民主化
個人の尊厳と両性の本質的平等。

2 [男女共同参画社会] 下のグラフから読み取れることをまとめた次の文を読んで，あとの各問いに答えなさい。

> 男性の働いている割合は，（ ① ）歳代後半から50歳代までほぼ変化がなく，グラフは台形を描いている。一方，女性の働いている割合は，30〜39歳で低くなり，アルファベットの（ ② ）に似た曲線を描いている。これは，学校卒業後多くの場合は就職するが，結婚や出産，（ ③ ）のためにA仕事をやめ，子どもが大きくなって手がかからなくなると再就職する流れがあるからである。しかし，最近は以前より割合の低下はおさまってきている。

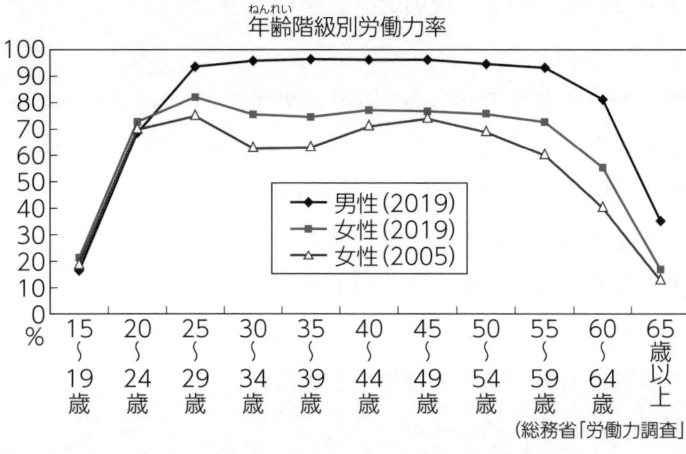

（総務省「労働力調査」）

(1) 文中の（　）にあてはまる語句や数字を答えなさい。

①[　　　　] ②[　　　　] ③[　　　　]

(2) 下線部Aについて，女性が仕事をやめるのは，育児などが女性のみに負わされているからであるとして，1999年に，社会のあらゆる面での男女の対等な協力を定めた法律が制定された。その法律名を答えなさい。 [　　　　　　]

3 [社会生活] 次の文の（　）にあてはまる語句を答えなさい。

> 人間は，（ ① ）存在であるといわれる。わたしたちは，一人では生きられず，社会集団を形成して生活している。そのなかで（ ② ）は最も小さな基礎的な集団である。社会集団にはさまざまな問題があり，対立が生じることがあるので，さまざまな（ ③ ）がつくられているが「（ ④ ）の尊厳と（ ⑤ ）の本質的平等」という原則が守られなければならない。

①[　　　　] ②[　　　　] ③[　　　　]
④[　　　　] ⑤[　　　　]

くわしく　男女共同参画社会基本法

男女が対等な立場で責任を分担し，自らの意思によってあらゆる分野に参画できる社会を実現するために，1999年に公布・施行された法律。家庭生活においては，家事・育児・介護その他の家庭生活における活動と，仕事や社会活動が両立できるように，男女それぞれ対等に協力することを定めている。

注意　民法

1947年，従来の「家」中心で戸主が権力をもつ旧民法が改正され，現在の婚姻，家族生活について規定した民法が成立した。基本的な考え方は，**「個人の尊厳と両性の本質的平等」**（憲法第24条）である。

データ　夫・妻の育児・家事に費やす時間差

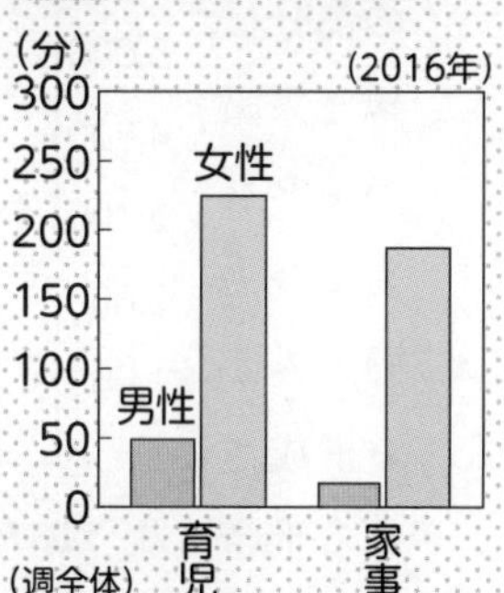

注　末子が6歳未満の子どもがいる世帯
（総務省「平成28年社会生活基本調査」）

ひと休み　紀元前4世紀のギリシャの哲学者アリストテレスは，「人間は社会的動物である」といっている。

【　月　日】

Step 2 標準問題

時間 15分　合格点 70点　得点　点

解答▶別冊7ページ

1 [家　族] 次の文を読んで，各問いに答えなさい。

> 家族は最も身近な[①]で夫婦，親子，兄弟などから構成されている。その中でわたしたちはやすらぎを得て，支え合い，社会生活に必要な基本的なきまり[②]を身につけていく。

(1) 文中の[①]，[②]にあてはまる語句を答えなさい。なお，[②]はカタカナ3字で答えるものとする。

(2) 家族に関する説明として誤っているものを，次の**ア**～**エ**から1つ選び，記号で答えなさい。

ア 民法が改正され，男性の地位が女性よりも高くなり，男子第1子のみが相続できるようになった。

イ 家族の基本的な原則は「個人の尊厳と両性の本質的平等」で，成年男女は両性の合意のみで結婚(けっこん)することができる。

ウ 民法が改正され，2022年4月から結婚することができる年齢(ねんれい)は男女とも18歳(さい)以上に統一されることになった。

エ 男女平等の施策(しさく)が推進(すいしん)された結果，法律上は男女ともに育児や介護のために休暇(きゅうか)をとれるようになった。

1 (10点×3－30点)

(1)	①
	②
(2)	

2 [世帯構成] 次の図を見て，各問いに答えなさい。

(1) 右の[　]の部分は，親と未婚の子ども，および夫婦のみから構成される世帯を示している。このような世帯を何というか，答えなさい。

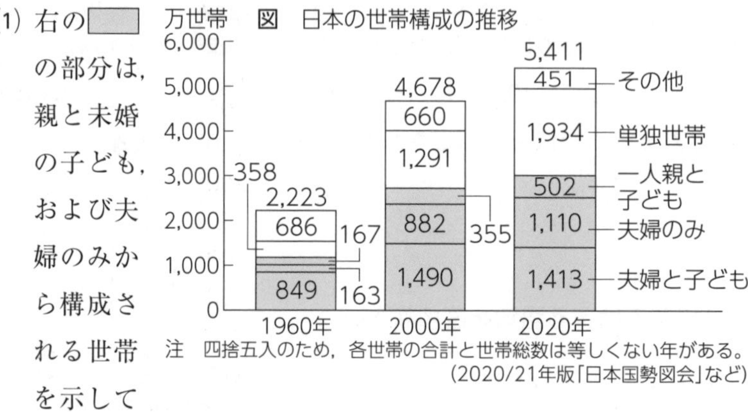

注　四捨五入のため，各世帯の合計と世帯総数は等しくない年がある。
(2020/21年版「日本国勢図会」など)

記述式 (2) 単独世帯が増えている理由を，簡潔に答えなさい。

2 (10点×2－20点)

(1)	
(2)	

ワンポイント
(2) 近年の結婚や老後の状況(じょうきょう)を考える。

3 [男女平等] 次の問いに答えなさい。

次のページの文は，男女の区別なく，個性と能力を十分に発揮(はっき)できる社会の実現をめざして，1999年に施行(しこう)された法律の一部である。この法律は何と呼ばれるか。その名称(めいしょう)を答えなさい。

3 (10点×1－10点)

わが国においては，日本国憲法に個人の尊重と法の下の平等がうたわれ，男女平等の実現に向けた様々な取り組みが，国際社会における取り組みとも連動しつつ，着実に進められてきたが，なお一層の努力が必要とされている。

〔静岡－改〕

4 ［対立と合意，効率と公正］武志さんの自治会では，古くなったごみステーションの改修費用の負担をめぐって，表に示した住民の間で話し合いを行うことになった。あとの各問いに答えなさい。

表

項目＼住民	Fさん	Tさん	Nさん	Kさん	Sさん
ア 年齢	45歳	58歳	23歳	44歳	38歳
イ 性別	男性	男性	女性	男性	女性
ウ 家族の人数	1人	2人	1人	5人	4人
エ 月当たり平均可燃ごみの量	3袋	4袋	3袋	10袋	8袋

＊住民は同じ大きさのごみ袋を使用しているものとする。

会話文

武志：表を見ると，［ A ］や［ B ］のちがいによって負担額を変えた方がよいという意見と，ごみステーションを利用することは同じだから，負担額を均等にした方がよいという２つの意見に分かれるかもしれないね。

直美：対立がおきたときに，みんなの合意につながる話し合いにするにはどうしたらよいのかしら。

武志：そのためには，公正の観点や効率の観点を大切にしていくことが重要だね。

(1) 会話文の［ A ］，［ B ］にあてはまる最も適切なものを，表の項目の**ア**～**エ**からそれぞれ１つずつ選び，記号で答えなさい。

(2) 会話文の下線部に適するものを，次の**ア**～**エ**から２つ選び，記号で答えなさい。

ア みんなのものやお金を無駄なく使うように決められているか。

イ より多くの人の意見が反映されるような話し合いで決められているか。

ウ 時間や労力がより少なくなるように決められているか。

エ 立場がかわっても納得できる決定になるように決められているか。

〔三 重〕

4（10点×4－40点）

(1)	A
	B
(2)	

ワンポイント

(2) 公正の観点としては，「手続きが公正かどうか」，「機会が公正かどうか」，「結果が公正かどうか」という点に配慮が必要である。
効率の観点としては，時間や労力・かける費用に見合った結果が得られるかどうかをよく考える必要がある。

Step 3 実力問題

【　　月　　日】

時間 20分　合格点 70点　得点

解答▶別冊7ページ

1 次の文を読んで，各問いに答えなさい。（70点）

今日の世界では，交通・通信手段の発達などにより，人，aモノ（商品），お金，情報などが国境を越え（こ）て大量に移動している。こうした動きを［　　］化という。
b日本の人口が減少する中，さまざまな国の人々が暮らすため，c日本文化になじめないことや，習慣の違（ちが）いから，対立が生じる恐（おそ）れもあるが，d効率と公正を意識しながら話し合いを通じて解決する努力が必要である。

(1) 文中の［　　］にあてはまる語句を答えなさい。（10点）

(2) 下線部aについて，右のグラフは，牛肉，小麦，米，野菜のいずれかの自給率の推移（すいい）を表したものである。下の資料を参考にして，米と牛肉にあてはまるものを，グラフ中の**ア**～**エ**からそれぞれ1つずつ選び，記号で答えなさい。（各10点）

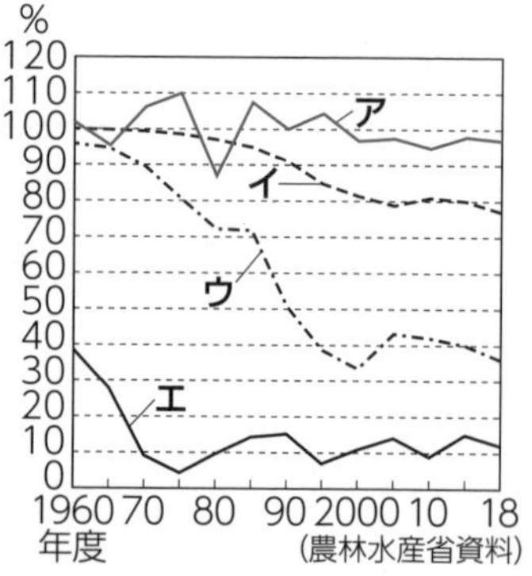

牛肉の自給率は，1965年度ごろは90％以上であったが，2018年度では50％を下回っている。小麦の自給率は，1965年度から1975年度にかけて大きく低下した。米の自給率は，2018年度は90％以上，野菜の自給率は，2018年度は約80％である。

(3) 下線部bについて，次の文は，日本の将来の年齢（ねんれい）別人口の推移について述べたものである。右の資料を参考にして，［A］，［B］にあてはまる適切な数字を，あとの**ア**～**カ**からそれぞれ1つ選び，記号で答えなさい。（各10点）

	総人口（万人）	0歳（さい）～19歳	20歳～64歳	65歳以上
2018年	12,644	2,132	6,954	3,558
2060年	8,674	1,104	4,105	3,464

(厚生労働省資料)

0～19歳の人口が総人口に占（し）める割合は，2018年では約17％であるが，2060年には約13％に減少している。一方，65歳以上の人口が総人口に占める割合は，2018年では約［A］％であるが，2060年には約［B］％に増加している。

ア 20　**イ** 28　**ウ** 32
エ 36　**オ** 40　**カ** 45

(4) 下線部cに関連して，日本の年中行事を，1月からの一年の中で行われる順に正しく並べたものを，次の**ア**～**カ**から1つ選び，記号で答えなさい。（10点）

ア お盆（ぼん）→ひな祭り→節分・豆まき　**イ** お盆→節分・豆まき→ひな祭り
ウ ひな祭り→節分・豆まき→お盆　**エ** ひな祭り→お盆→節分・豆まき
オ 節分・豆まき→お盆→ひな祭り　**カ** 節分・豆まき→ひな祭り→お盆

記述式 (5) 下線部dに関して，右の図は，受付を待つ客の並び方のルールを図で表したものである。このルールは，どのような考えに基づいて合意されているのか，「効率と公正」の観点をふまえて，簡潔に答えなさい。(10点)

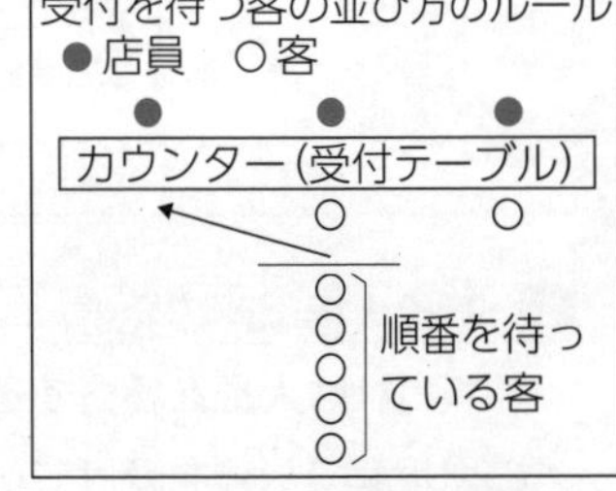

〔岡山・京都・富山・神奈川・群馬－改〕

(1)		(2)	米	牛肉
(3) A	B	(4)		
(5)				

記述式 **2** 次の資料1は高齢者(こうれい)のいる世帯の家族構成数の推移を表し，資料2は認知症(にんちしょう)高齢者数の将来の推計を表している。各問いに答えなさい。(30点)

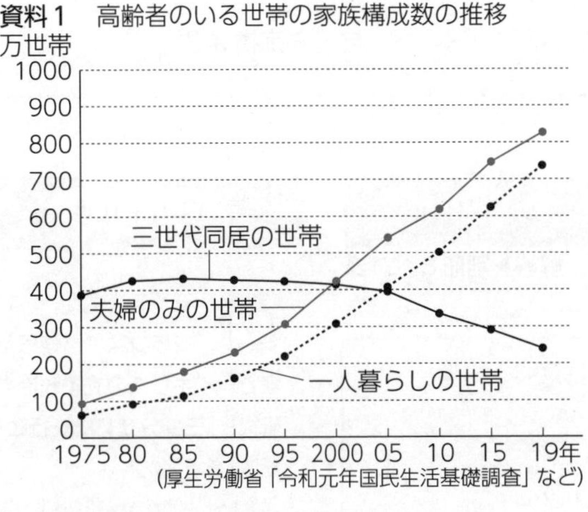

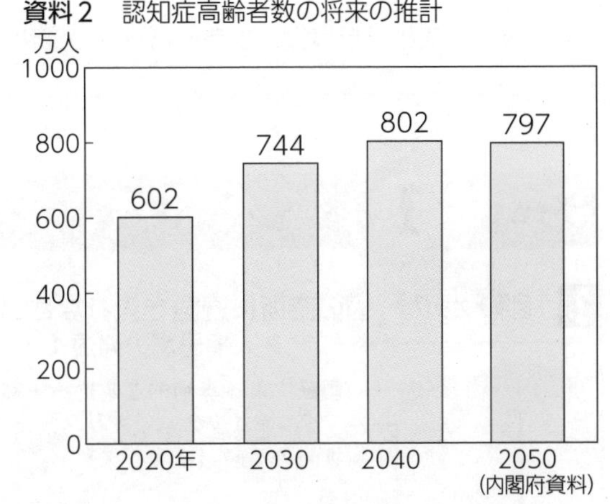

(1) 高齢者のいる世帯の家族構成にはどのような変化が見られるか，資料1からその特徴(とくちょう)を読み取り，答えなさい。(15点)

難問 (2) 高齢者が安心して生活していくために，国や地方公共団体はどのような取り組みを進めていく必要があると考えられるか，資料1と資料2を参考にして具体的に答えなさい。(15点)

〔三重－改〕

(1)
(2)

1 (5) それぞれの店員の前に，列をつくって並んでいれば，どのようになるかを考える。

3 人権思想の発達と基本的人権

重要点をつかもう

1 近代人権思想の発達

われわれは人権を獲得する過程において，多くの思想家の影響を受けている。

2 基本的人権の確立

①**平等権** 等しく生きる権利→人種・性別・社会的身分などで差別されない。

②**自由権** **身体の自由**，**精神の自由**，**経済活動の自由**を保障。

③**社会権** 人間らしく生きるための権利(**ワイマール憲法**［ドイツ］が世界で最初に保障)。生存権など。

④**新しい人権** **環境権**，**プライバシーの権利**，**知る権利**，日照権，**自己決定権**など。

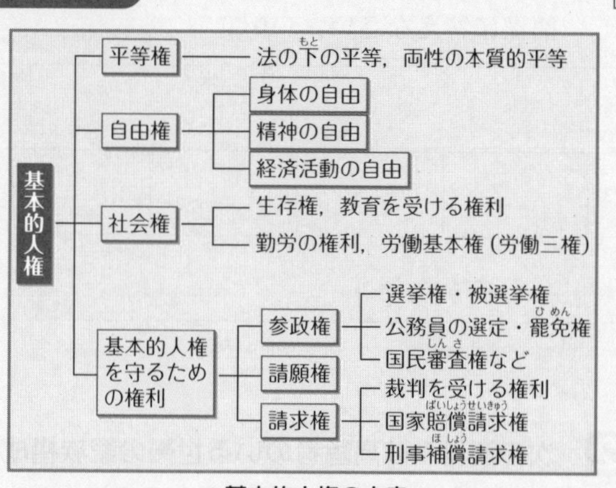

▲基本的人権の内容

Step 1 基本問題

解答▶別冊8ページ

1 図解チェック 図の空所に適語を入れなさい。

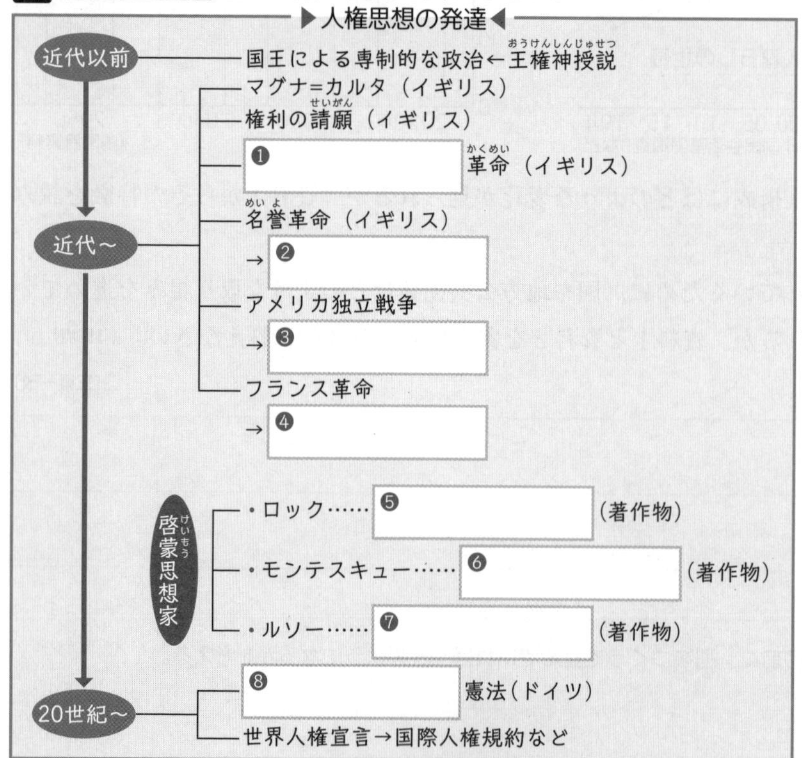

Guide

ことば モンテスキュー
フランスの啓蒙思想家で，イギリスの立憲政治を研究し，三権分立(立法·行政·司法)を唱えた。

ことば 児童の権利条約
1989年の国連総会で採択された条約で，子どもたちを虐待などから守り，独立した人間としての権利を保障している。日本の加入は1994年。

ひと休み アパルトヘイトの全廃
南アフリカ共和国では，1991年にアパルトヘイトという人種隔離政策の廃止が宣言され，1994年には黒人のマンデラが大統領になった。

2 ［人権思想の発達］ 次の各問いに答えなさい。

(1) 新国王が権利章典を認め，議会政治の基礎が固められることとなった，17世紀のイギリスでおきた２度目の革命を何といいますか。 ［　　　　　］

(2) 権利章典から約100年後に市民革命がおこり，人間の自由・平等，財産の尊重，国民主権などをうたった人権宣言を発表した国の名を答えなさい。 ［　　　　　］

(3) 権利章典の承認から200年後に，日本においては伊藤博文などが中心となって君主権の強い憲法がつくられたが，この憲法を何といいますか。 ［　　　　　］

(4) 権利章典から約300年後に国際連合が採択した，子どもの生きる権利や育つ権利，守られる権利などを定めた条約を何といいますか。 ［　　　　　］

3 ［基本的人権］ 次の各問いに答えなさい。

(1) 1919年，ドイツのワイマール憲法で初めて保障された，人々が人間らしく生きるため，経済的な面などで保障しようとする権利を何といいますか。 ［　　　　　］

(2) (1)の権利の中でも，「健康で文化的な最低限度の生活」を営む権利を特に何といいますか。 ［　　　　　］

(3) (1)の権利の中の労働基本権の１つである，労働組合をつくる権利を何といいますか。 ［　　　　　］

(4) 平等権において，日本で1985年に就労の場での女性差別をなくすために制定された法律を何といいますか。 ［　　　　　］

(5) 身体の自由，精神の自由とともに，自由権として保障されているもう１つの自由を何といいますか。 ［　　　　　］

(6) 日本国憲法では，第11条で基本的人権は「侵すことのできない永久の権利」と定め，また第12条で「(　　)のために」自由と権利を利用する責任を定めている。この(　　)にあてはまる語句を答えなさい。 ［　　　　　］

(7) 日本国憲法で直接規定していない「新しい人権」のうち，主権者である国民が政治に関する情報を手に入れる権利を何といいますか。 ［　　　　　］

くわしく

■名誉革命

1688年におこったイギリスの市民革命。流血をみなかったので，この名がある。翌年には，イギリス議会が新国王に権利章典を認めさせ，国王が議会の同意なしに法律を停止したり，課税を行ったりすることを禁じた。

■アメリカ独立宣言

「すべての人間は平等に造られている」と唱え，名誉革命を理論的に正当化したロックの思想を受けついでいる(ただし，「すべての人間」とは，白人男性のみを指していた)。

ことば

公共の福祉

社会全体に共通する利益のこと。日本国憲法の条文中，第12条(自由及び権利の保持義務と公共の福祉)，第13条(個人の尊重と公共の福祉)，第22条(居住・移転及び職業選択の自由)，第29条(財産権)において規定されている。

データ

身近になってきた多文化社会

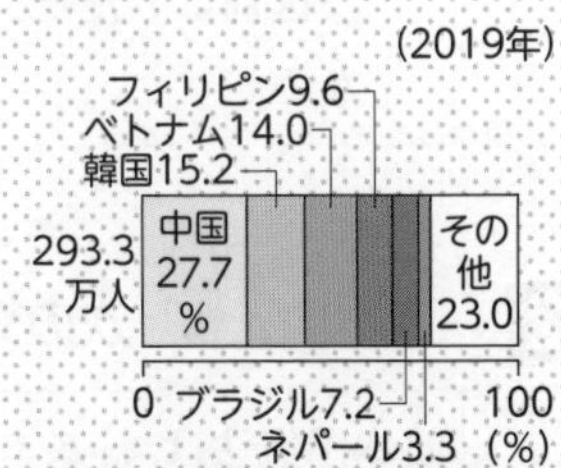

(2020/21年版「日本国勢図会」)

▲在日外国人の国別割合

【　　月　　日】

Step 2 標準問題

時間 30分　合格点 70点　得点 　点

解答▶別冊8ページ

重要 1 ［人権思想の発達］次の文を読んで，各問いに答えなさい。

17，18世紀のヨーロッパでは，人々が国王などの権力者の支配と戦いました。このとき人々の大きな力となったのが，人権思想です。社会契約説と抵抗権を唱えたイギリスの（　A　）をはじめとする思想家たちの考えは，アメリカ独立宣言や，（　X　）のとき発表された（　Y　）で打ち出されました。政治権力が1か所に集中して人々の自由をおびやかすことのないように，政治権力を分けて，それぞれを別の機関に分担させる三権分立制も（　B　）によって唱えられました。

(1) 文中の（　A　），（　B　）にあてはまる思想家の組み合わせとして正しいものを，次の**ア**～**エ**から1つ選び，記号で答えなさい。

ア　A－ルソー　　B－モンテスキュー
イ　A－モンテスキュー　B－ルソー
ウ　A－ロック　　B－モンテスキュー
エ　A－ロック　　B－ルソー

(2) 右の資料は文中の（　X　）の始まりとなったバスチーユ牢獄の襲撃を描いたものである。（　X　）にあてはまる革命を何といいますか。

(3) 次の資料は文中の（　Y　）の中の一節である。（　Y　）の宣言文を何といいますか。

第1条　人は生まれながら，自由で平等な権利をもつ。社会的な区別は，ただ公共の利益に関係のある場合にしか設けられない。

〔青森－改〕

1 （10点×3－30点）

(1)
(2)
(3)

ワンポイント

(1) ロックは『統治二論（市民政府二論）』，モンテスキューは『法の精神』，ルソーは『社会契約論』を著した。
(2) バスチーユ牢獄は，当時，王権に抵抗する政治犯を収容しており，王権の象徴的な場所であった。

重要 2 ［基本的人権］次の文を読んで，各問いに答えなさい。

日本国憲法は，a 基本的人権を「侵すことのできない永久の権利」と定めた。しかし，b 基本的人権も公共の福祉によって制限されることがある。なぜなら，公共の福祉は，政府や自治体あるいは社会全体の利益を調整するための重要な原理となっているからである。

ただし，公共とは，社会の一員であるわたしたちがつくりあげていくものであり，公共の福祉の名のもとに（　　c　　）ことがないように注意を払わなければならない。

(1) 下線部aについて，次の各問いに答えなさい。

①基本的人権のうち自由権として保障されているものを，次の**ア〜エ**から1つ選び，記号で答えなさい。

ア 知識や技術，能力を身につけ，社会に出て活躍(かつやく)できるような教育を受けること。

イ 働きたい会社の採用試験を受けることができ，採用されると，そこで働けること。

ウ 自分の性別や出身地，身体の障害によって，働いて得る収入は差別されないこと。

エ 働いている会社の経営者に対して，社員仲間と団結して職場環境(かんきょう)の改善を求めること。

②基本的人権の平等権に基づき，車いすの人や高齢者(こうれいしゃ)が安全にくらせるよう，公共施設(しせつ)の段差をなくすなどの工夫を何といいますか。

記述式 ③基本的人権の社会権の1つに生存権がある。生存権を規定した憲法第25条で，国が国民に保障しているのはどのような生活を営む権利かを簡潔に答えなさい。

(2) 下線部bについて，次の表は公共の福祉(ふくし)によって制限される権利と制限の内容を表したものである。(　　　)にあてはまる語句として正しいものを，あとの**ア〜エ**から1つ選び，記号で答えなさい。

権　利	制限の内容
表現の自由	他人の名誉(めいよ)を傷つける行為(こうい)の禁止
居住・移転の自由	感染症(しょう)による入院の措置(そち)
集会・結社の自由	公の道路などでのデモの制限
(　　　　　)	公務員のストライキの禁止

ア 環境権　**イ** 労働基本権

ウ 選挙権　**エ** 財産権

記述式 (3) 文中の(　　c　　)には，公共の福祉について注意すべきことを述べた文が入る。あてはまる内容を考えて，簡潔に答えなさい。

〔岩手・宮城－改〕

2 ((3)30点，他10点－70点)

(1)	①	
	②	
	③	
(2)		
(3)		

ワンポイント

(1) ③国民の生存権を保障するために，国は社会保障制度を整備しなければならない。

(2) 表中の「表現の自由」と対立する権利として，「プライバシーの権利」がある。プライバシーの権利は，憲法で直接規定されてはいないものの，「新しい人権」として認められてきている。

日本国憲法の基本原則

重要点をつかもう

1 日本国憲法の3つの基本原則

①**国民主権**　主権在民であり，天皇は形式的・儀礼的な行為のみを行う(国と国民統合の象徴)。

②**基本的人権の尊重**　侵すことのできない永久の権利(公共の福祉に反しないことが条件)。

③**平和主義**　戦争放棄・戦力の不保持・交戦権の否認(第9条に規定)，国際協調。

2 憲法の改正

衆議院・参議院の各議院の総議員の3分の2以上の賛成で国会が発議→国民投票で過半数の同意が必要(硬性憲法)－国民投票法

前　文　そもそも国政は，国民の厳粛な信託によるものであって，その権威は国民に由来し，その権力は国民の代表者がこれを行使し，その福利は国民がこれを享受する。

第1条　天皇は，日本国の象徴であり日本国民統合の象徴であって，この地位は，主権の存する日本国民の総意に基く。

第9条　①日本国民は，正義と秩序を基調とする国際平和を誠実に希求し，国権の発動たる戦争と，武力による威嚇又は武力の行使は，国際紛争を解決する手段としては，永久にこれを放棄する。

②前項の目的を達するため，陸海空軍その他の戦力は，これを保持しない。国の交戦権は，これを認めない。

第11条　国民は，すべての基本的人権の享有を妨げられない。この憲法が国民に保障する基本的人権は，侵すことのできない永久の権利として，現在及び将来の国民に与へられる。

▲日本国憲法(一部)

Step 1 基本問題

解答▶別冊8ページ

1 図解チェック　図の空所に適語を入れなさい。

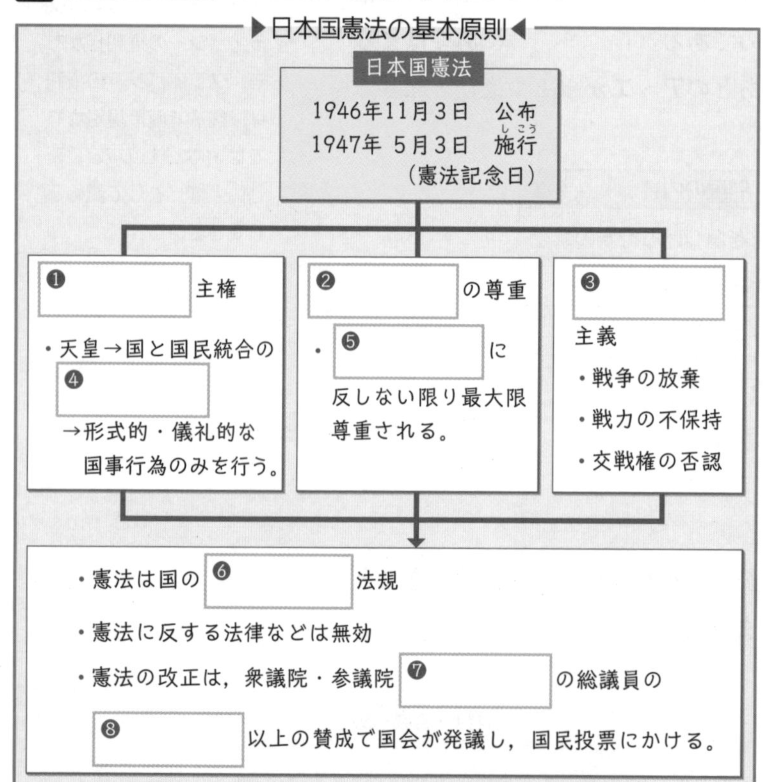

Guide

くわしく　国民投票法

正式名称は「日本国憲法の改正手続に関する法律」。2007年(平成19) 5月18日に公布され，3年後の2010年5月18日に施行された。この法律は，日本国憲法第96条に定める日本国憲法の改正について，国民の承認に係る投票手続と憲法改正の発議手続について定めている。2014年に一部が改正され，2018年6月21日以降の国民投票は，満18歳以上の日本国民によって行われると定められた。

2 ［日本国憲法］次の文を読んで，各問いに答えなさい。

□年８月，わが国がポツダム宣言を受け入れたことにより，第二次世界大戦は終わった。翌年，わが国はａ日本国憲法を公布し，民主国家への道を歩み始めた。
日本国憲法は，ｂ国民主権，基本的人権の尊重（そんちょう），ｃ平和主義の３つの基本原則のもとに，立法権（国会），行政権（内閣），司法権（裁判所）の三権の分立や，地方自治などの，民主的な政治のしくみを定めている。

(1) □にあてはまる年は何年ですか。［　　］

(2) 下線部ａについて，日本国憲法以前に施行（しこう）されていた憲法の正式名を答えなさい。［　　］

(3) 下線部ａについて，憲法改正はどのような手続きで行われているか。次の**ア**～**エ**を手続きの早い順に並べかえ，記号で答えなさい。［　→　→　→　］

ア　国民に憲法改正を発議する。
イ　天皇が国民の名で，新憲法を公布する。
ウ　衆・参両院とも総議員の３分の２以上の賛成で議決される。
エ　国民投票で過半数の賛成を得る。

(4) 下線部ｂについて，それまで主権者であった天皇は，現在は形式的・儀礼（ぎれい）的な国事行為（こうい）のみを行っている。国事行為を行うときに必要なものは何か。次の文の空欄（くうらん）（　X　）・（　Y　）にあてはまる語句を答えなさい。　X［　　］Y［　　］

（　X　）の助言と（　Y　）が必要である。

(5) 下線部ｃについて，次の各問いに答えなさい。

①平和主義を規定しているのは憲法第何条ですか。
［　　］

②憲法は戦力の不保持を定めているが，政府は国を防衛するための組織は憲法違反（いはん）にはあたらないという立場をとっている。1954年に設立された防衛のための組織を何といいますか。
［　　］

③被爆（ひばく）国として日本が掲（かか）げる，「核兵器（かくへいき）をもたず，つくらず，もちこませず」という原則を何といいますか。
［　　］

くわしく
■自衛隊問題
政府は自衛隊は最小限の自衛力であり日本国憲法第９条に違反していないとするが，第９条に違反しているという意見もある。
■天皇の国事行為
天皇は日本国と日本国民統合の象徴（しょうちょう）であり，国会の召集（しょうしゅう）などの形式的・儀礼的な国事行為を行う。しかし，これらを行うにも内閣の助言と承認（しょうにん）が必要である。

注意
■天皇の国事行為と任命権
日本国憲法第６条に内閣総理大臣と最高裁判所長官の任命権が認められている。これらも国事行為とされている。
■憲法改正の発議の要件
憲法改正の発議には，衆議院・参議院，それぞれの総議員の３分の２以上の賛成が必要である。両議院ではなく，各議院ということと，出席議員ではなく，総議員であることに注意する。
■非核三原則
核兵器を「もたず，つくらず，もちこませず」とする政府の基本方針で，この原則は憲法の条文には含（ふく）まれない。1967年に佐藤栄作（さとうえいさく）首相が国会で言明し，1971年に衆議院決議が採択（さいたく）されている。

【　月　日】

Step 2 標準問題①

時間	合格点	得点
30分	70点	点

解答▶別冊9ページ

重要 **1** ［日本国憲法］次の図は，憲法改正の手続きについて模式的に表したものである。この図を見て，各問いに答えなさい。

図

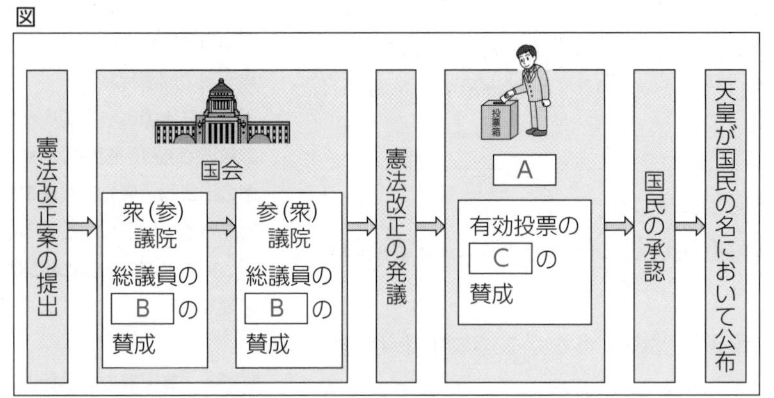

(1) 図中の［ A ］について，次の各問いに答えなさい。

①［ A ］にあてはまる，憲法改正について，国民が賛成または反対の意思決定をするための手続きを何といいますか。

②［ A ］は日本国憲法の３つの基本原理(原則)のうち，どの基本原理(原則)に基づいていますか。

③［ A ］の手続きを行うことができるのは，満何歳以上の国民ですか。

(2) 図中の［ B ］，［ C ］にあてはまる語句の組み合わせとして正しいものを，次の**ア**～**エ**から１つ選び，記号で答えなさい。

ア　B－３分の２以上　　C－３分の２以上

イ　B－３分の２以上　　C－過半数

ウ　B－過半数　　C－３分の２以上

エ　B－過半数　　C－過半数

(3) 図中の天皇について，次の各問いに答えなさい。

①天皇が内閣の助言と承認に基づいて行う，図中のような行為を何というか，漢字４字で答えなさい。

②日本国憲法において，天皇はどのように位置づけられているか，次の憲法条文の［　　］にあてはまる語句を漢字２字で答えなさい。

> 天皇は，日本国の［　　］であり日本国民統合の［　　］であって，この地位は，主権の存する日本国民の総意に基く。

〔和歌山・新潟－改〕

1（10点×6－60点）

(1)	①	
	②	
	③	
(2)		
(3)	①	
	②	

ワンポイント

(2)「過半数」を「２分の１以上」と表記しないのは，賛成・反対が同数であったときを想定してのことである。衆議院・参議院で同数となった場合は，議長が最終の１票を投じる。

(3) ①他に，国会の召集や衆議院の解散，国務大臣の認証などがある。

2 [基本的人権の尊重] 次の班学習のレポートについて，各問いに答えなさい。

社会の変化とともに，日本国憲法が直接規定していないことがらについても基本的人権として認めようとする動きが生まれている。
【日本国憲法が直接規定している権利】
平等権，自由権，a社会権，参政権，b請求権など
【日本国憲法が直接規定していないが，近年主張されるようになった権利】
《 c 》高度経済成長が進み，公害が深刻化する中で提唱されるようになった。
《プライバシーを守る権利》d報道や出版においては，表現の自由を理由にプライバシーの侵害が問題になることがある。
《自己決定権》患者が医師から十分に説明を受けたうえで，治療法に同意することを e といい，自己決定権を尊重するうえで重要である。

(1) 下線部a・bに含まれる権利を，次の**ア**～**オ**からそれぞれ1つずつ選び，記号で答えなさい。

ア 能力に応じてひとしく教育を受ける権利
イ 職業や住む場所を選ぶ権利
ウ 最高裁判所裁判官を審査する権利
エ 人種や性別などにより差別されない権利
オ 無罪の判決を受けた人が補償を求める権利

(2) 文中の c にあてはまる語句を漢字３字で答えなさい。

(3) 下線部dについて，次の文中の(　　　　)にあてはまる語句を答えなさい。

日本国憲法においては，基本的人権が最大限尊重されているが，他人の人権を侵害する場合や，社会の大多数の人々の利益との調整をはかる場合には，個人の人権が制限されることがある。これを(　　　　)による制限という。

(4) 文中の e にあてはまる語句を，次の**ア**～**エ**から1つ選び，記号で答えなさい。

ア ノーマライゼーション(インクルージョン)
イ マニフェスト
ウ バリアフリー
エ インフォームド・コンセント

〔山口・栃木－改〕

2 (８点×５－40点)

(1)	a	
	b	
(2)		
(3)		
(4)		

ワンポイント

(3)プライバシーの権利に関しては，他にも，2003年に個人情報保護法が制定され，公的機関だけではなく，企業に対しても個人情報保護の義務が規定されている。

(4)自己決定権とは，個人が自分の生き方を自分の意思で決定する権利である。

【　　月　　日】

Step 2 標準問題②

時間 30分　合格点 70点　得点　　点

解答▶別冊9ページ

1 ［日本国憲法］Aさんは，日本国憲法について調べ，発表した。次の資料Ⅰ～資料Ⅲは，そのとき使用したものの一部である。これらを見て，各問いに答えなさい。

資料Ⅰ

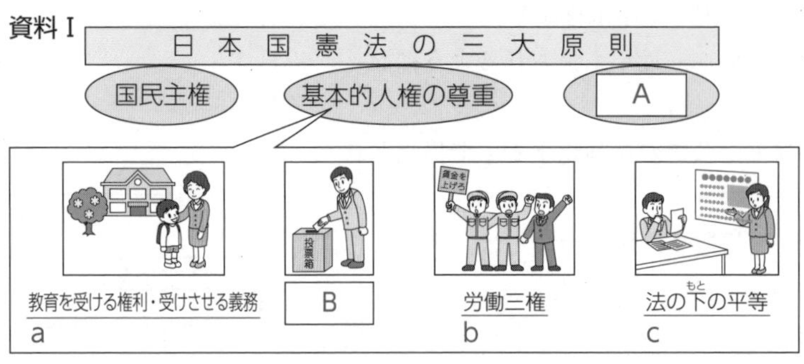

(1) 資料Ⅰの[A]には，日本国憲法の三大原則の1つが入る。[A]にあてはまる語句を答えなさい。

(2) 下線部aと同じように，日本国憲法で，権利であり，義務でもあると定めているものを答えなさい。

(3) 資料Ⅰの[B]にあてはまる基本的人権を，次の**ア**～**エ**から1つ選び，記号で答えなさい。

ア 環境権　**イ** 財産権　**ウ** 参政権　**エ** 生存権

記述式 (4) 下線部bについて，労働者が団結して労働組合を結成する目的を，「労働者」,「使用者」の語句を用いて，簡潔に答えなさい。

(5) 下線部cについて，女性の社会参加に関する次の各問いに答えなさい。

①雇用の分野における男女の平等を実現することを目的として，1985年に制定された法律の名称を答えなさい。

記述式 ②資料Ⅱ，資料Ⅲからわかる，女性の就業状況の変化について，簡潔に答えなさい。〔群馬－改〕

資料Ⅱ　女性の雇用者数

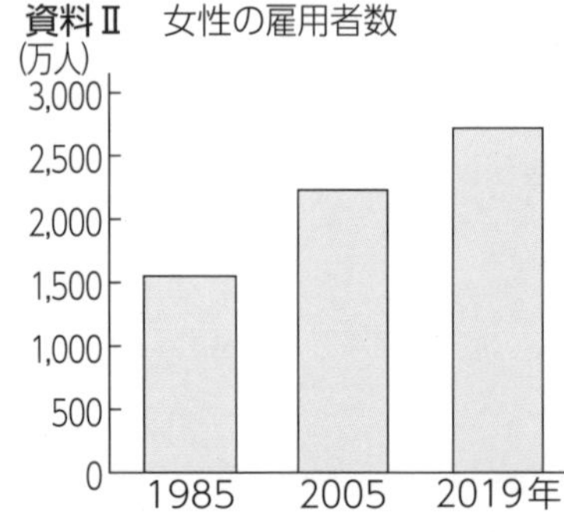

資料Ⅲ　女性の雇用形態の割合

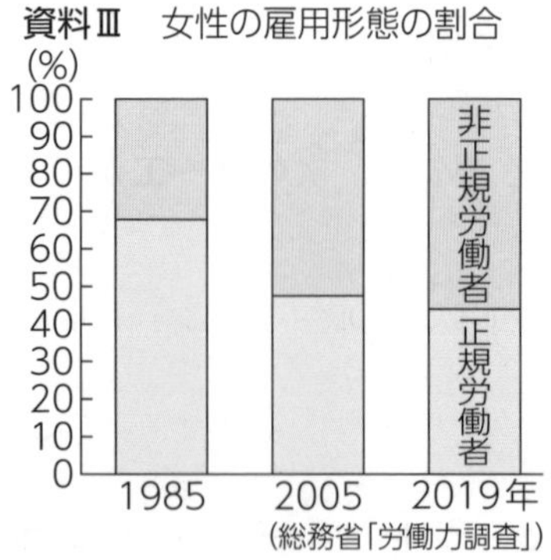

(総務省「労働力調査」)

1 ((4)15点，他10点－65点)

(1)		
(2)		
(3)		
(4)		
(5)	①	
	②	

ワンポイント

(5)②男女ともに非正規労働者の割合が増えているが，女性が特に多くなっている。

2 ［日本国憲法］社会科の授業で，憲法をテーマに作成した次のレポートを見て，各問いに答えなさい。

○ 明治時代に大日本帝国憲法が発布された。この憲法では，主権は［ ① ］にあると定められていた。
○ 日本国憲法は国の［ ② ］として定められ（第98条），国の法は憲法を頂点として構成されている。
○ 日本国憲法は，国民主権，基本的人権の尊重，a平和主義の3つの基本原則から成り立っている。
○ 国民の義務は，子どもに普通［ ③ ］を受けさせる義務，勤労の義務，納税の義務の3つである。
○ 日本国憲法第27条では勤労の権利を保障し，第28条ではb労働三権を保障している。
○ 日本国憲法は，「この憲法が国民に保障する自由及び権利は，国民の不断の努力によって，これを保持しなければならない。又，国民は，これを濫用してはならないのであって，常に［ ④ ］のためにこれを利用する責任を負ふ。」（第12条）と定めて，すべての人の権利を公平に尊重するために，権利の濫用をいましめている。

(1) 文中の①～④の［ ］にあてはまる語句を答えなさい。

(2) 下線部aについて，次の各問いに答えなさい。

①下線部aに関連のある次の条文は，日本国憲法の第何条か，数字で答えなさい。

> 日本国民は，正義と秩序を基調とする国際平和を誠実に希求し，国権の発動たる戦争と，武力による威嚇又は武力の行使は，国際紛争を解決する手段としては，永久にこれを放棄する。

②下線部aについて，次の文中の［ ］に共通して入る略称をアルファベットで答えなさい。

> 国際連合を中心とした国際平和を実現するために，1992年，日本は［ ］協力法を制定した。カンボジアや東ティモールなどの地域において［ ］に参加し，停戦を監視したり，戦争の再発を防ぐ活動を行ったりしている。

(3) 文中の下線部bに関して，日本国憲法が保障している労働三権は，団体交渉権，団体行動権ともう1つは何ですか。

〔兵庫・高知－改〕

2 （5点×7－35点）

(1)	①	
	②	
	③	
	④	
(2)	①	
	②	
(3)		

【　　月　　日】

Step 3 実力問題

時間 30分　合格点 70点　得点

解答▶別冊9ページ

重要 **1** 次の文を読んで，各問いに答えなさい。（80点）

ヨーロッパの近代国家は，憲法を制定することによって，国家の権力を制限してａ人権を保障し，憲法の定める範囲（はんい）内で政治を行うという思想を生み出した。現代の日本の政治もこの思想に基づいている。基本的人権としては，第一にｂ平等権，第二に自由権があげられる。自由権はｃ精神の自由，身体の自由，経済活動の自由に分けられ，経済活動の自由はｄ公共の福祉（ふくし）によって様々な形で制限されている。第三にｅ社会権，第四に参政権である。参政権には選挙権やｆ憲法改正の国民投票権，最高裁判所の裁判官に対する（　ｇ　）権が含（ふく）まれている。最後に新しい人権である。その中には知る権利やｈ自己決定権などが含まれている。

(1) 下線部ａの人権保障の考え方を生み出した思想家である，①ロック・②モンテスキュー・③ルソーの思想としてあてはまるものを，次の**ア**～**ウ**から１つずつ選び，記号で答えなさい。（各5点）

ア　『法の精神』の中で三権分立を主張した。

イ　『社会契約（けいやく）論』の中で人民主権を主張した。

ウ　『統治二論（とうちにろん）』の中で人民は抵抗（ていこう）権をもつと主張した。

(2) 下線部ｂについて，平等権をめぐる問題について述べたものとして正しいものを，次の**ア**～**エ**から１つ選び，記号で答えなさい。（10点）

ア　沖縄（おきなわ）の少数民族に対する差別問題を解決するため，アイヌ文化振興（しんこう）法が制定された。

イ　現代の日本では，納税額によって票の価値が異なる一票の格差が問題になっている。

ウ　日本国籍（こくせき）をもたなくても，公務員として採用することを認める市町村が増えている。

エ　男女共同参画社会基本法の成立により，男女の管理職の割合はほぼ同じになった。

(3) 下線部ｃの①精神の自由，②身体の自由，③経済活動の自由の例として適切なものを，次の**ア**～**ウ**から１つずつ選び，記号で答えなさい。（各5点）

ア　安定した職についていたが，周囲の反対を押（お）し切り転職した。

イ　行政の不正を告発するために，新聞を発行し，無料で配布した。

ウ　身に覚えのない罪で警察に拘束（こうそく）された際，弁護士を呼ぶことを要求した。

記述式 (4) 下線部ｄの公共の福祉による制限は何のために定められたものか，説明しなさい。（10点）

(5) 下線部ｅの社会権を世界で初めて保障した憲法の名を答えなさい。（5点）

(6) 下線部ｆの憲法改正について定めた以下の条文の空欄（くうらん）に入る語句の組み合わせとして正しいものを，あとの**ア**～**エ**から１つ選び，記号で答えなさい。（5点）

この憲法の改正は，各議院の［　①　］の［　②　］以上の賛成で，国会がこれを発議し，国民に提案してその承認を得なければならない。

ア　①出席議員　②半　数　　**イ**　①出席議員　②３分の２

ウ　①総議員　②半　数　　**エ**　①総議員　②３分の２

(7) 文中の空欄（　ｇ　）にあてはまる語句を答えなさい。（10点）

難問 (8) 下線部hの自己決定権に関して，医療の現場でおきている問題について述べた文として正しいものを，次の**ア**～**エ**から１つ選び，記号で答えなさい。(10点)

ア 臓器移植の一例としては自分の死後に臓器を提供するというものがあるが，近年の法改正により，本人の意思が不明であっても家族が同意すれば移植できるようになり，自己決定権のあり方が問われている。

イ 安楽死とは患者が耐えることができない苦痛を感じており，回復の見込みがない場合に行われるものであるが，患者の同意を得ずにこの処置を行ったとしても，自己決定権の侵害にはならないとされている。

ウ 尊厳死とは人間としての尊厳が失われた状態を拒否し，自らの意思で死を自己決定するというものであるが，そのような状態になった場合には死を選択しなければならないことは法律で定められている。

エ 自己決定権を行使するために考えられたしくみとしてインフォームド・コンセントがあるが，これは自己決定をするのに十分な情報を得るため，主治医以外の意見も聞くというしくみである。

(1)	①	②	③	(2)	(3)	①	②	③
(4)								
(5)		(6)		(7)		(8)		

〔大阪教育大附高(池田)－改〕

難問 **2** **次の条文は，近代の人権確立の基礎となった文書の一部である。この条文を読んで，各問いに答えなさい。**(20点)

> 第１条　人は生まれながらにして，自由で平等な権利をもつ。社会的な差別は，公共の利益に役立つか否かによってのみ設けることができる。

(1) この条文と最も関係の深いものを，次の**ア**～**ウ**から１つ選び，記号で答えなさい。(５点)

ア アメリカ独立宣言　**イ** フランス人権宣言　**ウ** イギリスの権利章典

記述式 (2) 下線部について，わが国の憲法で保障されている自由権にはどのようなものがあるか。１つあげ，その内容を例にならって説明しなさい。(完答，15点)

> (例)　自由権…身体の自由　　内容…正当な理由なしに逮捕や処罰をされないこと。

(1)	(2)	自由権	内容

〔岩手－改〕

1 (6) 今まで一度も改正されていない理由として，可決には非常に多くの賛成が必要なことがある。

2 (1) 新しい市民社会の原理を明らかにする内容である。

5 選挙と政党

重要点をつかもう

1 政党のはたらき

①**政　党**　政治的に似かよった意見や考えをもつ人によって組織された集団。

②**政党政治**　政党が中心となる政治。政権を担当する**与党**，担当していない**野党**に分けることができる。

2 選挙のしくみ

公職選挙法は被選挙権や選挙運動に関するきまりなどについて規定している。

	衆議院	参議院
議員数	465人	248人※
任期	4年 （解散がある）	6年 （3年ごとに半数改選）
被選挙権	25歳以上	30歳以上
選挙区	比例代表 （全国11ブロック）　176人 小選挙区　289人	45選挙区選出　148人 比例代表選出　100人

※2022年の改選後から。2020年現在は245人（選挙区147人，比例代表98人）。

▲衆議院と参議院の比較

3 世論とマスメディア

国民は演説会，選挙公報，政見放送などによって，だれに投票するか判断する。

Step 1 基本問題

解答▶別冊10ページ

1 図解チェック　図の空所に適語を入れなさい。

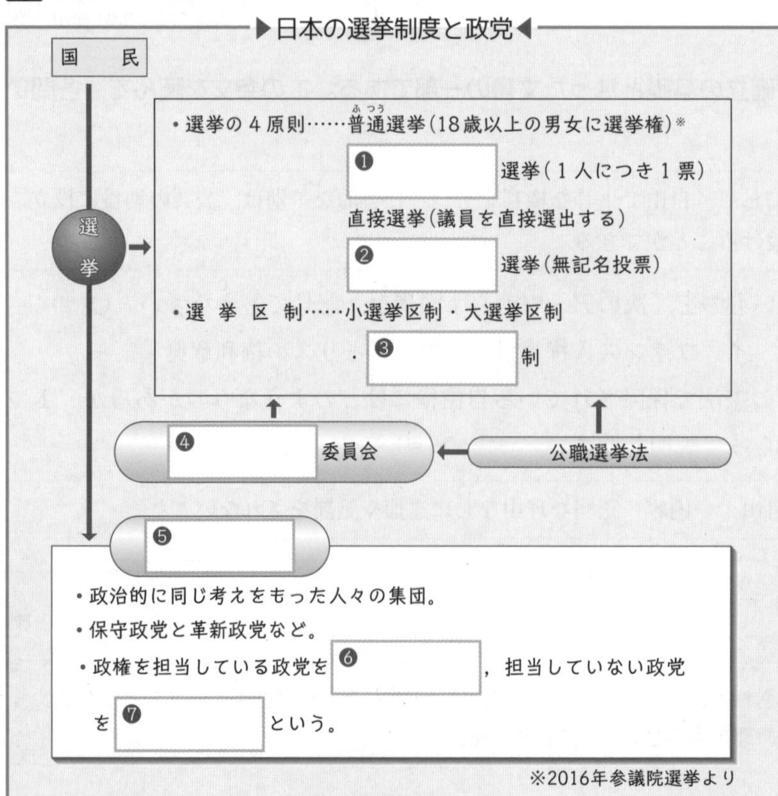

Guide

注意 選挙資金の問題
選挙やそのほかの政治活動にかかわる費用の出どころに不透明な部分が出ないように，政治資金規正法により制限が加えられている。

くわしく ■一票の格差
選挙区の有権者数と議員定数の関係が不均衡になっていて，同じ1票のもつ価値が平等になっていないこと。

■選挙人の資格
同一の市町村の住民基本台帳に3か月以上登録されていなければ資格は与えられない。

2 [選挙のしくみ] 選挙制度について，各問いに答えなさい。

(1) 被選挙権が満30歳から与えられるのは，参議院議員のほかに何があるか，最も適切なものを，次のア～エから1つ選び，記号で答えなさい。 [　　]

ア 衆議院議員　**イ** 都道府県議会議員

ウ 都道府県知事　**エ** 市町村長

(2) 衆議院議員総選挙は，候補者に投票して1つの選挙区から1人の代表を選ぶ選挙制度と，政党に投票して各政党の得票率に応じて議席を配分する選挙制度を組み合わせて行われている。この選挙制度を何といいますか。 [　　]

(3) 政党などの政治団体の資金を明らかにして，政治の腐敗を防ぐための法律は何ですか。 [　　]

(4) 選挙に関するさまざまなきまりを定めた法律を何といいますか。 [　　]

(5) 選挙にあたって，政党が政策や具体的な目的などを発表する政権公約をカタカナで何といいますか。

[　　]

〔三重－改〕

3 [政治・マスメディア] 次の各問いに答えなさい。

(1) 政治に関する次の問いに答えなさい。

①右の写真は，グラールス州(スイス)の州民集会における議決の光景である。国民や地域住民が1か所に集まり，政治を動かしていく制度を何といいますか。

(Kanton Glarus,Samuel Trümpy Photography)

[　　]

②多くの国民が政治に対して共通して持っている意見を何といいますか。 [　　]

③②の形成に大きく影響する，新聞・テレビなどの報道機関のことをカタカナで何といいますか。 [　　]

(2) 政党について，複数の政党によって構成される政権・内閣を，次のア～ウから1つ選び，記号で答えなさい。 [　　]

ア 単独政権　**イ** 連立政権　**ウ** 独裁政権

ことば ■マニフェスト
選挙にあたり，当選すればこのような政策を実現しますと約束する際に，具体的な実施期限や数値目標を示した政権公約のこと。
■選挙区制
わが国においては，小選挙区制，大選挙区制，比例代表制が採用されている。

くわしく 死票
選挙で落選者に投票された票。小選挙区制で多く生じ，死票に含まれる国民の意思が反映されない問題がある。

注意 ■保守政党
現在の社会体制を守っていこうとする政党。
■革新政党
現在の社会体制の変革をめざす政党。
■中道政党
保守と革新のどちらにもかたよらないことを理念とする政党。

ことば 連立政権
複数の政党が協力し，政権を握ること。1993年に成立した細川護熙(日本新党)を首相とする連立政権の誕生により，1955年以来続いた自由民主党の単独政権(55年体制)が終わった。

【　　月　　日】

Step 2 標準問題

時間 30分　合格点 70点　得点 　点

解答▶別冊10ページ

1 ［選挙制度］次の各問いに答えなさい。

(1) わが国の現在の選挙制度の内容として正しいものを，次の**ア**～**エ**から２つ選び，記号で答えなさい。

ア　投票は１人１票である。

イ　選挙権は16歳(さい)以上に与(あた)えられている。

ウ　納税額に応じて選挙権が与えられている。

エ　投票用紙に投票者の氏名欄(らん)を設けない。

(2) 次は，ある人物の政治に関する活動の一部を示したカードである。この人物の職名にあてはまる最も適切なものを，次の**ア**～**エ**から１つ選び，記号で答えなさい。

28歳	初めて選挙に立候補し，当選する。
32歳	任期満了(まんりょう)にともなう選挙で当選し，２期目に入る。
34歳	住みよい社会をつくるため，条例の制定に取り組んでいる。

ア　衆議院議員　　**イ**　参議院議員

ウ　県議会議員　　**エ**　県知事

(3) 比例代表制のある選挙区において，表のような投票結果になった。定数が５議席で，ドント式で議席を配分した場合，表中のＢ党に配分される議席数は何議席か，答えなさい。

表

	A党	B党	C党	D党
投票数	1,800	1,500	960	720
÷１				
÷２				
÷３				

(4) 生徒が政治と国民とのかかわりについてまとめた次の文の［　X　］には同じ語句が入る。あてはまる語句を答えなさい。

　ある日の新聞に右のような調査結果がのっていました。このような，政治や社会に対して国民がもつ意見を［　X　］といいます。テレビ局や新聞社などは，わたしたち国民の意見を知るために［　X　］調査を実施(じっし)しています。

内閣支持率の推移

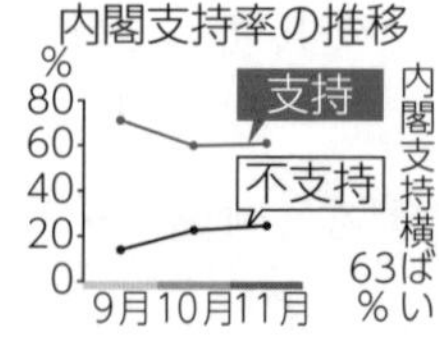

〔富山・秋田－改〕

1 （12点×５－60点）

(1)
(2)
(3)
(4)

ワンポイント

(2) 条例は，地方公共団体の議会が制定するきまりである。したがって，ウとエのいずれかがあてはまる。県議会議員の被選挙権は25歳以上，県知事の被選挙権は30歳以上である。

2 ［政党政治と選挙］ 次の各問いに答えなさい。

(1) 日本の政党について説明した文として正しいものを，次の**ア**～**エ**から１つ選び，記号で答えなさい。

ア 政権を担当する政党を野党，担当しない政党を与党という。

イ 戦後一貫して，連立政権(連立内閣)が組織されている。

ウ 政党に補助する政党交付金は，国の予算で賄われている。

エ 国会議員は，必ず政党に所属していなければならない。

(2) 日本の選挙に関して述べた文として正しいものを，次の**ア**～**エ**から１つ選び，記号で答えなさい。

ア 衆議院の選挙では，小選挙区と比例代表のいずれかに投票できる。

イ 参議院の選挙は，２年ごとに議員定数の半数が改選される。

ウ 国会議員の被選挙権は，満20歳以上の国民が行使できる。

エ 選挙区における議員１人あたりの有権者数の違いによって一票の格差が生まれる。

記述式 (3) ある中学生が，2016年に行われた参議院議員選挙における茨城県の有権者数，投票者数，年齢別投票率について調べた。あとの［　］は生徒のノートの一部である。ノートの［　］にあてはまる内容を，「有権者数」，「投票率」という語句を用いて答えなさい。

〔佐賀・福井・茨城－改〕

図 2016年参議院議員選挙における茨城県の有権者数と投票者数(抽出選挙区)

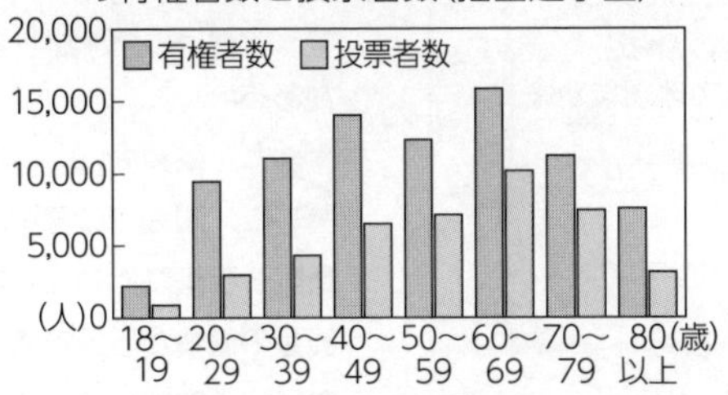

表 2016年参議院議員選挙茨城県の年齢別投票率(抽出選挙区)

年齢	投票率(%)
18～19歳	44.71
20～29歳	31.25
30～39歳	38.96
40～49歳	46.25
50～59歳	57.61
60～69歳	64.26
70～79歳	66.18
80歳以上	41.69

(茨城県選挙管理委員会資料)

図から，20～29歳の投票者数は，60～69歳と比較すると，3分の１程度であることがわかった。さらに詳しく調べたところ，図，表から，20～29歳の人々は，60～69歳の人々と比較すると，［　］ということがわかった。

2 （(1)・(2)各10点 (3)20点－40点）

(1)
(2)
(3)

ワンポイント

(2) 衆議院の比例代表は拘束名簿式で，あらかじめ名簿の順位が決まっており，上位から当選となる。参議院の比例代表は非拘束名簿式で，個人名での得票の多かった順で当選となる。

【　　月　　日】

国民を代表する国会

重要点をつかもう

1 国会の役割

①**国　会**　国民の代表者の集まりである議会→**国権の最高機関**，**唯一の立法機関**。

②**二院制**　衆議院と参議院，**衆議院の優越**（法律案の議決，内閣不信任決議，予算の先議・議決，条約の承認，内閣総理大臣の指名）。

③**議会の原則**　公開制が原則，本会議は総議員の3分の1以上の出席が必要（**定足数**）。

2 国会の仕事

法律の制定・予算の議決・内閣総理大臣の指名・国政調査・裁判官の弾劾裁判などがある。

種　類	召　集	会　期	おもな議題
常　会（通常国会）	毎年1回，1月中に召集される。	150日間。	次年度予算の審議・議決など。
臨時会（臨時国会）	内閣または，いずれかの議院の総議員の4分の1以上の要求で。	両議院一致の議決による。	予算・外交その他，国政上緊急に必要な議題の議決。
特別会（特別国会）	衆議院の解散による総選挙の日から30日以内に。		内閣総理大臣の指名など。
緊急集会（参議院のみ）	衆議院の解散中，国に緊急の必要が生じたとき，内閣が集会を求める。	案件議決後，ただちに閉会。	国政上緊急に必要な議事。

▲国会の種類

Step 1 基本問題

解答▶別冊11ページ

1 図解チェック　図の空所に適語を入れなさい。

▶国会のはたらき◀

国会…国権の最高機関・国の唯一の立法機関

・❶（　　）院	両院協議会（議決が不一致の場合）	・❷（　　）院
465名	議員数	245→248名※ ※2022年の改選後から248名に
4年	任　期	❸（　　）年
あ　り	解　散	な　し

おもな仕事
- 衆議院が優越
  - →法律の制定
  - →❹（　　）の先議権・議決
  - →条約の承認
  - →内閣総理大臣の❺（　　）
- 両議院が対等
  - →弾劾裁判
  - →憲法改正の発議

国会の種類
- ❻（　　）
  - →毎年1回開かれる。
- ❼（　　）
  - →内閣が必要と認めたとき
  - →どちらかの議院から要求があったとき
- ❽（　　）
  - →衆議院解散後の総選挙の後
- 緊急集会→衆議院の解散中

Guide

ことば　衆議院の優越
衆議院には解散があり，また任期が短いので，民意を反映しやすいという考えから衆議院の議決が優先される。予算は，衆議院に先議権がある。

くわしく　委員会
国会での審議は，衆議院・参議院ともに，まず委員会の審議から始まる。あらかじめ人数をしぼって任命された委員で十分に審議をつくした後，全議員で構成される本会議で議決される。委員会には常任委員会と特別委員会がある。

ことば　公聴会
委員会の審議のとき，専門家などから意見をきくために設置される会。

2 [わが国の国会] 次の文を読んで，各問いに答えなさい。

> 日本国憲法は，国会は，国権の(①)であって，国の唯一の(②)と定めている。それは，国会が選挙で選ばれた国民の代表者によって形成されているからである。国会には，衆議院と参議院があり，(③)がとられている。国会の議決の基本は，(④)である。国会の議決は，両議院の議決の一致によって成立するが，議決が異なり，両院協議会でも一致しないときは，いくつかの重要な点で(⑤)が認められている。

(1) 文中の( )にあてはまる語句をそれぞれ答えなさい。

①[　　　] ②[　　　] ③[　　　]
④[　　　] ⑤[　　　]

(2) 下線部について，国民の代表者によって形成される議会の決定に基づく政治を何といいますか。 [　　　]

(3) 衆議院の議員の任期を答えなさい。 [　　　]

(4) 参議院議員選挙は何年ごとに行われますか。 [　　　]

(5) 国会のおもな仕事について，次の( )にあてはまる語句をそれぞれ答えなさい。

> ・(①)の制定　・(②)の審議　・(③)の指名

①[　　　] ②[　　　] ③[　　　]

3 [衆議院の優越] 次の文を読んで，各問いに答えなさい。

> 日本の国会が衆議院と参議院の二院制を採用しているのは，国民の多様な意見を反映し，慎重な審議を行うためであるが，衆議院と参議院の意見が異なった場合には，衆議院の優越が認められることがある。法律案の議決について，両院の議決が異なり，両院協議会で話し合っても一致しないときは，再び衆議院で出席議員の(　　)以上の多数で可決されれば，法律となる。

(1) 文中の( )にあうものを，次の**ア**～**エ**から1つ選び，記号で答えなさい。 [　　　]

ア 2分の1　**イ** 3分の2　**ウ** 4分の3　**エ** 5分の4

(2) 下線部について，法律案の議決以外に認められているものを1つ答えなさい。 [　　　]

記述式 (3) 衆議院に優越の規定がある理由を，「任期」，「解散」の2つの語句を使って答えなさい。 〔富山－改〕

[　　　]

くわしく **不逮捕特権**
国会議員は，院外での現行犯の場合を除いて，国会の会期中は院の許可がなければ逮捕されない特権がある。

ことば **国権の最高機関**
国民を代表する国会を国政の中心に置き，きわめて重要な機関とすることによって，国民主権の原則をつらぬこうとする考えである。

注意 **内閣総理大臣の指名**
日本国憲法は，内閣総理大臣の指名について，国会議員の中から国会の議決でこれを指名すると定めている。衆議院と参議院で議決が異なった場合には，衆議院の優越が認められている。

くわしく **弾劾裁判所**
不適任の訴えがあった裁判官をやめさせるかどうかを決める裁判所で，衆議院，参議院の議員それぞれ7名ずつで構成される。

くわしく **両院協議会**
予算の議決，条約の承認，内閣総理大臣の指名で，両議院の議決が一致しない場合は必ず，意見を調整するために開かれる。各議院で選ばれた10名ずつの計20名で構成され，出席委員の3分の2以上の多数で議決したとき成案となる。意見の一致がない場合は，衆議院の議決が国会の議決となる。

【　　月　　日】

Step 2 標準問題

時間 30分　合格点 70点　得点 　点

解答▶別冊11ページ

重要 **1** ［国　会］次の文を読んで，各問いに答えなさい。

大日本帝国憲法では，①国会は帝国議会と呼ばれ，［ A ］と衆議院とからなっていた。日本国憲法では，国会は②衆議院および参議院の両議院で構成すると定められており，国会には法律の制定，予算の議決，条約の［ B ］，内閣総理大臣の指名，憲法改正の発議などの③権限が認められている。

(1) 文中の［ A ］にあてはまる語句を答えなさい。

(2) 文中の［ B ］にあてはまる語句を次から1つ選びなさい。
ア 執行　**イ** 承認　**ウ** 締結　**エ** 署名

(3) 下線部①について，次の文は国会で行われる審議について述べたものである。空欄（ X ）・（ Y ）にあてはまる語句をそれぞれ漢字3字で答えなさい。

国会に提出された議案はまず，その内容に応じて，議員が少人数に分かれて所属するそれぞれの（ X ）で審議され，その結果が議員全員で構成される（ Y ）に報告され，採決される。

(4) 下線部②の衆議院が解散されると総選挙が行われるが，その選挙の日から30日以内に召集される国会を何というか。次の**ア**～**エ**から1つ選びなさい。
ア 常会（通常国会）　**イ** 両院協議会
ウ 特別会（特別国会）　**エ** 臨時会（臨時国会）

(5) 下線部③に関して，国会が設けることができる，問題のある裁判官を裁く裁判所を何というか，答えなさい。〔高知・千葉－改〕

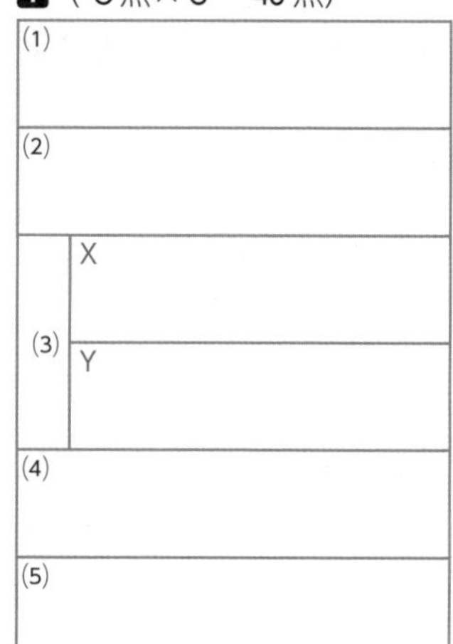

1（8点×6－48点）

(1)		
(2)		
(3)	X	
	Y	
(4)		
(5)		

ワンポイント
(1) Aの議員は国民の選挙で選ばれるのではなく，皇族や華族，天皇によって特別に任命された議員などによって構成されていた。

重要 **2** ［国　会］次の資料について，各問いに答えなさい。

資料

右の写真は，国会の本会議場のようすです。正面中央に天皇の席があり，その前に議長席と演壇があります。その左右には，内閣を構成する内閣総理大臣と国務大臣の席があります。①国会は，二院制をとっており，異なった性質をもつ②衆議院と参議院があります。これは③慎重に審議を行うためのしくみといえます。

写真

記述式 (1) 下線部①について，国会の議決において，いくつかの重要な点では，衆議院の優越が認められている。衆議院の優越が認められている理由を，「国民の意見」という語句を用いて，簡潔に答えなさい。

(2) 下線部①について，国会の仕事についての説明として正しいものを，次の**ア**～**エ**から１つ選びなさい。

ア 諸外国との間に条約を締結する。

イ ふさわしくない行動をとった裁判官に刑罰を言い渡す。

ウ 政治全般に対し，調査を行う。

エ 解散総選挙後の緊急集会で，内閣総理大臣を指名する。

(3) 下線部②について，衆議院と参議院に関する説明として誤っているものを，次の**ア**～**エ**から１つ選びなさい。

ア 衆議院と参議院が異なった内閣総理大臣を指名し，両院協議会でも意見が一致しない場合，衆議院の議決が国会の議決となる。

イ 衆議院の可決した予算を参議院が受け取った後，30日以内に議決しない場合，衆議院の議決が国会の議決となる。

ウ 憲法の改正は，衆議院と参議院のそれぞれにおいて総議員の３分の２以上の賛成のうえ，国民投票により決せられる。

エ 参議院が衆議院と異なった議決をした法律案は，衆議院で出席議員の過半数で再び可決したときは，法律となる。

(4) 下線部③について，委員会において，専門家などの意見を聞くために開かれるものを何といいますか。 〔和歌山・熊本－改〕

3 ［国会の仕事］右下の表は，国会における内閣総理大臣を指名する投票において，A～Dで示した４人の議員が衆議院と参議院でそれぞれ獲得した票数を表している。各問いに答えなさい。

議員	衆議院	参議院
A	155票	137票
B	14票	10票
C	70票	38票
D	241票	57票

投票結果を受けて，内閣総理大臣を指名するため［①］が開かれた。しかし，［①］が開かれても総理大臣の指名について結論が出なかった。そのため，日本国憲法に基づいて，［②］が内閣総理大臣に指名されることになった。

(1) 文中の［①］にあてはまる語句を次から１つ選びなさい。

ア 臨時会　　**イ** 緊急集会

ウ 両院協議会　　**エ** 選挙管理委員会

(2) 文中の［②］に入る議員を，表中の**A**～**D**から１人選びなさい。

〔岩　手〕

2（８点×４－32点）

(1)

(2)

(3)

(4)

ワンポイント

(3)「総議員」という条件の場合，欠席議員は反対したと見なされることになる。

3（10点×２－20点）

(1)

(2)

ワンポイント

(2) 内閣総理大臣の指名には衆議院の優越が認められている。

地理 歴史の復習 第1章 第2章 第3章 第4章 第5章 第6章 総仕上げテスト

7 行政のはたらきと内閣

重要点をつかもう

1 内閣の役割

①**内　閣**　国会議員の中から国会が指名し，天皇が任命する**内閣総理大臣**と**国務大臣**で構成。

②**内閣の仕事**　法律や予算の執行，外交関係の処理，条約の締結，政令の制定など。

2 議院内閣制

内閣は国会に対して連帯して責任を負う。衆議院が不信任決議を可決したとき，内閣は10日以内に衆議院を解散するか総辞職しなければならない。

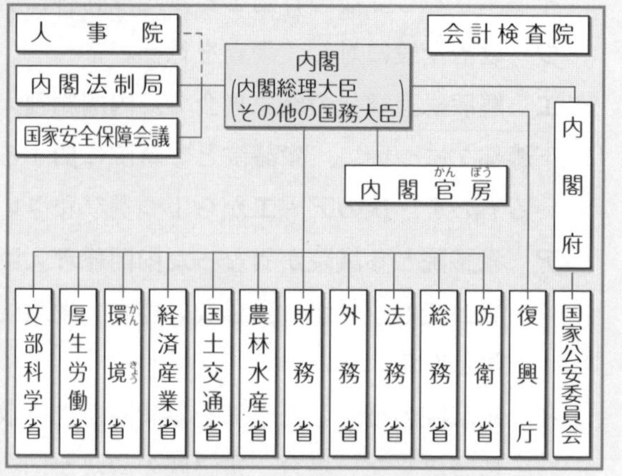

▲行政のしくみ(国のおもな組織)

3 公務員

公的機関で働く行政の担当者。国は国家公務員，地方は地方公務員。→国民全体に奉仕。

Step 1 基本問題

解答▶別冊12ページ

1 図解チェック 図の空所に適語を入れなさい。

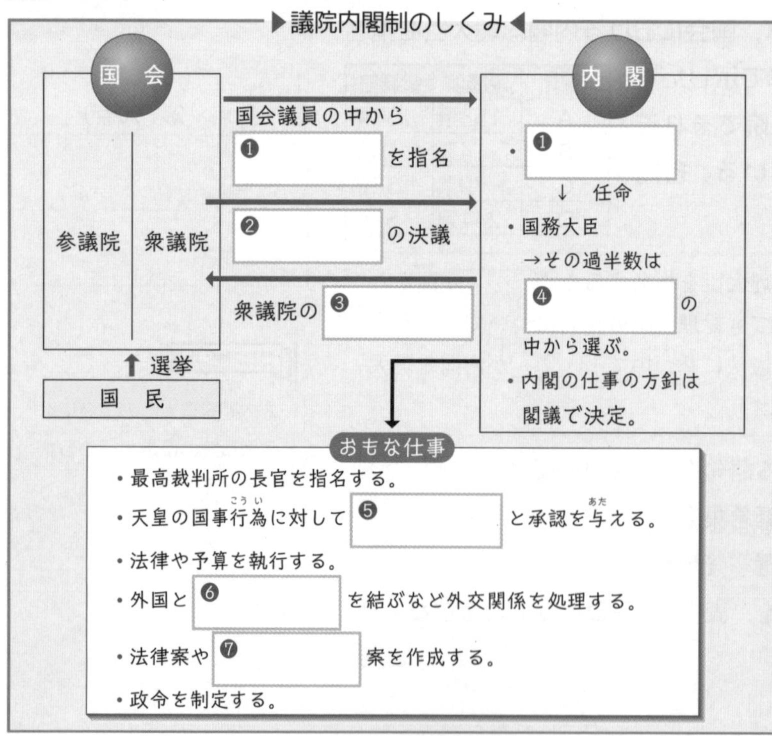

Guide

ことば　国務大臣
国務大臣は閣僚とも呼ばれ，過半数は国会議員の中から選ばれることになっている。

くわしく　閣　議
内閣総理大臣を主宰者とし，すべての国務大臣でもって組織する内閣の会議。閣議の決定は，全会一致によるものとされ，秘密会である。

くわしく　文　民
職業としての軍人ではない人，軍人の経歴のない人。内閣総理大臣と国務大臣は文民でなければならない。現職の自衛官は文民とされない。文民が軍人の指揮・統制権をもつ(シビリアン・コントロール)。

2 [内閣のしくみ] 次の図はわが国の，国民と国会と内閣の関係を示したものである。これを見て，各問いに答えなさい。

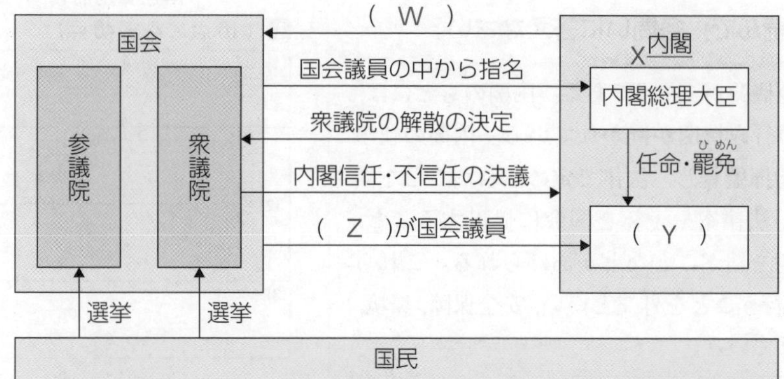

(1) 上の図で示されている政治のしくみを何といいますか。漢字5字で答えなさい。 [　　　　]

(2) 図中(W)を説明する次の文の空欄にあてはまる語句を漢字2字で答えなさい。 [　　　　]

内閣は国会に対し，(　　　　)して責任を負う。

(3) 図中のXについて，次の各問いに答えなさい。

①図中の国会が立法権を担うのに対し，内閣が担う権限を何といいますか。 [　　　　]

②内閣の仕事について述べた文として正しいものを，次の**ア**～**エ**から1つ選び，記号で答えなさい。 [　　]

ア　憲法改正の発議を行う。

イ　天皇の国事行為に助言と承認を行う。

ウ　法律が憲法に違反していないか審査する。

エ　最高裁判所の裁判官が適任かどうか審査する。

(4) 図中の(Y)にあてはまる語句を答えなさい。

[　　　　]

(5) 図中の(Z)にあてはまる，(Y)に占める国会議員の割合を，次の**ア**～**ウ**から1つ選び，記号で答えなさい。 [　　]

ア　過半数　　**イ**　3分の2以上　　**ウ**　全　員

(6) 国の機関で働く公務員は憲法でどのように規定されているか。次の文の空欄にあてはまる語句を答えなさい。 [　　　　]

すべて公務員は全体の(　　　)であって，一部の(　　　)ではない。

〔岩手－改〕

くわしく　アメリカの政治のしくみ

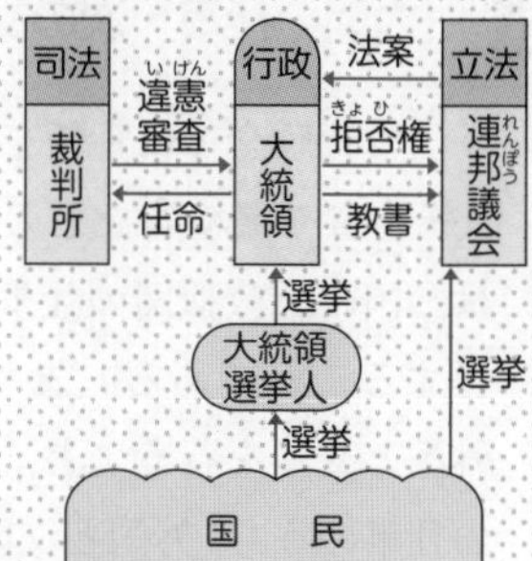

くわしく　**天下り**
官僚(公務員)などが退職後に，勤めていた役所と関係の深い私企業などに再就職すること。多くの問題があるため法律で規制されているが，なかなかなくならない。

ことば　**政令**
内閣が制定する命令。憲法や法律の規定を実施するためのものと，法律の委任に基づくものとがある。また，内閣府が制定する府令，各省が制定する省令がある。

くわしく　**小さな政府**
政府の役割・規模の肥大化が，経費の増大や非能率を生んでいるとの反省から，政府の規模を小さくして仕事を減らすことで財政経費を減らし，これまで行ってきた仕事を民間にまかせようとする考え方。

くわしく　**規制緩和**
行政改革の一環として，あまり必要のない規制を廃止したり，基準をゆるめたりして，企業の活動・競争を活性化させようとしている。

【　月　日】

Step 2 標準問題

時間 30分　合格点 70点　得点　点

解答▶別冊12ページ

重要 **1** ［内閣の仕事］次の文を読んで，各問いに答えなさい。

国の行政全体に責任をもつ機関がa内閣である。内閣のもとには，b総務省や環境(かんきょう)省などの国の行政機関が置かれている。内閣の仕事は，国の行政機関の仕事を指揮監督(かんとく)し，法律で定められたことを実行することである。また，c法律案や予算を国会に提出すること，外国と交渉(こうしょう)を行うこと，条約を結ぶことなどがあげられる。これらの仕事のうち，外国と交渉を行うことを外交といい，安全保障，環境，経済の問題などがあつかわれている。

(1) 下線部aについて，内閣は国会の信任に基づいて成立している。内閣と国会の関係について正しく述べている文を，次の**ア**～**エ**から1つ選び，記号で答えなさい。

ア　内閣総理大臣の指名が両議院で異なった場合，衆議院で再議決する。

イ　内閣総理大臣の指名を行う特別国会は，毎年1回開かれる。

ウ　内閣不信任決議は，衆議院で行われる。

エ　内閣不信任決議案が可決された場合，内閣は必ず10日以内に総辞職しなければならない。

(2) 下線部bについて，次の各問いに答えなさい。

①内閣総理大臣が任命する，国の行政機関の長を何といいますか。

②国の行政機関のうち，国全体の予算や税に関することなどを担当する省の名称(めいしょう)を答えなさい。

(3) 下線部cについて，内閣の行う仕事のうち，国会議員も行うことができるものを，次の**ア**～**エ**から1つ選び，記号で答えなさい。

ア　法律案の提出　　**イ**　予算の提出

ウ　条約の締結(ていけつ)　　**エ**　国事行為(こうい)に対する助言と承認(しょうにん)

〔石川－改〕

1（10点×4－40点）

(1)		
(2)	①	
	②	
(3)		

ワンポイント

(1) 衆議院の優越(ゆうえつ)を考える。毎年1回開かれるのは，常会（通常国会）である。また，内閣不信任決議案が可決された場合，内閣は10日以内に衆議院を解散するか，総辞職すると定められている。

記述式 **2** ［国会と内閣の関係］次の文は国会と内閣の関係について述べたものである。（　①　）に適する内容を「連帯」の語句を用いて簡潔に答えなさい。また，文中の｛　｝②・③から適切なものを1つずつ選び，記号で答えなさい。

今日わが国が採用している議院内閣制とは，内閣が，国会の信任に基づいて成立し，行政権の行使について（ ① ）というしくみである。内閣総理大臣は国会によって指名される。国務大臣は内閣総理大臣によって任命されるが，その過半数は②｛**ア** 衆議院議員 **イ** 参議院議員 **ウ** 国会議員｝の中から選ばれなければならない。また，内閣に対して③｛**エ** 衆議院 **オ** 参議院 **カ** 両議院｝は内閣不信任決議を行うことができる。

〔大阪－改〕

2（10点×3－30点）

①
②
③

重要 **3** **［内閣のしくみ］次の文を読んで，各問いに答えなさい。**

A 内閣は，その首長たる内閣総理大臣およびそのほかの国務大臣で組織され，国会で制定された法律や議決された予算に基づいて行政を行うほか，外交関係の処理や条約の締結（ていけつ）などの重要な仕事を行う。

B 日本国憲法第69条は，「内閣は，衆議院で不信任の決議案を可決し，又（また）は信任の決議案を否決したときは，10日以内に衆議院が解散されない限り，（ ）をしなければならない。」と定めている。

(1) 文中の下線部のその首長たる内閣総理大臣は，どのように指名されるか。次の**ア**～**エ**から１つ選び，記号で答えなさい。

ア 国務大臣の中から，国務大臣のたがいの選挙によって指名される。

イ 両議院の議長の中から，特別委員会の議決によって指名される。

ウ 衆議院議員の中から，国民の選挙によって指名される。

エ 国会議員の中から国会の議決によって指名される。

(2) 文中の（ ）にあてはまる語句を答えなさい。 〔埼玉－改〕

3（10点×2－20点）

(1)
(2)

ワンポイント

(1) 国務大臣は内閣総理大臣に任命され，罷免（ひめん）もされる。

4 **［内閣の仕事］次のア～エは，内閣の仕事に関するものである。誤っているものを，１つ選び，記号で答えなさい。**

ア 国会を召集（しょうしゅう）する。

イ 法律を執行（しっこう）し，そのために必要な政令を定める。

ウ 予算や法律案をつくり，国会に提出する。

エ 刑罰（けいばつ）を受けている者の刑の減免（げんめん）を決定する。

4（10点×1－10点）

8 裁判所のはたらきと三権分立

重要点をつかもう

1 司法権

国民の基本的人権を守る。法律上の争いを公平な立場から裁く(**司法権の独立**)。

2 裁判のしくみ

①**裁判の種類**　**民事裁判**・**刑事裁判**。

②**三審制**　**控訴**→**上告**。

③**裁判員制度**　国民の代表が地方裁判所での重大な刑事裁判の第一審に裁判員として参加。

3 三権分立

立法・行政・司法の権限をそれぞれ，国会・内閣・裁判所に分担させ，互いに**抑制**・**均衡**をはかる。

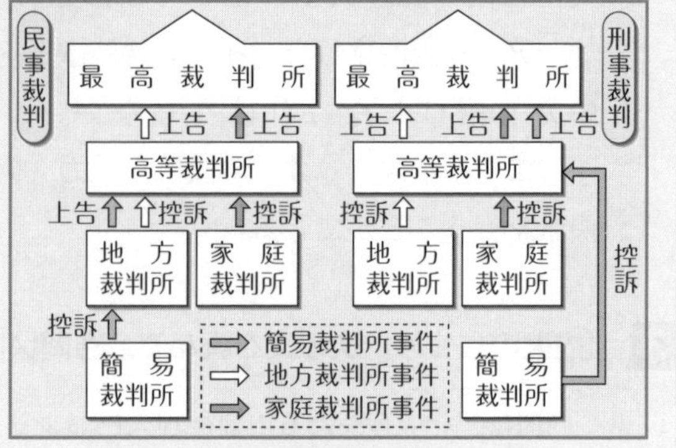

▲三審制のしくみ

Step 1 基本問題

解答▶別冊12ページ

1 図解チェック 図の空所に適語を入れなさい。

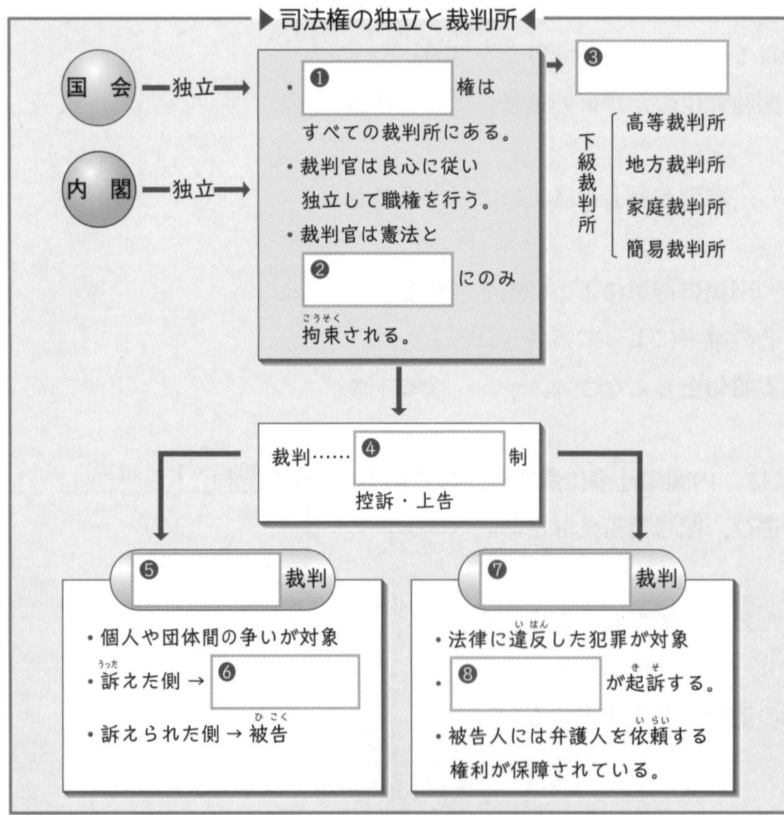

Guide

ことば　憲法の番人
最高裁判所は憲法を守る司法機関の中でも，最終的な判断を下す権限をもつので「憲法の番人」と呼ばれている。

注意　裁判の種類
民事裁判は金銭の貸し借りや損害賠償など私的な法律関係の争いを裁く。それに対し刑事裁判は強盗や殺人などの犯罪を裁く。

ことば　三審制
裁判の誤りを防ぎ，人権を守るため，判決に不服があれば一つの事件について3回まで裁判を受けることができる。控訴は一審判決に対する不服申し立て，上告は二審判決に対する不服申し立てのことをいう。

2 ［司法権］各問いに答えなさい。

⑴ 右の図は，ある裁判の流れをまとめたものである。図の裁判は，民事裁判，刑事裁判のうちどちらかを答えなさい。

［　　　　　　］

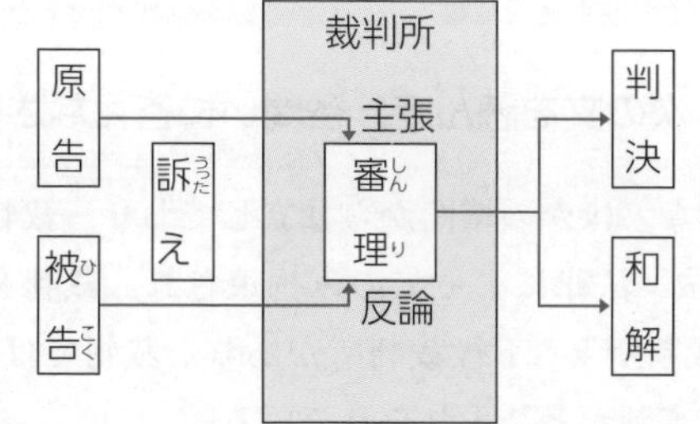

⑵ 裁判は公正中立でなければならず，裁判官は国会や内閣などの影響を受けることなく，自分の良心に従い，憲法と法律にのみ拘束されることになっている。この原則を何といいますか。

［　　　　　　］

⑶ 2009年から始まった，重大事件の刑事裁判において，第一審で国民の代表者が裁判官とともに有罪か無罪かを判断し，量刑までを決定する制度を何といいますか。［　　　　　　］

3 ［三権分立のしくみ］三権分立のしくみについて，各問いに答えなさい。

⑴ 三権分立の理論を提唱したフランスの思想家の名とその著書の名を答えなさい。

思想家［　　　　　　］　著書［　　　　　　］

⑵ 右下の図はわが国の三権分立のしくみについて表したものである。これについて，各問いに答えなさい。

①図中のAは最高裁判所裁判官が適任かどうかを，国民が判断するしくみを表している。このしくみを，次のア〜ウから1つ選び，記号で答えなさい。［　　］

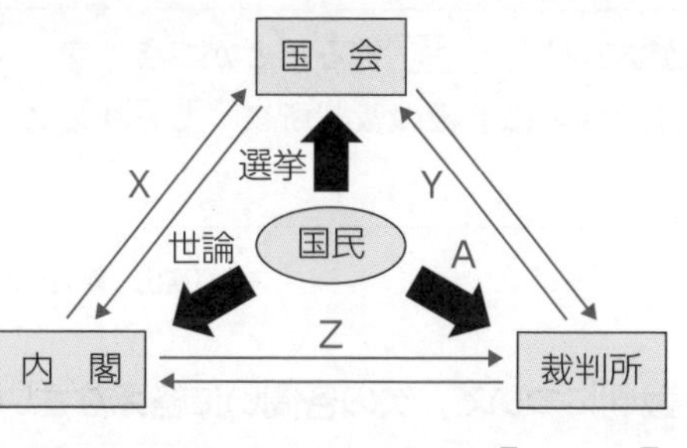

ア 直接請求権　**イ** 国民審査　**ウ** 国政調査権

②図中のX〜Zにあてはまる働きを，次の**ア**〜**エ**から選び，それぞれ記号で答えなさい。

X［　　］　Y［　　］　Z［　　］

ア 弾劾裁判　**イ** 違憲立法審査

ウ 長官の指名　**エ** 連帯責任

〔高知・栃木一改〕

くわしく　裁判員制度
無作為に選ばれた20歳以上の国民が重大事件の刑事裁判に裁判員として参加し，裁判官とともに有罪・無罪の決定や量刑を判断する制度。原則として裁判官3人，裁判員6人で行われる。評決は過半数で決められるが，有罪判決は，専門家である裁判官が1人は賛成していなければならない。

注意　再審
判決が確定した後に，判決をくつがえすような新たな事実が判明した場合，もう一度審理が行われることを指す。

ことば　検察官
被疑者(犯罪を犯した疑いのある人)を取り調べ，裁判所に訴えて，その罪を追及する。

注意　被疑者と被告人
捜査段階で，犯罪を犯したのではないかと疑われている人を被疑者といい，検察官が裁判所に訴えた段階で，被告人と呼ばれる。

ことば　国民審査
最高裁判所の裁判官(長官も含む)が任命されてから初めての衆議院議員の総選挙の際，また，前の審査より10年後以降の総選挙の際に国民の投票によって審査を受けること。有効投票数の過半数以上が×印であれば，辞めさせられる。

Step 2 標準問題

時間 30分　合格点 70点　得点　　点

解答▶別冊13ページ

重要 **1** ［裁判所とそのしくみ］次の文を読んで，各問いに答えなさい。

A裁判所は，国会や内閣などほかの機関から独立しており，裁判官は自分の良心に従い憲法・法律によってのみ拘束(こうそく)され，裁判を行う。裁判所にはB最高裁判所とC下級裁判所があり，裁判では，慎重(しんちょう)に審理(しんり)を行うためD三審制(さんしん)がとり入れられている。

(1) 下線部Aについて，三権における裁判所について説明した文として正しいものを，次の**ア**～**エ**から1つ選び，記号で答えなさい。

ア　最高裁判所の長官およびその他の裁判官は内閣が任命する。

イ　違憲(いけん)立法審査(しんさ)権は最高裁判所のみに与(あた)えられている。

ウ　下級裁判所の裁判官は天皇が任命する。

エ　国会は弾劾(だんがい)裁判所を設置することができる。

記述式 (2) 下線部Bについて，最高裁判所は，「憲法の番人」と呼ばれている。その理由を答えなさい。

(3) 下線部Cについて，次の各問いに答えなさい。

①裁判員裁判が行われる裁判所を何といいますか。

②少年事件を扱(あつか)う裁判所を何といいますか。

(4) 下線部Dについて説明した，次の文中の［ a ］，［ b ］にあてはまる語句をそれぞれ答えなさい。

第一審の判決に不服があれば，［ a ］することができ，第二審の判決に不服の場合は，さらに上級の裁判所に［ b ］することができる。

〔富山・新潟－改〕

1 ((2)20点，他8点－60点)

(1)		
(2)		
(3)	①	
	②	
(4)	a	
	b	

ワンポイント

(1) 裁判所は公平な立場から裁判を行う必要があるため，国会や内閣から必要以上の干渉(かんしょう)を受けないしくみとなっている(**司法権の独立**)。

(3) 他の下級裁判所は，主に第二審を扱う裁判所と軽(けい)微(び)な案件を扱う裁判所である。

(4) **三審制**は裁判の過ちを防ぎ，人権を守るための制度である。また，結審(けっしん)した後，さらに判決をくつがえす事実が出てきたときには，**再審**が行われることもある。

2 ［裁判のしくみと課題］裁判について，次の各問いに答えなさい。

(1) あとのa，bの図は，裁判の種類を表し，cの図は裁判の制度を表したものである。a～cの説明として正しいものを，次の**ア**～**エ**から1つ選び，記号で答えなさい。

ア　aは犯罪行為(こうい)について，有罪か無罪かを決定する裁判である。

イ　bは三審制や再審(さいしん)が認められていない裁判である。

ウ　cは国民が裁判員として，bの裁判に参加する制度である。

エ　aとbは弁護士の参加が認められていない裁判である。

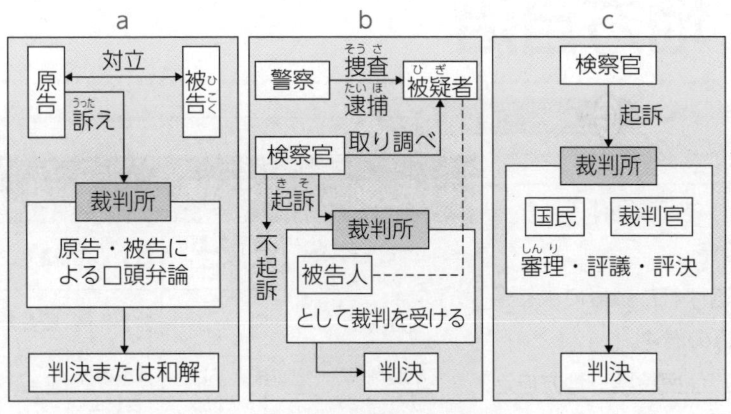

(2) 日本の裁判所と裁判に関する制度について述べた文として正しいものを，次の**ア**～**オ**からすべて選び，記号で答えなさい。

ア 裁判官の身分は保障されており，在任中は国会議員による弾劾裁判での罷免の場合でしか辞めさせることはできない。

イ 裁判所には，最高裁判所と下級裁判所があり，下級裁判所には，高等裁判所，地方裁判所，家庭裁判所，簡易裁判所の４種類がある。

ウ 行政裁判とは，検察官が国を被告として訴えることで始まり，民事裁判に分類される。

エ 簡易裁判所で第一審が行われた民事裁判の判決が不服である場合，地方裁判所に控訴することができる。

オ 裁判員制度では，選挙で選ばれた国民が，裁判員として刑事裁判に参加し，裁判員同士で評議し，裁判員が判決を言い渡す。

記述式
(3) あとの表を参考にして，次の［　　］にあてはまる内容を，簡潔に答えなさい。

日本は，アメリカやフランスに比べると，［　　］ことがわかる。そこで，司法制度改革の一環として，法テラス（日本司法支援センター）が設置された。

表　人口10万人あたりの裁判官，検察官，弁護士の人数

国	日本	アメリカ	フランス
裁判官	3.1	9.9	8.7
検察官	2.2	10.1	3.0
弁護士	32.6	384.4	100.1

（「裁判所データブック2019」）

〔佐賀・山口・群馬－改〕

2 （(1)・(2)各10点　(3)20点－40点）

(1)
(2)
(3)

ワンポイント

(1) aの裁判では原告が訴え，bの裁判では検察官が起訴をする。

(3) アメリカは特にトラブルを裁判によって解決しようという傾向が強く，「訴訟社会」といわれる。

住民と地方自治

重要点をつかもう

1 地方自治

①**地方公共団体**　自治権をもつ行政団体で，都道府県や市(区)町村などをいう。

②**地方議会**　住民の選挙で選ばれた議員による議決機関→**条例**の制定，予算の議決。

③**住民の権利**　**直接請求権**，住民投票→**地方自治は「民主主義の学校」**

2 地方財政

①**財源の不足**　国からの**地方交付税交付金，国庫支出金**

②**市町村合併**　設備や人員の圧縮，財政の安定

種　類	必要署名数	請求先	決　定
条例の制定・改廃	有権者総数の1/50以上	首　長	議　会
監査請求	同　上	監査委員	監査公表
解職請求(リコール)	有権者総数の1/3以上	選挙管理委員会	住民投票
議会の解散請求(リコール)	同　上	同　上	同　上

▲住民の直接請求権

Step 1 基本問題

解答▶別冊13ページ

1 図解チェック　図の空所に適語を入れなさい。

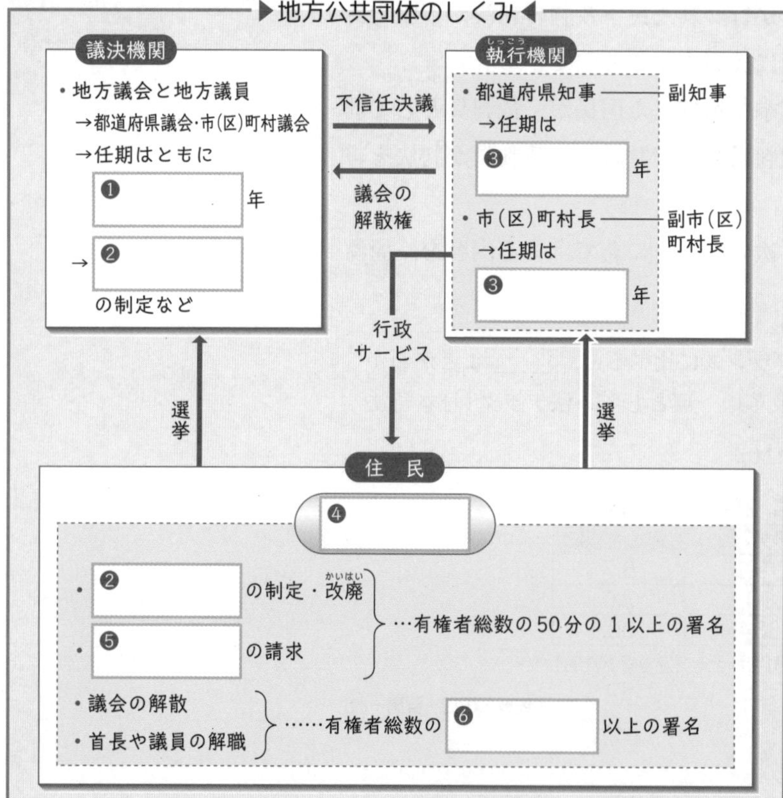

Guide

注意　地方自治
大日本帝国憲法下の地方の行政は中央集権であったが，現在においては中央政府からの強い干渉を排除した地方分権となっている。

ことば　■条　例
地方公共団体が定める，その地方公共団体だけに適用される規則のことで，法律に違反しない範囲で定めることができる。

■地方議員
議員は住民による公選であり，任期は4年となっている。

2 ［地方自治］右の図は，地方自治のしくみについて模式的に示したものである。この図を見て，各問いに答えなさい。

X地方公共団体の住民
選挙 ↓（首長へ）　選挙 ↓（議会へ）
Z首長 ←条例や Y予算の議決― 議会
首長 ―条例や予算の再議→ 議会

(1) 下線部Xについて，次の各問いに答えなさい。

①地方自治は住民が政治に直接参加し，政治を学ぶという点で「民主主義の(　　　)」と呼ばれている。(　　　)に入る語句を答えなさい。
［　　　　　　　　］

②右の表は住民の直接請求（せいきゅう）の種類と請求先をまとめたものである。表の a ・ b にあてはまるものを，次のア～エから選び，それぞれ記号で答えなさい。

請求の種類	請求先
条例の制定・改廃（かいはい）の請求	a
事務の監査（かんさ）請求	監査委員
議会の解散請求	b
a・議員の解職請求	b

a［　　　］ b［　　　］

ア 首　長　　**イ** 人事委員会
ウ 議　長　　**エ** 選挙管理委員会

(2) 下線部Yについて，地方公共団体の予算について述べた次の文中 A ・ B に入る語句の組み合わせとして正しいものを，あとの**ア～エ**から1つ選び，記号で答えなさい。［　　　］

> 地方公共団体の予算は，それぞれが集める A など独自の財源だけでは不足しており，財政格差を解消するために国から配分される B などで補われている。

ア A－地方税　B－地方交付税交付金
イ A－地方税　B－国庫支出金
ウ A－国　税　B－地方交付税交付金
エ A－国　税　B－国庫支出金

(3) 下線部Zについて，首長についての説明として正しいものを，次の**ア～エ**から1つ選び，記号で答えなさい。［　　　］

ア 議会が首長の不信任を可決した場合，首長は必ず辞任しなければならない。
イ 市(区)町村長の解職請求に必要な署名は有権者の過半数である。
ウ 都道府県知事の被（ひ）選挙権は満25歳（さい）以上である。
エ 首長は予算案や条例案を作成する。　〔愛知・北海道－改〕

くわしく　**地方自治は民主主義の学校**
イギリスの学者・政治家であるブライスの名言。国政と比較（ひかく）し，地方自治は，生活に密着した問題の解決に向けて，住民が直接関わることができるということから，このような表現が用いられる。

注意　**地方交付税交付金と国庫支出金の違（ちが）い**
■地方交付税交付金
地方公共団体間の財政格差を小さくするために，国から交付される補助金で，使いみちは自由である。
■国庫支出金
義務教育や災害救助事業など，特定の使いみちに対して国から支払（しはら）われる。

くわしく　**市町村合併（がっぺい）**
少子高齢（こうれい）化が進む中で，市民サービスの充実（じゅうじつ）や経費の節減などをめざして，国の主導の下に合併が進められ，1999年以降，市町村の数は1,500以上減少した。

くわしく　**地方分権**
かつての地方公共団体の政治は国の業務の下請（したう）けが多かったことに対する批判や，地方にできることは地方に任せる考え方が重視されるようになり，1999年に**地方分権一括（いっかつ）法**が制定され，地方が自主的に進められる仕事が拡大された。

【　　月　　日】

Step 2 標準問題

時間 30分　合格点 70点　得点 　点

解答▶別冊14ページ

1 ［地方自治のしくみ］次の文と資料は，生徒が「地方自治」をテーマに調べたことをまとめ，発表したものの一部である。各問いに答えなさい。

> 国の政治とa地方公共団体の政治を比べてみると，大きく異なることがわかりました。まず，リーダーであるb首相と首長の選出方法や権限が異なります。次に，地方の政治では，c住民が条例の制定を請求(せいきゅう)することができます。これは，地方自治法に定められている直接請求権の1つです。
> しかし，現在，d地方公共団体が独自性を発揮するには，いくつかの課題があるようです。今後は，そのことも調べていきます。

(1) 下線部aについて，地方公共団体について説明した文として，正しくないものを，次の**ア～エ**から1つ選び，記号で答えなさい。

ア　知る権利を求める動きの中で，住民からの請求により情報を開示する情報公開制度を整備する地方公共団体が増えた。

イ　地方分権一括(いっかつ)法が成立し，国の仕事の一部を地方公共団体の独自の仕事として，国の関与(かんよ)を減らすなど，地方分権が進められている。

ウ　1つの地方公共団体だけに適用される特別法は，その地方公共団体の議会において可決すれば成立する。

エ　市町村合併(がっぺい)など地域の重要な議題について，地方公共団体が条例に基づく住民投票を実施(じっし)する場合がある。

(2) 下線部bについて，次の各問いに答えなさい。

記述式 ①首相と首長の選出方法の違(ちが)いを簡潔に答えなさい。

②首長だけに認められている権限を，次の**ア～エ**から1つ選び，記号で答えなさい。

ア　議会の解散　　**イ**　議決の再議

ウ　条約の締結(ていけつ)　　**エ**　政令の制定

(3) 下線部cについて，次の文は生徒が住んでいる市で，住民が条例の制定を請求する際の手続きである。［A］，［B］にあてはまる語句や数字を，それぞれ答えなさい。

> わたしが住んでいる市の有権者数は15万人なので，［A］人以上の有権者の署名を集め，［B］に請求します。

1（10点×6－60点）

(1)		
(2)	①	
	②	
(3)	A	
	B	
(4)		

ワンポイント

(2) ①首長とは，都道府県知事と市(区)町村長を指す。
②**ア**．衆議院を解散できるのは，首相(内閣総理大臣)ではなく，内閣。

(4) 独自の政策を行うためには，実施するための資金が必要となる。

記述式 (4) 下線部dに関して，資料を参考にして，課題の１つを次のようにまとめた。［　　］にあてはまる文を答えなさい。

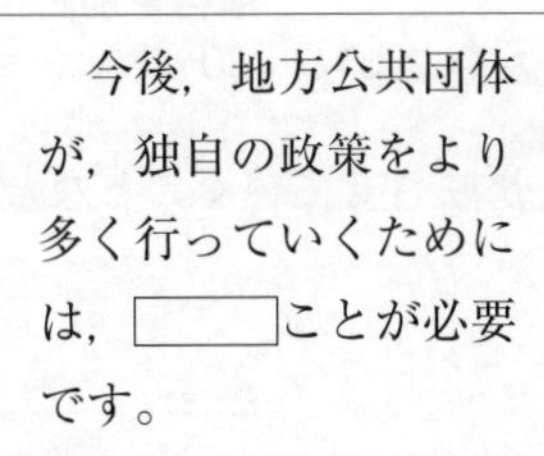
今後，地方公共団体が，独自の政策をより多く行っていくためには，［　　］ことが必要です。

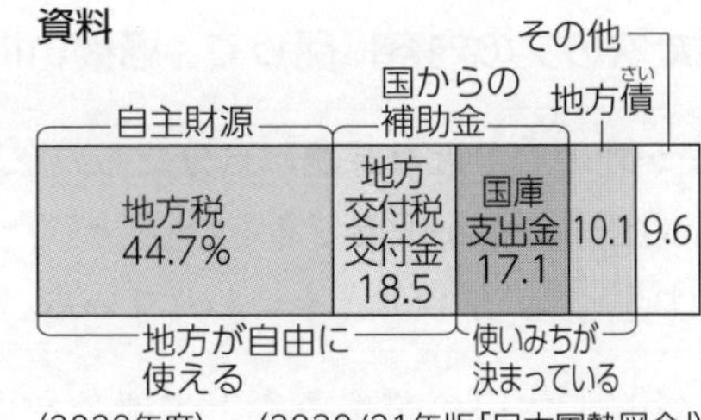

〔群馬－改〕

2 [地方議会] 次の文を読んで，各問いに答えなさい。

> A地方議会は，その地域のB住民の直接選挙によって選出された任期４年の議員で構成される。地方議会のおもな仕事は，(　　)の制定・改正・廃止，予算の議決，地方税や使用料・手数料の徴収の決定などである。

(1) 下線部Aの地方議会について述べた文として最も適切なものを，次の**ア**～**エ**から１つ選び，記号で答えなさい。

ア 地方議会は，国会と同じように二院制であり，議案について慎重に審議し，行き過ぎや誤りのないようにしている。

イ 地方議会は，首長に対して不信任の議決を行うことができ，不信任の議決があった場合，首長は10日以内に議会を解散しないかぎり，その職を失う。

ウ 地方議会は，地域の有権者の３分の１以上の署名があれば，選挙管理委員会の勧告に従って，解散することが義務づけられている。

エ 地方議会は，首長が住民の直接選挙により選出されたあとの最初の議会において，首長を信任するかどうかを決めるための投票を行う。

(2) 文中の(　　)にあてはまる最も適切な語句を，漢字２字で答えなさい。

(3) 下線部Bの住民について，次の文中の［①］，［②］にあてはまる語・数字をそれぞれ答えなさい。〔愛知－改〕

> 住民に認められている直接請求権のうち，地方公共団体の仕事が適切に行われているかどうかを調べる［①］を請求する場合，総有権者の［②］の１以上の有効署名を集める必要がある。

2 (10点×4－40点)

(1)	
(2)	
(3) ①	
(3) ②	

【　月　日】

Step 3 実力問題①

時間 30分　合格点 70点　得点

解答▶別冊14ページ

1 地方自治について説明した次の文の内容に関して，各問いに答えなさい。（20点）

地方自治においては，住民が地域の身近な課題に自分たちの意思を反映させていくことなど，住民参加のもとに問題の解決をめざすことが重要である。
このことから，「地方自治は□の学校」ともいわれている。

(1) 下線部に関して，行政に対して住民の苦情をもとに改善を求めたり，不正が行われないよう監視（かんし）したりする制度がスウェーデンで始まり，日本でも川崎（かわさき）市などで導入されている。この制度を□制度という。□にあてはまる語句として最も適するものを，次の**ア**～**エ**から１つ選び，記号で答えなさい。（10点）

ア　マニフェスト　**イ**　累進（るいしん）課税
ウ　裁判員　**エ**　オンブズマン(オンブズ)

(2) □にあてはまる語句を漢字４字で答えなさい。（10点）　〔神奈川－改〕

(1)	(2)

重要 **2** 群馬県に住む花子さんは，学校の班学習で地方自治について調べて発表した。発表に使用した次の資料について，各問いに答えなさい。（50点）

資料Ⅰ

○住民にはa直接請求（せいきゅう）権が認められている。
○地方公共団体は独自に活動できるように，仕事や財源を国から地方に移すことが進められている。しかし，最近ではb財政難に苦しむ地方公共団体も少なくない。
○群馬県では，独自の事業でc子育て家庭や高齢（こうれい）者家庭に対する支援（しえん）に取り組んでいる。

(1) 下線部aについて，花子さんは資料Ⅱを用いて説明した。花子さんが説明した直接請求権の内容を，あとの**ア**～**エ**から１つ選び，記号で答えなさい。（10点）

資料Ⅱ

わたしの町は有権者が6,000人です。120人の署名を集めると，町長に請求できます。

ア　議員の解職　**イ**　議会の解散
ウ　条例の制定　**エ**　首長の解職

難問 記述式 (2) 下線部bについて，資料Ⅲは市町村合併（がっぺい）の例を示している。資料Ⅲからわかる市町村合併の利点を，財政面に着目して簡潔に答えなさい。（15点）

資料Ⅲ

人口５万人のＡ市と人口10万人のＢ市が合併し，新たにＣ市となり，２つの市にあった同じ業務を行う施設（しせつ）は１つにまとめられた。

(3) 下線部cについて，次の各問いに答えなさい。

①これらの取り組みの目的は資料Ⅳにみられる社会の変化に対応することである。資料Ⅳにみられる社会の変化を何といいますか。(10点)

記述式 ②花子さんの住む群馬県では，子育て家庭を支援するために，協賛する店舗・施設・企業に提示することで，さまざまなサービスが受けられる「ぐ～ちょきパスポート」を発行している。資料Ⅴからわかる，この取り組みの特徴を簡潔に答えなさい。(15点)〔群馬－改〕

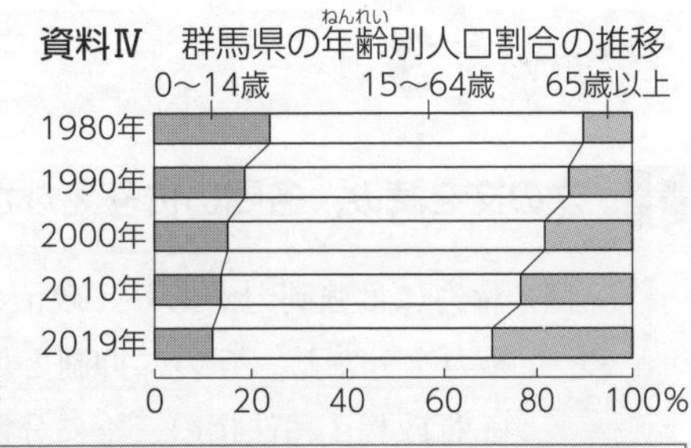

(資料Ⅳ，Ⅴは，群馬県ホームページより作成)

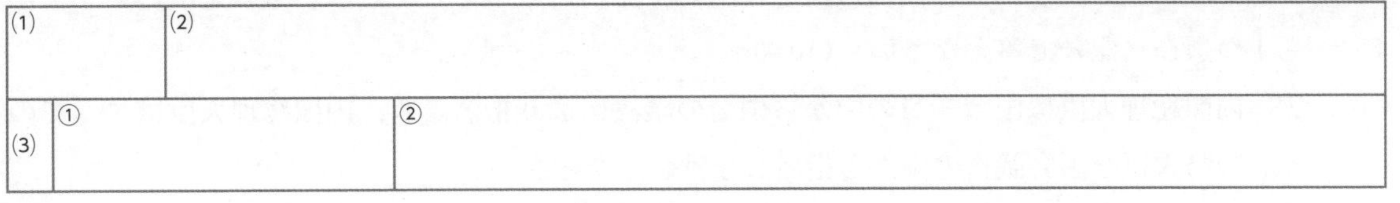

3

難問 記述式

グラフ1は，選挙権年齢が引き下げられる前の，2014年の衆議院議員総選挙における，年代別の，有権者数と投票者数を示している。表1は，2014年の衆議院議員総選挙における，20～30歳代と60歳以上の有権者が投票の際に考慮したことの調査結果を示している。グラフ2は，2005年と2015年における，国の歳出の総額と内訳を示している。有権者数と投票率の世代間の違いによって生じる，若い世代にとっての問題点を，グラフ1，表1，グラフ2から考えられる，有権者数と投票率の世代間の違いが，政治に与えている影響に関連づけて，70字程度で答えなさい。(30点)〔静岡－改〕

グラフ1

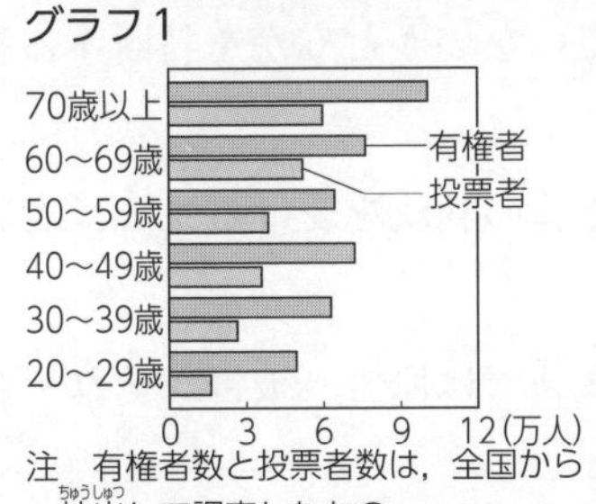

注　有権者数と投票者数は，全国から抽出して調査したもの。

(総務省資料)

表1

	20～30歳代	60歳以上
1位	景気対策	年金
2位	子育て・教育	医療・介護
3位	消費税	景気対策

(明るい選挙推進協会資料)

グラフ2

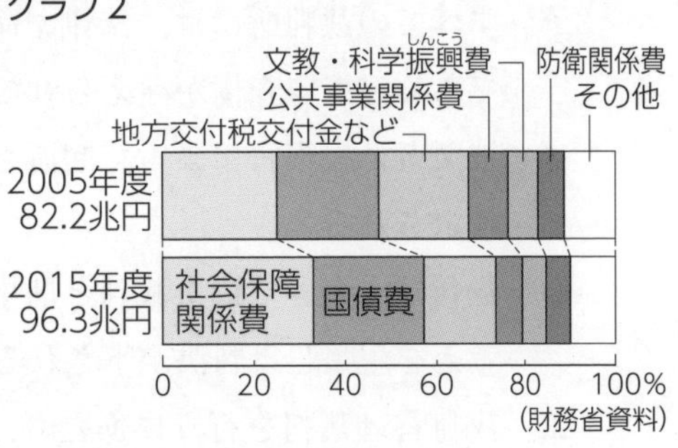

(財務省資料)

ヒント

2 (1) 有権者の50分の1の署名で請求できるものとしては，他に監査請求がある。

(3) ①納税者となる生産年齢人口の割合が低くなりつつある。

【　月　日】

Step 3 実力問題②

時間 30分　合格点 70点　得点

解答▶別冊14ページ

重要 **1** 次の文を読み，各問いに答えなさい。（80点）

国の権力には強制力があり，政治の権力が集中すると，人々の自由をおびやかすおそれがあるため，a権力を分割し，互(たが)いに抑制(よくせい)と均衡(きんこう)をはかる工夫がされている。日本国憲法では，国の権力は［X］・行政権・司法権の三権に分割され，それぞれb国会・内閣・c裁判所が担当している。
近年，司法を国民の身近なものにするために，d司法改革制度が進められてきた。

⑴ 下線部aの工夫を何といいますか。漢字4字で答えなさい。（10点）

⑵ 文中の［X］にあてはまる語句を答えなさい。（10点）

⑶ 下線部bについて，国会と内閣の関係について述べたものとして正しいものを次の**ア**～**エ**から1つ選び，記号で答えなさい。（10点）

ア 内閣総理大臣は国会議員の中から国会の議決により指名され，内閣総理大臣はすべての国務大臣を国会議員の中から指名しなければならない。

イ 内閣は，天皇の信任にもとづいて成立し，国会に対して責任を負うしくみをとっており，これを議院内閣制という。

ウ 法律には内閣が提出する法律案と議員が提出する法律案があり，衆議院と参議院の各院の本会議と委員会で審議(しんぎ)される。

エ 衆議院と参議院が内閣不信任の決議を行って内閣の責任を問うことができ，決議が可決された場合は，内閣は総辞職をしなければならない。

⑷ 下線部cについて，裁判のしくみと裁判所について述べたものとして正しいものを次の**ア**～**エ**から1つ選び，記号で答えなさい。（10点）

ア すべての裁判所には，法律や命令などが憲法に違反(いはん)していないかどうかを判断する権限である違憲審査権(いけんしんさ)が与(あた)えられている。

イ 被疑者(ひぎ)は検察官によって起訴(きそ)されると被告人(ひこく)となり，無罪の判決を受けるまでは有罪と推定される。

ウ 裁判は，大きく民事裁判と刑事(けいじ)裁判に分けられ，刑事裁判では原告，被告がそれぞれの考えを主張し，判決が下される。

エ 裁判官は裁判を行うにあたり，国会や内閣の意見を聞いたうえで，自らの良心に従い，憲法および法律にのみ拘束(こうそく)される。

記述式 ⑸ 下線部dについて，香織さんは，裁判員制度に興味をもち，調べていく中で，資料1を見つけ，次のように発表原稿にまとめた。資料2，3をもとに，［P］，［Q］に入る適切な内容を答えなさい。(各20点)

資料１　新聞の記事(一部)

(2018年５月の記事)

施行から９年を迎える裁判員制度で，裁判員候補者の辞退率の上昇が続いており，昨年１年間の辞退率は過去最高の66.0%となった。

(「毎日新聞」など)

資料２　審理予定日数(平均)の推移

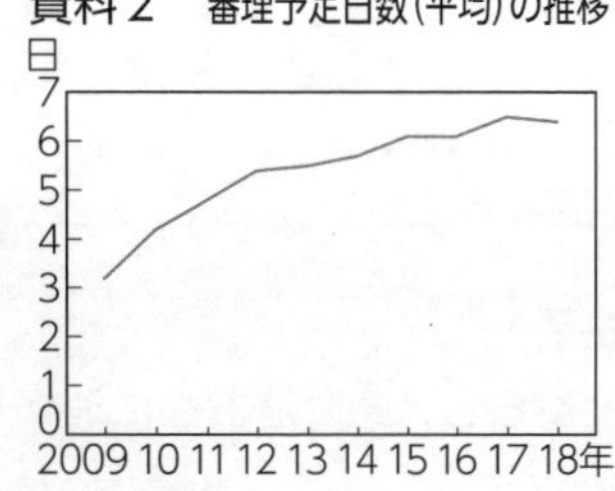

資料３　裁判員経験者へのアンケート結果と感想の一部(2017年度)

・裁判員という視点から犯罪を見つめることができて，貴重な体験となった。
・裁判の進め方など，裁判員にならなければ，分からないことばかりであった。

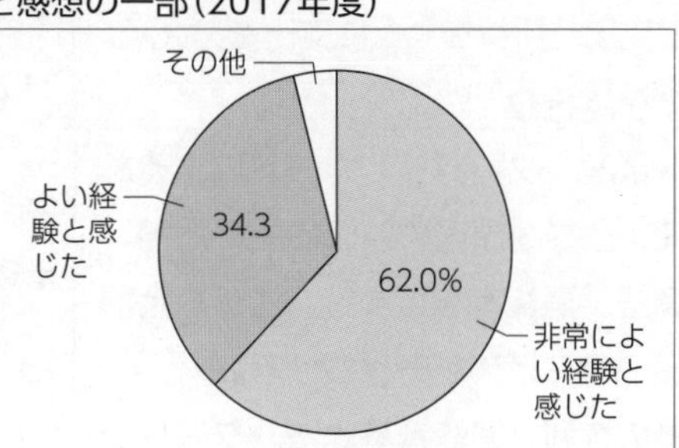

香織さんの発表原稿(一部)

裁判員候補者の辞退率が増加しているのは，資料２から，審理に参加するために，［　P　］ことが難しいからだと思います。一方で，資料３から，裁判員を経験することで，［　Q　］が深まることも考えられます。今年で施行から10年を超えた裁判員制度の目的を，もう一度考えていきたいと思います。

(1)	(2)	(3)	(4)

(5)	P	Q

〔兵庫・宮崎－改〕

重要 **2**　内閣の行う仕事を，次のア～キからすべて選び，記号で答えなさい。(20点)

ア　予算を議決する。
イ　違憲審査を行う。
ウ　最高裁判所の長官を指名する。
エ　条約を締結する。
オ　条例を定める。
カ　国会の召集を決める。
キ　天皇の国事行為に助言と承認を与える。

〔岐阜－改〕

1 (3) 任期が短く解散もあり，世論を反映しやすい衆議院は，いくつかの仕事で参議院に優越する。
2 「指名」か「任命」か，「締結」か「承認」かによって，仕事を担う機関は異なる。

10 くらしと経済

重要点をつかもう

1 消費生活

①**家計とくらし** 家計はおもに消費を行う経済活動。

②**所得と支出** 所得をもとに支出を考える。

2 消費者保護行政

①**カード破産** クレジットカードによるお金の使い過ぎが原因の自己破産の増加。

②**悪徳商法** 消費者をだまし，法外な金額の商品・サービスを売りつける。

③**消費者の権利** 消費者基本法，クーリング・オフ制度，製造物責任法(PL法)，消費者契約法など。

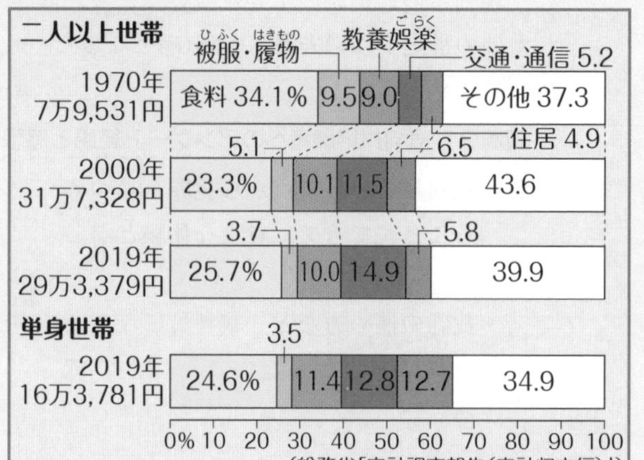

▲1世帯あたり1か月間の消費支出の内訳(全世帯)

Step 1 基本問題

解答▶別冊15ページ

1 図解チェック 図の空所に適語を入れなさい。

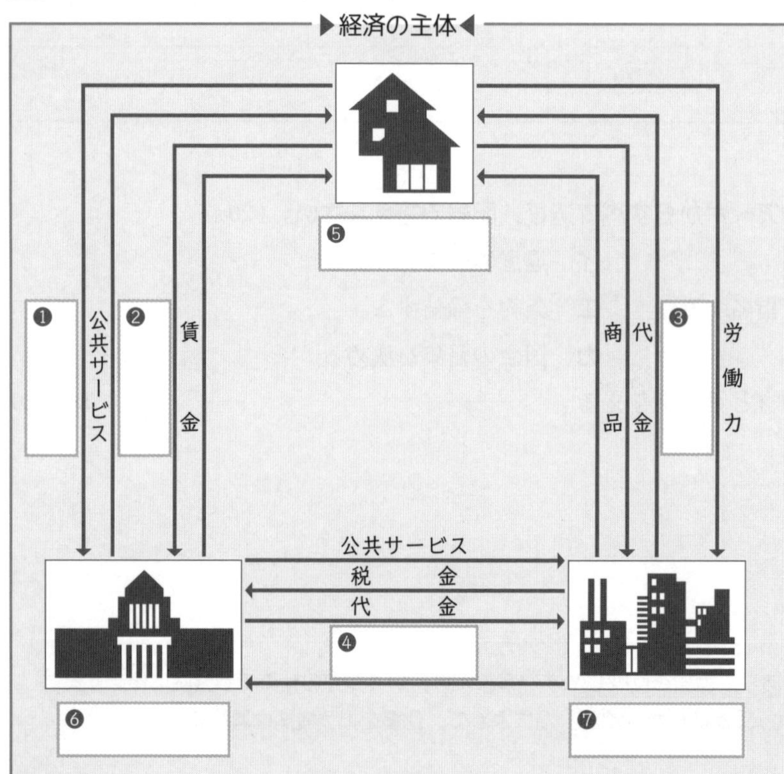

Guide

■家計の所得
企業などで働くことによって得る勤労所得，工場や商店などを経営して得る事業所得，財産を運用して得る財産所得などがある。

■家計の支出
財やサービスの購入のために支払う消費支出，税金や社会保険料のために支払う非消費支出，銀行に預けたり，生命保険の掛け金を支払ったりする貯蓄などがある。

■エンゲル係数

$$\frac{\text{食料費}}{\text{消費支出総額}} \times 100 = E$$

Eが小さい…生活水準は高いと考えられる。

注意 保険料
社会保険料は，国民全員が支払わねばならない非消費支出，生命保険料は，加入が自由な貯蓄としての支出。

2 ［消費者の権利と擁護］次の文を読んで，各問いに答えなさい。

消費者はお金を払い，□やaサービスなどの商品を購入します。そのb消費者を守るためにさまざまな法律やしくみがつくられています。

(1) □にあてはまる語句を，漢字１字で答えなさい。

［　　］

(2) 下線部aについて，サービスへの支出にあてはまるものを，次の**ア**～**エ**から１つ選び，記号で答えなさい。［　　］

ア　雑誌の代金　　**イ**　自動車の購入費用

ウ　パンの代金　　**エ**　バスの乗車賃

(3) 下線部bについて，消費者問題について述べた文として誤っているものを，次の**ア**～**エ**から１つ選び，記号で答えなさい。

［　　］

ア　クレジットカードで，自分の返済限度をこえた金額を使い，自己破産する人が増えている。

イ　消費者基本法は，消費者の権利を明確化し，企業と行政の責任を定めている。

ウ　製造物責任法（ＰＬ法）は，欠陥商品によって消費者が被害を受けたときの企業の責任について定めている。

エ　クーリング･オフ制度は，契約から原則８日以内であれば，販売者側から契約を解除できる制度である。〔沖縄－改〕

3 ［消費活動］次の各問いに答えなさい。

(1) 近年は情報通信技術（ＩＣＴ）の発達にともない，ＩＣカードやＩＣチップを搭載したスマートフォンにお金の情報をデジタル化し，資料Ⅰのように現金を使わない支払いのしくみが広まってきた。この支払いのしくみを何といいますか。

資料Ⅰ

［　　］

(2) 資料Ⅱの矢印**ア**～**キ**から，商品の代金としての貨幣の流れを表しているものを，すべて選び，記号で答えなさい。

［　　］〔秋田－改〕

資料Ⅱ　クレジットカードでの買物のしくみ（例）

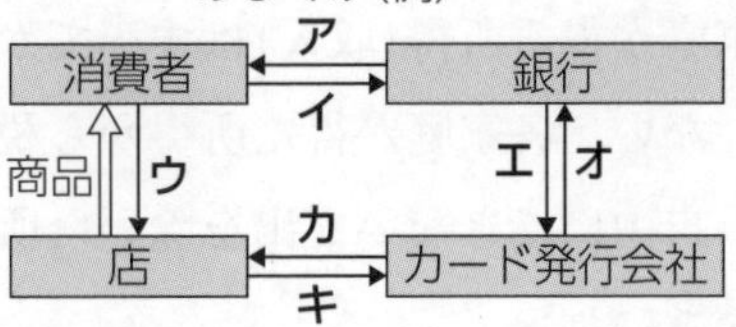

くわしく　■消費者の４つの権利
1962年にアメリカのケネディ大統領が訴えた，安全である権利・知る権利・選ぶ権利・意見を反映させる権利の４つをいう。

■悪徳商法
キャッチセールス，マルチ商法，アポイントメント商法などがある。

■クーリング・オフ制度
訪問販売などによって，消費者が契約をした場合，一定期間内（おもに８日以内）であれば，書面により無条件で契約を取り消すことができる制度。

■製造物責任法（ＰＬ法）
消費者が製品の欠陥により被害を受けたとき，製造者の過失の有無に関係なく，製品の欠陥の証明のみで，消費者に対して損害賠償の責任を製造者は負わねばならないとする法律。

■クレジットカード
クレジットカード会社が発行する代金後払いのカード。クレジットカードを提示すると，現金をその場で支払わなくとも買い物ができる。代金は後日，自分の銀行口座から引き落とされる。

注意　消費者契約法と消費者基本法
消費者契約法は，不当な「契約」から消費者を守るためのもの，消費者基本法は，それまでの消費者保護基本法に代わって，消費者を「保護」するだけでなく，「権利」の尊重を理念として定めたもの。

【　月　日】

Step 2 標準問題

時間 20分　合格点 70点　得点 　点

解答▶別冊15ページ

重要 **1** ［経済主体］次の図を見て，各問いに答えなさい。

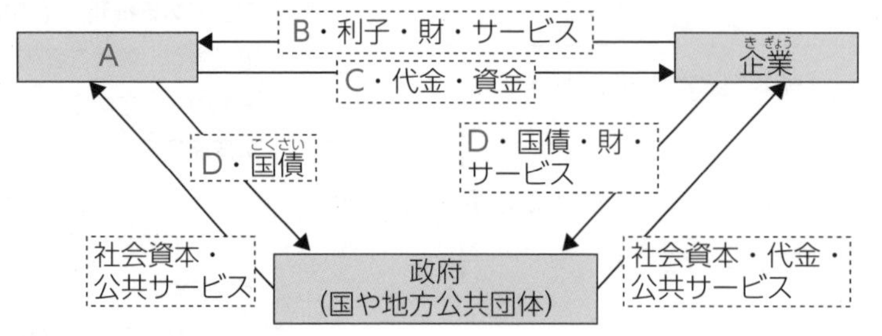

⑴ 経済の三主体のうちの１つであるAにあてはまる語句を答えなさい。

⑵ 図中の矢印は，お金や財，サービスのおもな動きを示している。B～Dにあてはまる語句を，次の**ア**～**ウ**からそれぞれ１つ選び，記号で答えなさい。

ア 税　金　**イ** 賃　金

ウ 労働力

⑶ 図中の政府に関して，わが国の消費者行政を一元化するために，2009年に設置された政府の機関を何というか，答えなさい。

〔京都－改〕

1（８点×５－40点）

⑴		
⑵	B	
	C	
	D	
⑶		

ワンポイント

⑵財は形があるもので，サービスは形がないものである。

2 ［消費生活］次の文を読んで，各問いに答えなさい。

> わたしたちa消費者は，労働によって得たb収入をもとに，さまざまなc消費活動を行い，生活を送っています。その消費者を保護するために政府は，法律や制度を整えています。それらによって消費者は守られています。

⑴ 下線部aについて，消費者には，安全を求める権利，知る権利，選ぶ権利，意見を反映させる権利という，４つの権利があると宣言したアメリカの大統領を，次の**ア**～**エ**から１人選び，記号で答えなさい。

ア リンカン　**イ** ワシントン

ウ ウィルソン　**エ** ケネディ

⑵ 下線部bについて，各家庭が得る所得（収入）はすべてが自由に使えるようにはなっていない。各家庭が得た所得から税金や社会保険料など，各家庭の自由にできない支出を除いた所得のことを何というか，答えなさい。

2（⑶①10点×２　他８点－44点）

⑴		
⑵		
⑶	①	記号
		理由
	②	

⑶ 下線部cについて，各問いに答えなさい。

記述式 ①右の図は，1世帯の1か月間の消費支出の項目のうち，通信，米，ガス代，家賃地代の推移を示している。通信の推移にあたるものを，図中の**ア**～**エ**から1つ選び，記号で答えなさい。また，そのように判断した理由を，現代日本の特色に触れて，「進展」ということばを用いて，答えなさい。

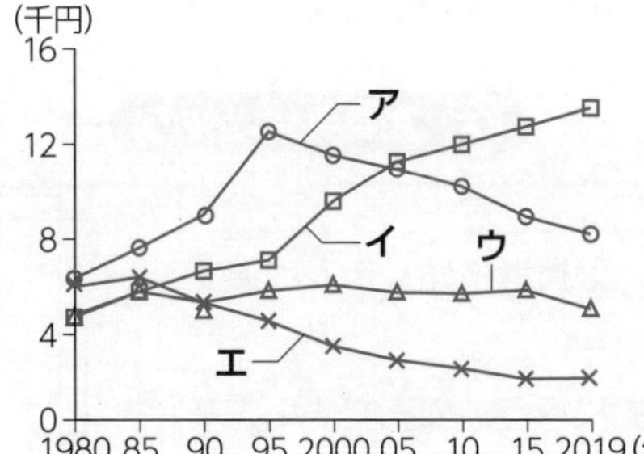

※2人以上の全世帯，全国の平均値。(総務省資料)

②右の図は，クレジットカードを利用して買い物をしたときのお金の流れを示したものであり，下の文は，その利用について説明したものである。図を参考にして，文中の［　　］にあてはまる文として最も適切なものを，あとの**ア**～**ウ**から1つ選び，記号で答えなさい。

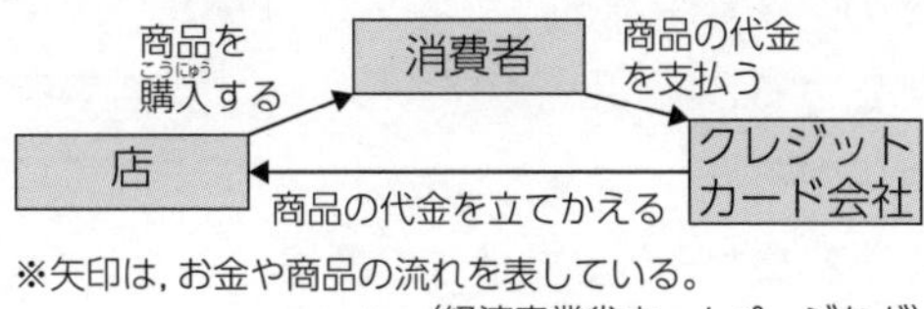

※矢印は，お金や商品の流れを表している。
(経済産業省ホームページなど)

> クレジットカードで買い物をする場合，［　　］欲しい商品を購入するので，現在の収入だけでなく，先々の収入についても見通しを立てた消費生活を行うことが必要である。

ア 消費者は店で商品の代金を事前に支払って
イ 消費者は店で商品の代金を直接支払って
ウ 消費者は店で現金のやりとりをせずに

〔新潟・三重・岐阜－改〕

ワンポイント

⑵ 所得が多くても税金や社会保険料が高い場合，可処分所得は少なくなる。

⑶ ①身近な「通信」手段としては，携帯電話やインターネットなどがあり，今日の生活でなくてはならないものとなっている。
②クレジットカードでの買い物は，カードの提示や自分の氏名をサインすることで可能となる。便利であるだけに，収入以上の買い物をしてしまうことがあるので，注意が必要である。

3 **［消費者保護］ わが国の消費者保護のための法律について，次の説明にあてはまる法律名をそれぞれ答えなさい。**

⑴ 欠陥商品によって消費者が被害を受けた場合，その商品を製造した企業等の責任について定めた法律。

⑵ 1968年に国や企業の責任，消費者の役割などを定めた消費者を保護するための法律が2004年に改正され，消費生活の安定および，向上を確保することを目的とした新しい法律となった。この法律を何というか，答えなさい。 〔沖縄－改〕

3 (8点×2－16点)

⑴
⑵

流通と価格

重要点をつかもう

1 流通のしくみ

①**流　通**　生産された商品が，消費者に届くまでの道すじ。

②**商　業**　商品の流通を専門的に行う，卸売業や小売業の活動。

③**流通の合理化**　商品を生産者から直接仕入れるなど，消費者まで届く過程でのコストを下げる工夫。

2 価格と市場

①**市場価格**　需要量と供給量の関係で決まる。

需要量＞供給量→価格は上がる。

需要量＜供給量→価格は下がる。

②**均衡価格**　市場で需要量と供給量が一致したときの価格。

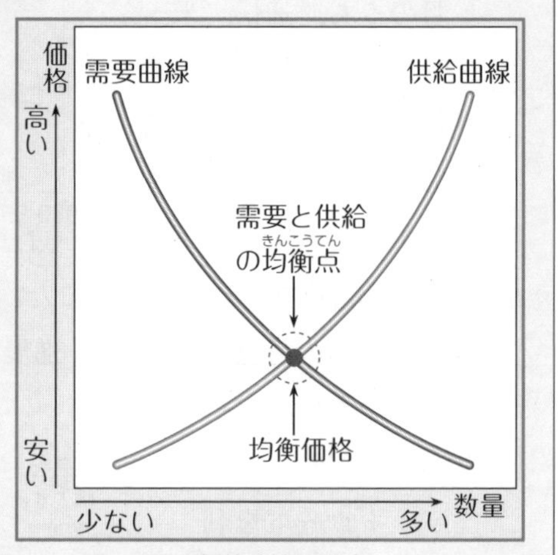

▲価格の決まり方

Step 1 基本問題

解答▶別冊15ページ

1 図解チェック　文の空所に適語を入れなさい。

▶野菜の流通経路◀

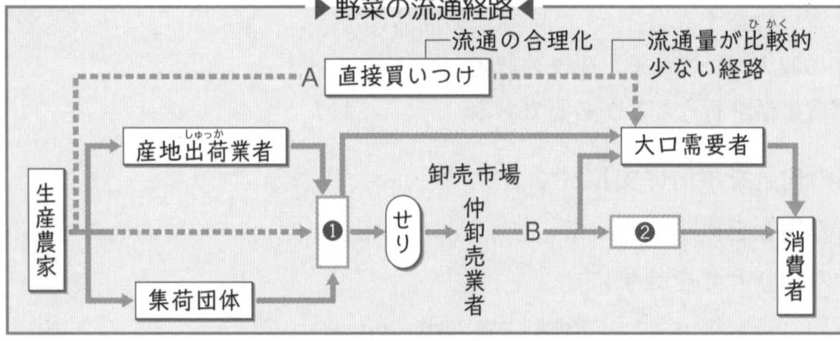

❶［　　　］…大量に商品を仕入れ，小売業者に売る。

仲卸売業者…卸売市場内のせりに参加し，卸売業者から買い受ける。

❷［　　　］…消費者に直接商品を売る。

価格のなりたち

価格…商品を購入する際に支払う金額のめやすになるもの。

❸［　　　］＋❹［　　　］＋流通段階での経費や利潤＝価格

❸商品をつくるのにかかった費用　❹もうけ・利益

図中のAを通るルートとBを通るルートでは，一般的にBを通るルートの方が商品の価格は❺［　　　］なる。

Guide

ことば　卸売価格
卸売業者が生産者から商品を仕入れて，その生産者価格に，卸売業者の経費や利潤を加えて，小売業者に売り渡す価格のこと。

くわしく　■流通革命
大量生産，大量消費を行う現代社会において，それに対応するために，流通システムが大きく変化し，新しい流通システムができたことをいう。

■産直（産地直送販売）
生鮮食品などを生産者から直接仕入れて販売すること。卸売業者を通さないので販売価格を安くできる。

2 ［流通の合理化］次の文を読んで，各問いに答えなさい。

先　生：商品が生産されてから，わたしたちが購入するまでの道すじを（　A　）といいます。この道すじの中で，現在，コンビニエンスストアなどでは，商品が購入されると同時に，商品名，数量など，販売する側にとって必要な情報を瞬時に読み取って集めるシステムが利用されています。例えば，ここにある麦茶のペットボトルのラベルにも，そのシステムに使われている部分があるのですが，わかりますか。

生　徒：ラベルの（　B　）の部分でしょうか。

先　生：そうです。あなたも情報が読み取られる瞬間をきっと何度も経験していると思います。ところで2009年９月に，商品を購入するわたしたち国民を保護する国の機関が発足しました。

生　徒：消費者庁ですね。

(1) 文の（　A　）にあてはまる語句として最も適切なものを，次の**ア〜エ**から１つ選び，記号で答えなさい。　［　　］

ア 資　本　**イ** 財　政　**ウ** 配　当　**エ** 流　通

(2) 文の（　B　）にあてはまる部分を，次のラベルの**ア〜エ**から１つ選び，記号で答えなさい。　［　　］〔神奈川ー改〕

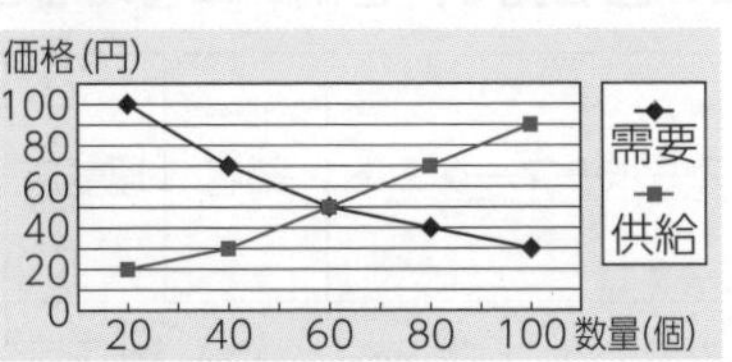

3 ［市場価格］次のグラフは，ある商品の需要と供給の関係を示したものである。各問いに答えなさい。

(1) グラフから読み取れる内容として最も適切なものを，次の**ア〜エ**から１つ選び，記号で答えなさい。［　　］

価格(円)　100　80　60　40　20　0
数量(個)　20　40　60　80　100
需要　供給

ア　価格が100円のとき，商品の供給量は20個となる。

イ　価格が70円のとき，商品の売り上げ総額は5,600円となる。

ウ　価格が70円のとき，商品は40個売れ残る。

エ　価格が30円のとき，商品に対する買い手は最も少なくなる。

記述式 (2) 電気や水道などの公共料金は，需要と供給の関係では決定しない。公共料金はどのように決定されるか，また，なぜそのように決定されるのか。簡潔に説明しなさい。〔佐賀ー改〕

［　　　　　　　　　　　　　　　　］

ことば
■POSシステム
商品についているバーコードをレジのスキャナーで読み取って売り上げ計算，在庫管理などをする方式。販売時点情報管理システム。

■需要曲線
商品の価格の変動に応じて変化する需要の動きを表す曲線。一般的に価格が下がると需要が多くなる。

■供給曲線
商品の価格の変動に応じて変化する供給の動きを表す曲線。一般的に価格が上がると供給が多くなる。

くわしく
■インフレーション
物価が上がり続けて，通貨の価値が下がる現象。インフレがおこると年金生活者や貯蓄で生活している人には，大きな打撃となる。

■デフレーション
物価が下がり続け，通貨の価値が上がる現象。デフレになると経済活動がふるわなくなり，企業の中には倒産するところもあり，失業者が増える。

■デフレスパイラル
デフレーションによる企業の倒産や失業者の増加が，さらに物価の下落をまねき，悪循環が続く状態。

注意
価格と物価
価格は，１つ１つの商品についている，商品の価値を通貨の量で示したもの。物価は，いろいろな商品の価格を総合して平均したもの。

【　　月　　日】

Step 2 標準問題

時間 20分　合格点 70点　得点　　点

解答▶別冊16ページ

1 ［流通と価格］次の各問いに答えなさい。

1（8点×3－24点）

記述式 (1) キャベツなどの野菜栽培農家で，収穫量が多かった年に，農家が，とれた野菜の一部を廃棄することがある。その理由を，「供給量」，「価格」の２語を使って説明しなさい。

記述式 (2) 右の図は，商品についているバーコードを示したものである。このバーコードを読み取るＰＯＳシステムを，簡潔に説明しなさい。

(3) 小売業者について述べた文として誤っているものを，次の**ア**～**エ**から１つ選び，記号で答えなさい。

ア　スーパーマーケットの中には，卸売業者を介さないで仕入れた商品を販売する店がある。

イ　大規模小売店は，商品の大量仕入れにより，商品の価格が小規模な小売店と比べて安い場合がある。

ウ　インターネットによる通信販売が普及し，小売業者を含めた流通の仕組みが変化している。

エ　訪問販売により商品を購入した人が小売業者との契約を取り消すことは，一切できない。　〔富山・愛知－改〕

(1)
(2)
(3)

ワンポイント

(1) 指定語句のほかに，需要量も供給量のように，増加するかどうかを考えてみる。

(3) 小売業者は，消費者に商品を直接販売する業者のこと。

重要 2 ［市場価格］次の図は，ショッピングセンターの一部を模式的に示したものである。この図を見て，各問いに答えなさい。

2（6点×2－12点）

スポーツ用品店　パン屋　①スーパーマーケット　薬店　理髪店　②銀行

(1) 下線部①について，右の図は，スーパーマーケットで販売されていたある商品の需要と供給と価格の関係を表したものである。また，次ページの文は，この図について述べたものである。次ページの表の**ア**～**エ**のうち，文中の（　Ｘ　），（　Ｙ　）に入る語句の組み合わせとして正しいものを，１つ選び，記号で答えなさい。

価格 高い　A　B　安い　0　供給曲線　需要曲線　少ない → 多い 数量

(1)
(2)

供給曲線は，（　X　）の行動を表すもので，価格がAのとき，供給量は需要量より（　Y　）ので，価格は下降し，結果として価格は，需要量と供給量の一致（いっち）するBの価格に落ち着く。このBを均衡（きんこう）価格という。

	ア	イ	ウ	エ
X	生産者	生産者	消費者	消費者
Y	多い	少ない	多い	少ない

(2) 下線部②について，わたしたちは，銀行を利用して，家庭の電気・ガス・水道の料金などの支払（しはら）いを行うことがある。電気・ガス・水道の料金などの価格のように，国や地方公共団体が適切な水準で管理している価格を何といいますか。〔岩手－改〕

重要 **3** **［価格の決まり方］右の図と次の説明を読んで，各問いに答えなさい。**

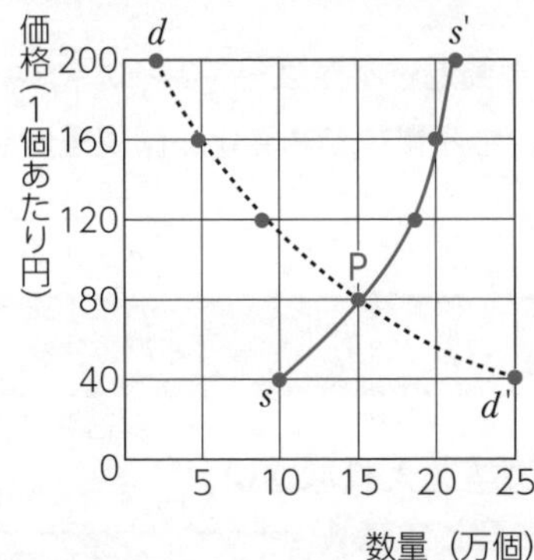

〔説明〕右の図はある品物Xの価格と数量の関係を示したもので，*dd'*を需要（じゅよう）曲線，*ss'*を供給曲線という。すなわち*dd'*は，価格が200円のとき２万個の需要があり，価格が120円，40円と下がるにつれて，需要量は８万個，25万個と増加することを示している。

また，*ss'*は，価格が40円のとき10万個供給され，価格が120円，200円と上がるにつれて，供給量は18万個，22万個としだいに増加することを示している。

(1) 上の図で，X品が１個160円のときについて，次の各問いに答えなさい。

①X品の購入（こうにゅう）されようとする数量はどれだけですか。

②X品が売られようとする数量はどれだけですか。

③このときの需要と供給の差はどれだけですか。

記述式 (2) 上の図で，X品が１個40円前後のとき，この価格はどんな理由で，どう変動しようとするか。簡単に説明しなさい。

(3) 上の図の曲線*dd'*と*ss'*の交点であるPの表す意味を説明した次の文の（　A　）～（　D　）に，適当な語句を記入しなさい。

X品は価格80円のとき，（　A　）量と（　B　）量が一致（いっち）し（　C　）量は15万個である。この価格を（　D　）価格という。

3（8点×8－64点）

(1)	①	
	②	
	③	
(2)		
(3)	A	
	B	
	C	
	D	

ワンポイント

(1)③需要と供給の差は，品物が不足するか，売れ残るかである。

生産のしくみと企業

重要点をつかもう

1 生産活動

土地(自然)，**資本(財)**（原材料・工場・機械），**労働**(労働力)の**生産の三要素**が不可欠。また，特殊な技術などの**知的資源(財産)**も重要。

2 企業のはたらき

①**企(き)業(ぎょう)**　**私企業**と**公企業**に分かれる。

②**企業の集中**　市場の**独占**や**寡占(かせん)**は消費者の不利益になりやすい→**独占禁止法(どくせん)**の成立。**公正取引委員会**が**監視(かんし)**

③**景気の変動**　好景気→景気後退→不景気→景気回復の影響(えいきょう)を受けて，生産量なども変化。国民経済や国民生活への影響が大きい。

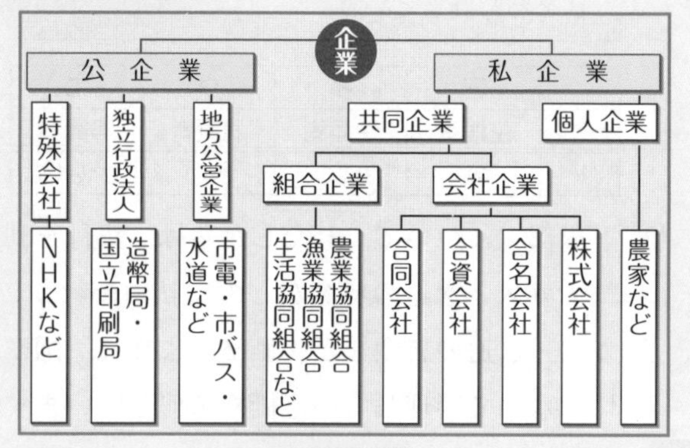

▲企業の種類

Step 1 基本問題

解答▶別冊16ページ

1 図解チェック 図の空所に適語を入れなさい。

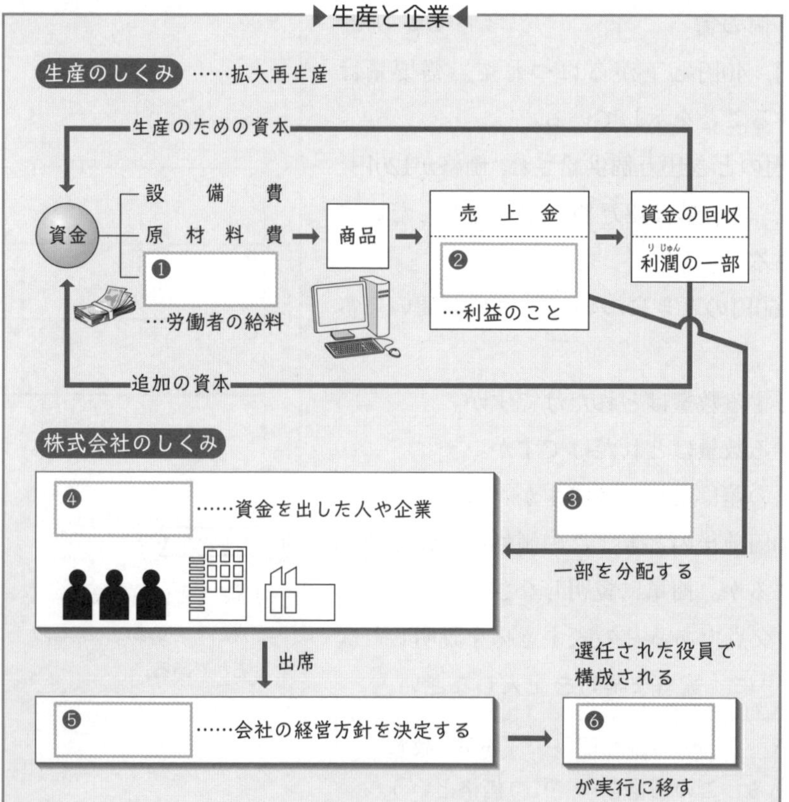

Guide

くわしく 知的資源(財産)
生産の三要素の他に，労働者の技術力や製法においての特別な技術などの知的資源が必要となってくる。

ことば ■株式会社
必要な資金を少額の株式に分けて発行し，それを多くの人に売ることで資金を集め，設立された会社。

■カルテル
同種の企業が，生産や販売で協定を結ぶこと。

■トラスト
同種の企業が，合併(がっぺい)して1つの大企業になること。

■コンツェルン
親会社(持株会社)が市場の支配を目的として，株式の保有により，異種の企業を支配すること。

2 ［株式会社］次の資料を見て，各問いに答えなさい。

> 企業は資本(元手)を使って，利潤を目的に生産活動を行う。［ A ］を発行して資金を集める企業が株式会社である。［ A ］を購入した株主は株主総会で経営に関する意見などを言うことができ，１単元株につき１票の議決権がある。
> また，企業が利潤を上げると株主は，利潤の一部を［ B ］として受けることができる。

図

［ A ］・［ B ］ →

株式会社　　　　　　　　株主

← 資金

(1) 上の文章と上の図の空欄［ A ］と［ B ］にあてはまる語句を，それぞれ答えなさい。

A［　　　　　　］　B［　　　　　　］

(2) このような企業が生産活動を行うしくみを何経済といいますか。

［　　　　　　］

(3) 国や地方公共団体が資金を出し，財政収入や公共利益のために経営している企業を何といいますか。　［　　　　　　］

〔埼玉－改〕

3 ［企業の種類］わが国の企業の分類を示した右の図を見て，次の各問いに答えなさい。

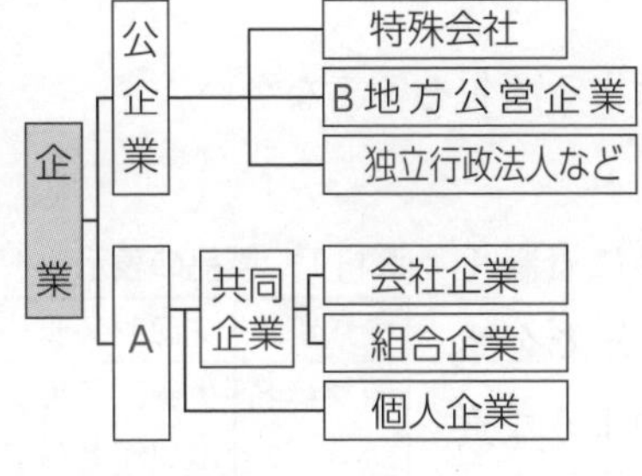

(1) 図中のAにあてはまる語を答えなさい。また，Bに示す企業が行っている事業はどれか。次の**ア**～**エ**から１つ選び，記号で答えなさい。

A［　　　　　　］　B［　　］

ア 製糸　**イ** 航空　**ウ** 製鉄　**エ** 水道

(2) 次の文中の下線部**ア**～**エ**のうち，内容に誤りのあるものはどれか。１つ選び，記号で答えなさい。　［　　］

> 株式会社は，必要とする資金を，ア少額の単位(株式)に分けることによって，大勢の人々から出資をつのり，イ多くの資金を集めるしくみになっている。株式は原則として証券業者を通してウ自由に売買することができる。株式を買った人は，株主となり，エ持ち株の多い株主に限って会社は利益を分配する。

くわしく　株式会社のしくみ

■株主総会
株主が出席できる，株式会社の最高議決機関。１単元株(100株など)につき，１票の議決権がある。

■配当(金)
株式会社が利潤を得たときに，株主に分配されるお金。所有する株式数に応じる。

■株主の有限責任
株式会社が倒産した場合，株主は出資金の範囲内で責任を負う。

■自由売買
株式は証券取引所を通じて，自由に売買できる。

ことば　■第３セクター
国や地方公共団体と，民間企業の共同出資による企業。公私混合企業。

■ベンチャー企業
新しい技術，アイディアに基づいて創業される企業で，中小企業や零細企業が多い。

■資本主義経済
自由な経済活動が行われ，労働者と資本家によって生産活動が行われている経済のしくみをいう。

データ　大企業と中小企業　※製造業

事業所数：中小企業 99.0%　大企業 1.0

従業員数：32.1　67.9

製造品出荷額等：52.5　47.5

0　20　40　60　80　100 %

(2020/21年版「日本国勢図会」)

【　月　日】

Step 2 標準問題

時間 20分　合格点 70点　得点　点

解答▶別冊17ページ

1 [企業の活動] 次の文は,「企業」について調べた孝平さんが食品製造会社で聞き取り調査をしたときの会話の一部である。各問いに答えなさい。

孝　平：まず,製品づくりで大切な点を教えてください。

担当者：わたしの会社は食品をあつかっているので,製品の安全や品質には気をつけています。会社にはa消費者に対する責任があるからです。

　また,良いものをより安く提供するために,利潤の一部をb設備投資にまわして,商品を効率的に製造することも大切です。

　ただし,私の会社はc株式会社ですので,利潤を追求することで株主の権利を守ることも大切です。

孝　平：製品づくりに関して,いろいろと大切なことがあるのですね。次に,製品づくり以外の取り組みを教えてください。

担当者：わたしの会社では,[　　　]を果たす取り組みとして清掃活動や文化を支援する活動などを行っています。また,循環型社会の実現をめざした活動にも,積極的に取り組んでいます。

孝　平：企業の活動には,製品づくり以外にもさまざまな取り組みがあるのですね。

(1) 会話中の[　　　]にあてはまる語句を答えなさい。

記述式 (2) 下線部aについて,製品に資料Iのような表示をすることで企業は,消費者に対してどのような責任を果たしているか,簡潔に答えなさい。

資料I　製品の表示

種類別	プロセスチーズ
原材料名	ナチュラルチーズ,ホワイトパウダー,乳化剤,ph調整剤
賞味期限	枠外右側に記載
保存方法	10℃以下で保存
製造者	○○株式会社 ○県○市○町1-2

(3) 下線部bについて,設備投資にあたるものを,次の**ア**～**オ**から1つ選び,記号で答えなさい。

ア　従業員を増やす

イ　機械を新しくする

ウ　商品の宣伝をする

エ　原材料の品質を上げる

オ　製品づくり以外の取り組みをする

1 (10点×5－50点)

(1)	
(2)	
(3)	
(4)	会社の利点
	株主の権利

ワンポイント

(3) 設備投資とは,生産設備にお金をかけるという意味。

(4) 会社は,必要な資金を少額の株式に分けて発行し,広く多くの人から資金を集めることができる。一方,株主は出資額に応じて利潤の一部を配当として受けとることができる。

記述式 (4) 下線部cについて，会社が株式を発行する利点と，株式を購入した株主の権利を，資料Ⅱを参考にして，それぞれ簡潔に答えなさい。 〔群馬－改〕

資料Ⅱ 株式会社のしくみ

株主 ／ 株式会社 ／ 出資 ／ 資本 ／ 株式 ／ 取締役 ／ 監査役 ／ 配当 ／ 一部 ／ 利潤 ／ 選出 ／ 出席 ／ 株主総会

重要 **2** **[資本主義経済] 次の文を読んで，各問いに答えなさい。**

2（10点×5－50点）

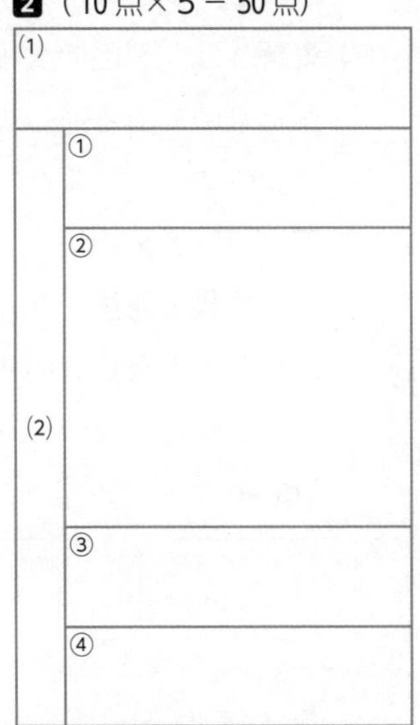

一般に資本主義の経済では，a好景気の時期と不景気の時期とがくり返されており，ときには，いわゆる恐慌がおこり経済が大混乱に陥ることがある。また，この間に，b企業の集中がいっそう進行する傾向が見られる。

(1) 右の図は，景気の動向をおおまかに示したものである。下線部aに最もよくあてはまる時期を，図中の**ア**～**エ**から1つ選び，記号で答えなさい。

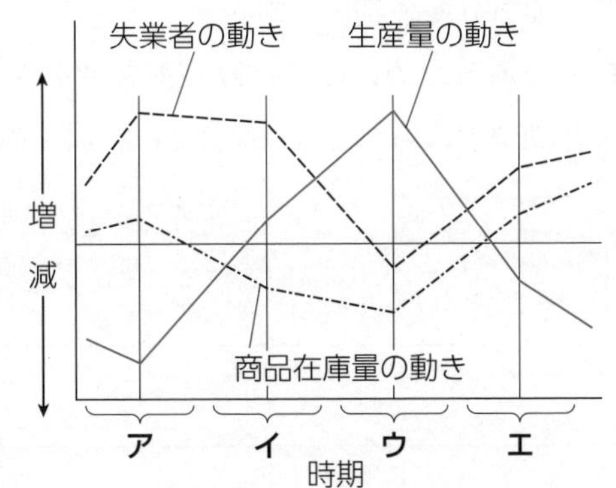

(2) 下線部bについて，次の問いに答えなさい。

①ある商品・サービスの市場が，少数の企業に集中している状態を何というか。答えなさい。

記述式 ②企業の集中が進み過ぎると，消費者にとって不利にはたらく可能性が強いが，それはなぜか。その理由を，「企業」「市場」「価格」の3つの語句を用いて，簡潔に答えなさい。

③日本では，企業の集中が消費者にとって不利にはたらかないように企業の動向を監視する行政組織が設けられている。この組織を，次の**ア**～**エ**から1つ選び，記号で答えなさい。

ア 金融庁　**イ** 国家公安委員会
ウ 国税庁　**エ** 公正取引委員会

④企業は競争に勝つため，新技術の開発や新たな価値の創造を行っているが，これを何というか。答えなさい。 〔福島－改〕

ワンポイント
(1) 好景気時は商品がよく売れる。すると，失業者，商品在庫量，生産量はどうなるのかを考える。

【　　月　　日】

Step 3 実力問題①

時間 20分　合格点 70点　得点

解答▶別冊17ページ

1 A君は，消費社会の主権者と消費者との関係について調べ，消費者の権利とそれを守る取り組みに関する資料1，2を作成しました。これらを見て，各問いに答えなさい。(29点)

資料1　アメリカ大統領ケネディが示した消費者の4つの権利

○安全である権利　○知る権利
○選ぶ権利　○意見を反映させる権利

資料2　鉛筆削り(えんぴつけず)のラベル

⚠警告(けいこく)
けがの恐(おそ)れあり
■鉛筆(えんぴつ)の差込口(さしこみぐち)に指(ゆび)を入(い)れない
■くず受箱(うけばこ)をはずして手(て)を入(い)れない

(1) 市場経済の中で企業(きぎょう)間の競争が弱まると，資料1のような消費者の権利が損(そこ)なわれるおそれがある。少数の企業が市場を支配し，競争が弱まった状態を何といいますか。(7点)

(2) 資料2は，製品の欠陥(けっかん)による事故(じこ)から，消費者を守るため制定された法律に対応して表示されたものである。この法律として正しいものを，次の**ア**〜**エ**から1つ選び，記号で答えなさい。(7点)

ア　消費者契約(けいやく)法　　**イ**　製造物責任法(PL法)
ウ　情報公開法　　**エ**　地方分権一括法

難問 記述式 (3) 消費者が消費社会の主権者であるためには，行政が消費者を保護するだけではなく，わたしたち消費者にどのような行動が求められるか，資料1，2を参考にして，具体的に答えなさい。(15点)

〔宮城－改〕

(1)	(2)
(3)	

2 株式会社のしくみについて図を作成した。これに関する次の各問いに答えなさい。(21点)

重要 記述式 (1) 図中の[a]にあてはまる語句を考え，その語句を使って，株式会社が株式を発行する理由を，簡潔に答えなさい。(15点)

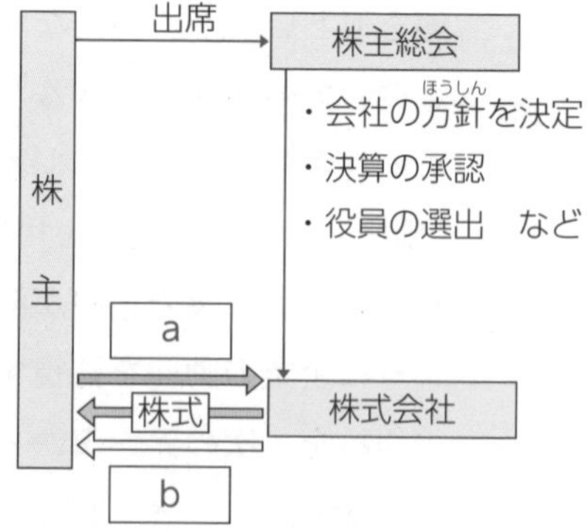

(2) 株主は，株式会社が利潤を上げたとき，自身が保有する株式数に応じて，利潤(りじゅん)の一部を受け取ることができる。このことを示す，図中の[b]にあてはまる語句を，次の**ア**〜**エ**から1つ選び，記号で答えなさい。(6点)

ア　利子　　**イ**　配当
ウ　貯蓄(ちょちく)　　**エ**　公債(こうさい)

(1)	(2)

重要 **3** Bさんがまとめた次の文章を読んで，あとの各問いに答えなさい。（50点）

> さまざまな商品が自由に売り買いされている場を，市場といいます。下の図は，市場における需要量と供給量の関係を表したものです。図中のVの曲線を［ A ］曲線，Wの曲線を［ B ］曲線といい，２つの線が交わるPの価格を［ C ］価格といいます。わたしの好きな夏野菜のaナスの価格も，需要量や供給量の変化を受けます。また価格は，b景気による供給量の変化にも大きな影響を受けます。

(1) 文章中の［ A ］～［ C ］にあてはまる語句を，次の**ア**～**エ**からそれぞれ１つ選び，記号で答えなさい。（各７点）

ア 供給　**イ** 需要　**ウ** 独占　**エ** 均衡

(2) 図中のVとWの曲線の移動と価格の変化を説明した次のX～Zのうち正しいものを，あとの**ア**～**カ**から１つ選び，記号で答えなさい。（７点）

価格 V W P 0 数量

X　ある商品の新モデルが発売されると，旧モデルの価格と数量を示すVの曲線は左側に移動し，価格は下がる。

Y　ある商品の輸入量が増えた場合，Wの曲線は右側に移動し，価格は下がる。

Z　ある農作物が不作だった場合，その農作物のWの曲線は右側に移動し，価格は上がる。

ア　Xのみ正しい。　**イ**　Yのみ正しい。　**ウ**　Zのみ正しい。

エ　XとYが正しい。　**オ**　XとZが正しい。　**カ**　YとZが正しい。

記述式 (3) 下線部aについて，右のグラフは，ある年のナスの月別入荷量と月別平均価格の推移を表している。これを参考に，ナスの入荷量と平均価格の関係について，「ナスの入荷量が」の書き出しに続けて答えなさい。（15点）

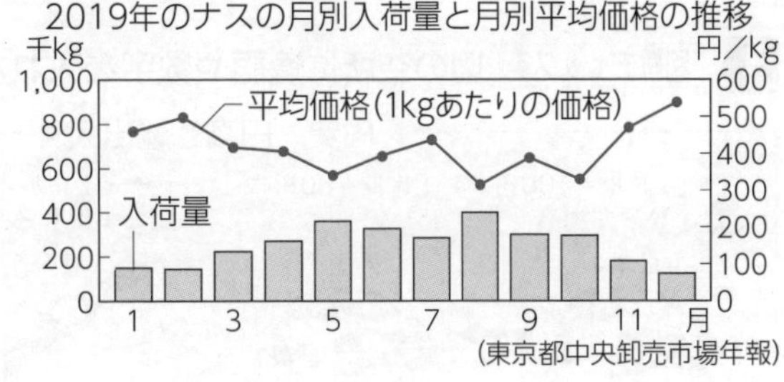

(4) 下線部bについて，景気変動を模式的に表した右の図の好況期にみられる経済の様子として最も適切なものを，次の**ア**～**エ**から１つ選び，記号で答えなさい。（７点）

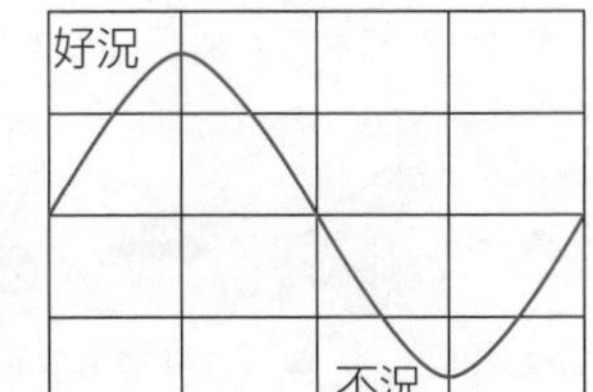

ア　消費も生産も減り，賃金が下降し，倒産や失業者が増える。

イ　消費が回復しはじめ，企業は生産を増やす。

ウ　モノが売れ，企業は生産を増やし，賃金が上昇する。

エ　消費にかげりが出始め，企業は生産を減らす。

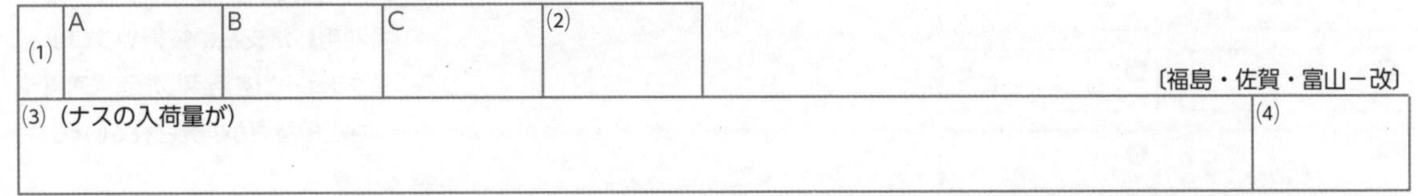

(1)	A	B	C	(2)

〔福島・佐賀・富山－改〕

(3)（ナスの入荷量が）	(4)

金融のしくみとはたらき

重要点をつかもう

1 金融のはたらき

①**金　融**　余裕のある家計や企業から不足している家計や企業へ資金を融通すること。

②**金融機関の種類**　銀行・信用金庫など。

2 日本銀行の仕事

①**中央銀行**　金融制度の中心。景気や物価の安定のため**金融政策**を行う。

②**役　割**　**管理通貨制度**で紙幣を発行する，唯一の発券銀行・銀行の銀行・政府の銀行。

3 為替相場

①**貿　易**　自国通貨と外国通貨との交換が必要。

②**影　響**　円高→日本の輸出不利。円安→日本の輸出有利。

発券銀行（日本銀行券発行）
管理通貨制度のもとに発行

金融政策
公開市場操作（オープン・マーケット・オペレーション）

日本銀行（中央銀行）

銀行の銀行
預金の受け入れ
貸し付け
公債などの売買
— 一般の銀行

政府の銀行
預金の受け入れ
政府資金の取り扱い
— 政府

▲日本銀行の役割

Step 1 基本問題

解答▶別冊17ページ

1 図解チェック　図の空所に適語や数字を入れなさい。

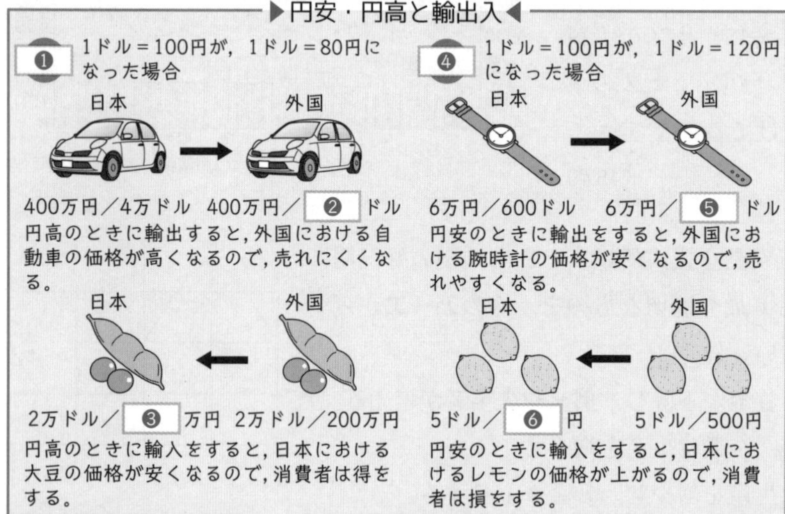

❶	❷
❸	❹
❺	❻

Guide

くわしく

■直接金融
個人や企業が金融機関を通さず，資金を直接集めること。株式会社が株式を発行して資金を集める場合など。

■間接金融
個人や企業が，金融機関を通して資金を集めること。

■金融政策
日本銀行が，景気や物価の安定を図るために行う政策。公開市場操作が金融政策の中心となっている。

■フィンテック
金融(Finance)とICTの技術(Technology)を足し合わせた造語で，スマートフォンを利用した支払い技術やブロックチェーンを活用した暗号通貨などの技術が開発されている。

2 ［日本銀行の役割］日本銀行について，各問いに答えなさい。

(1) 日本銀行が行うことがらについて適切に述べているものを，次の**ア**～**オ**からすべて選びなさい。［　　　　　］

ア　政府の資金の出し入れを行っている。

イ　一般の銀行に資金の貸し出しを行っている。

ウ　一般の人々の資金を事業の資金としている。

エ　千円札や一万円などの紙幣を発行している。

オ　企業や個人に資金の貸し出しを行っている。

(2) 次の文中の［ A ］，［ B ］にあてはまる語句を，あとの**ア**～**エ**からそれぞれ1つずつ選び，記号で答えなさい。

A［　　］　B［　　］

> 日本銀行は各銀行の資金量を変化させることで，景気に影響を与えようとする政策を行っている。その政策の一例として，［ A ］のときに，各銀行の保有する国債を［ B ］，各銀行の資金量を増やして，企業等が資金を借りやすくすることがあげられる。

ア　好景気　　**イ**　不景気　　**ウ**　売り　　**エ**　買い

〔和歌山・岐阜－改〕

3 ［為替相場］次の資料は，日本の輸出における為替相場の影響を示したものである。下の文中の［ A ］～［ C ］にあてはまるものを，あとのア～エからそれぞれ1つずつ選び，記号で答えなさい。　A［　　］　B［　　］　C［　　］

> 1台200万円の自動車をアメリカに輸出するとき，1ドル=100円から1ドル=80円になった場合，現地での［ A ］。逆に1ドル=100円から1ドル=125円になった場合，現地での［ B ］。このことから，一般的に［ C ］は，日本の輸出に好影響を与えることになる。

ア　価格が高くなるので，売れにくくなる

イ　価格が安くなるので，売れやすくなる

日本の輸出における為替相場の影響

1台200万円の自動車をアメリカに輸出すると		
1ドル＝80円	1ドル＝100円	1ドル＝125円
2万ドルより高い？安い？ ⇦	自動車の価格 2万ドル 	⇨ 2万ドルより高い？安い？

ウ　円高　　**エ**　円安

〔大分－改〕

くわしく　■公開市場操作
日本銀行が国債などを売買することで通貨量を調整する政策。景気の過熱時には，日本銀行がもつ国債などを売ることで市場の通貨量を減らし，不景気時には国債などを銀行から買い取ることで市場の通貨量を増やす。
■管理通貨制度
世界のほとんどの国で行われる貨幣発行制度。金の保有量と関係なく，経済事情に応じて，国が貨幣の発行量を調節する。

注意　貨幣（通貨）
日本銀行が発行する日本銀行券（紙幣）と，独立行政法人の造幣局が製造し，政府が発行する補助貨幣（硬貨）がある。

くわしく　日本銀行の役割
紙幣を発行できる唯一の銀行（発券銀行），一般銀行と取引を行う銀行（銀行の銀行），政府の資金を管理する銀行（政府の銀行）である。

注意　円高・円安
円高は1ドル=100円が1ドル=90円になるような，円の価値が上昇する状態。円安は1ドル=100円が1ドル=110円になるような，円の価値が下降する状態。

ひと休み　昔の貨幣発行の裏づけとなったのは金の保有量。人類がこれまでに掘り出した金の量は，約16万7千トン。

【　月　日】

Step 2 標準問題

時間 25分　合格点 70点　得点　　点

解答▶別冊18ページ

1 [日本銀行のはたらき] 日本銀行について，次の各問いに答えなさい。

(1) 次の文の(①)～(⑥)にあてはまる語句を，あとの**ア～ケ**からそれぞれ1つずつ選び，記号で答えなさい。また，下線部のような銀行を何というか，名称(めいしょう)を答えなさい。

> 日本銀行は，わが国の金融(きんゆう)の総元締(もとじ)めとして重要な役割を果たしている。そして，(①)を発行していることから「(②)銀行」，一般(いっぱん)銀行と資金のやり取りをすることから「(③)の銀行」，さらに(④)を預かったり，(④)を引き受けて資金を供給したりすることから「(⑤)の銀行」とも呼ばれる。
> また，景気調整のために，預金準備率操作や，国債(こくさい)などを一般銀行との間で売買する(⑥)を行う。

ア 政府　**イ** 銀行
ウ 発券　**エ** 硬貨(こうか)
オ 銀行券　**カ** 租税(そぜい)収入
キ 地方債(ちほうさい)　**ク** 公開市場操作
ケ 株価操作

重要 (2) 図のX・Yの時期の景気調整に関して，次の文中の①～⑥の(　)の**ア・イ**からそれぞれ適切なものを1つ選びなさい。また，この文の調整政策を含(ふく)む，日本銀行が行う調整政策をすべて合わせて何と呼ぶか，名称(めいしょう)を答えなさい。

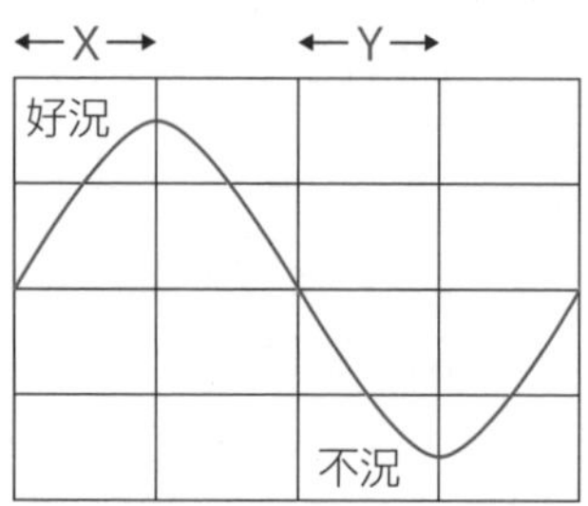

> Xの時期，景気が良すぎるせいで①(**ア** インフレーション **イ** デフレーション)がおこるおそれがあるため，日本銀行は保有する国債を②(**ア** 売り **イ** 買い)，家計や企業(きぎょう)への貸し出しが③(**ア** 増える **イ** 減る)ようにする。Yの時期は景気が悪いため④(**ア** インフレーション **イ** デフレーション)がおこるおそれがあるため，日本銀行は金融機関(銀行)が保有する国債を⑤(**ア** 売り **イ** 買い)，家計や企業への貸し出しが⑥(**ア** 増える **イ** 減る)ようにする。

1 (5点×14－70点)

(1)	①	
	②	
	③	
	④	
	⑤	
	⑥	
	名称	
(2)	①	
	②	
	③	
	④	
	⑤	
	⑥	
	名称	

ワンポイント

(2) 不況(ふきょう)時は，生産や消費が伸(の)び悩(なや)むので，日本銀行が，どのような対策をとればよいのかを考える。また，日本銀行が国債などを「売る」とすると，銀行などは，それを「買う」のでお金を支払(しはら)うことになる。

〔富山－改〕

2 [金融] 金融機関について，次の各問いに答えなさい。

(1) 資料Ⅰの**ア**～**エ**から，直接金融にあてはまるお金の流れを示すものを，2つ選び，記号で答えなさい。

資料Ⅰ　企業に関するおもなお金の流れ

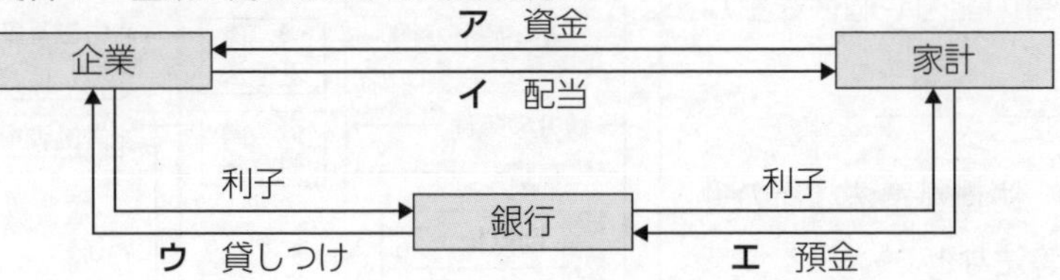

記述式

(2) 預金利子より貸付利子が高い理由を，資料Ⅱを参考にして説明しなさい。

資料Ⅱ　金融のしくみ

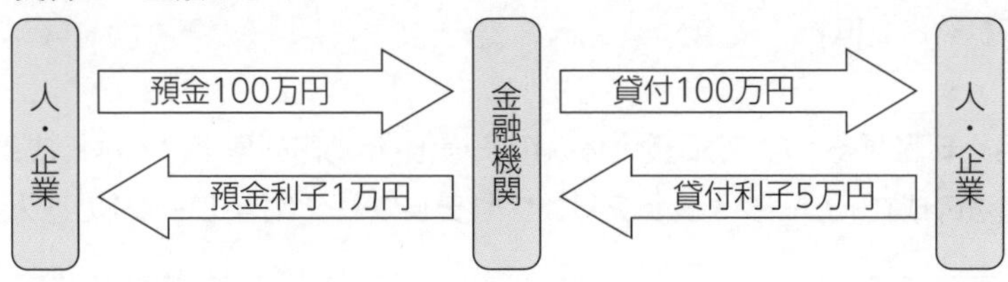

※預金利子，貸付利子は実際の利率と異なる。

〔秋田・沖縄〕

2（10点×2－20点）

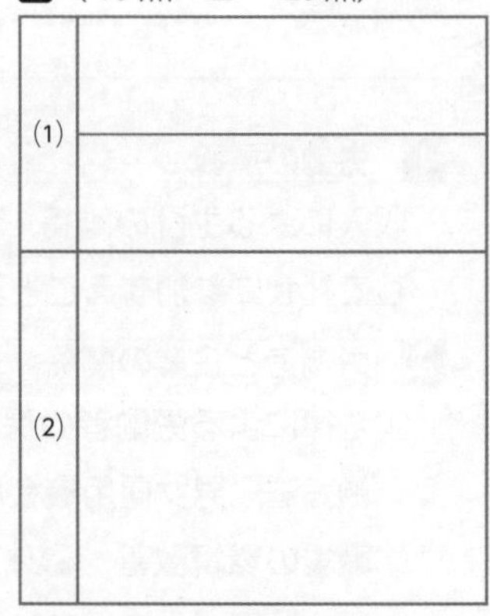

ワンポイント

(1) 直接金融とは，資金(＝お金)のやり取り(＝金融)を直接行う，と考えればよい。

重要

3 [為替相場] 為替相場に関する次の資料を見て，各問いに答えなさい。

(1) 資料の[A]にあてはまる数字を答えなさい。

(2) 資料の[B]，[C]にあてはまる語句の組み合わせとして正しいものを，次の**ア**～**エ**から1つ選び，記号で答えなさい。

ア　B－輸　入　C－下　落

イ　B－輸　出　C－上　昇

ウ　B－輸　入　C－上　昇

エ　B－輸　出　C－下　落

20XX年X月X日(X曜日)　●●新聞

1ドル＝100円→[A]円に

円安進行 国内に影響

ここ3か月あまりで15円の円安が進み、1ドルが、100円から[A]円となったことで、日常生活にもさまざまな影響が出始めている。

国内自動車メーカー各社は[B]が好調で利益が増加している。

また、国内の牛丼チェーン各社は、円安による輸入牛肉価格の[C]を理由に相次いで価格改定を発表した。

〔群馬〕

3（5点×2－10点）

(1)
(2)

ワンポイント

(1) 円安は，例えば1ドルが100円の状態から，1ドルが120円の状態になることをいう。

職業の意義と労働条件の改善

重要点をつかもう

1 労働の意義
収入による生計の維持，自身の能力や個性を生かして社会に参加すること。

2 労働者と企業の関係
①**法律による労働者の保護**　**労働基準法**などの労働三法，**男女雇用機会均等法**など。
②**職場の環境改善**　週休２日制の実施など労働時間の短縮，さまざまなハラスメントの発生防止。
③**労働と生活**　労働と生活の調和（**ワーク・ライフ・バランス**）が重視されるように。

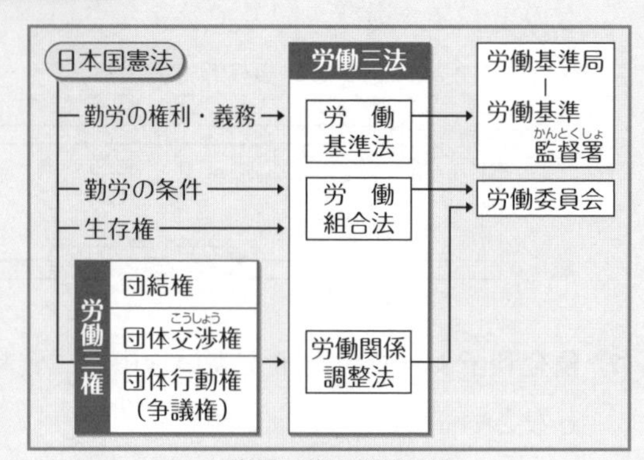

▲労働三権と労働三法

3 労働環境の変化
雇用制度の多様化（**終身雇用**→転職が多くなる），賃金体系の多様化（**年功序列型**だけでなく**成果主義**も導入），働き方改革関連法の成立，ワーク・シェアリングや**テレワーク**（在宅ワーク）の導入。

Step 1 基本問題

解答▶別冊18ページ

1 図解チェック　図の空所に適語を入れなさい。

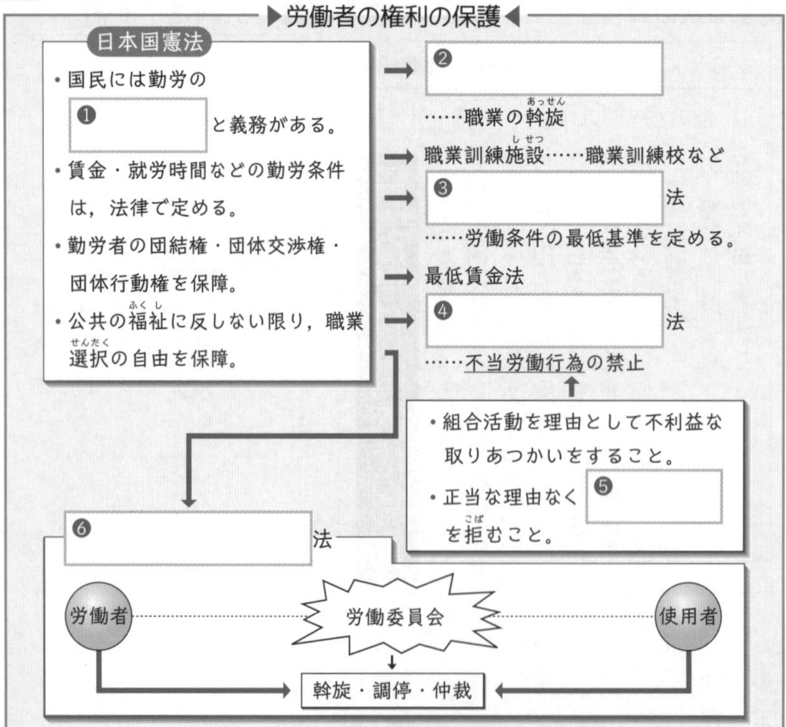

Guide

くわしく
■憲法の保障
すべて国民は，勤労の権利を有し，義務を負ふ。賃金，就業時間，休息その他の勤労条件に関する基準は，法律でこれを定める。（第27条）
■労働三権
労働者が労働組合を結成する団結権，労働組合が使用者と対等な立場で交渉する団体交渉権，団体交渉が決裂したとき，ストライキなどの争議行為を行うことができる団体行動権（争議権）の３つ。日本国憲法第28条で保障している。

2 ［労働法と労働者の権利］ 次の文を読んで，各問いに答えなさい。

企業を経営する使用者との関係では弱い立場にある労働者の人権を守るため，わが国では［ A ］が定められている。このうち労働基準法では，労働時間や休日，賃金などの労働条件の最低基準を定めている。また，労働組合法では，労働者が［ B ］を結成する権利，賃金や労働時間などの労働条件について使用者と交渉する権利などについて具体的に定めている。加えて，1980年代には［ C ］法が定められるなど，働く女性のための環境の整備も進められている。

(1) 文中の［ A ］～［ C ］に入る語句を答えなさい。

A［　　　　　　］ B［　　　　　　］
C［　　　　　　］

(2) ［ B ］を結成する権利は労働基本権（労働三権）のどれか，答えなさい。 ［　　　　　　］

〔富山－改〕

3 ［労働者の環境］ 次の各問いに答えなさい。

(1) 日本の労働環境について述べた文として適切なものを，次の**ア**～**エ**から2つ選び，記号で答えなさい。

［　　］［　　］

ア 労働基準法は，休憩時間を除く労働時間を1週間につき40時間以内にすることを定めている。

イ 男女共同参画社会基本法に続いて，女性が働きやすい環境を整備するために，男女雇用機会均等法が制定された。

ウ 2000年以降，15歳から19歳の若い世代の失業率は，全体の失業率よりも低い状態が続いている。

エ 仕事と家庭生活や地域生活が調和した，ワーク・ライフ・バランスをめざしていくことが大切であるといわれている。

記述式

(2) 資料は，2018年のおもな国の年間労働時間を示したものである。日本で，仕事と生活の調和をめざすために必要と考えられることを，資料をもとに答えなさい。

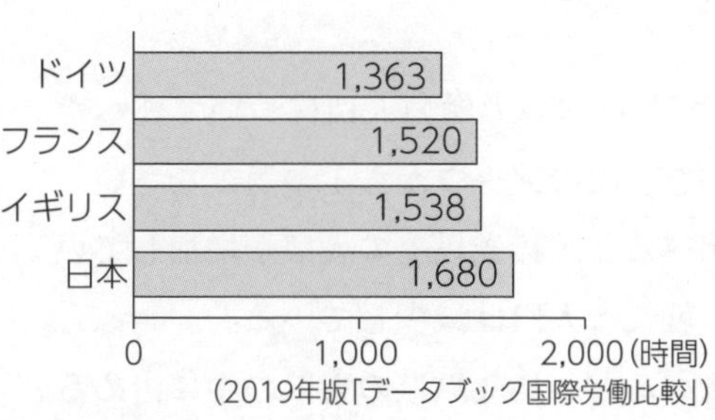

（2019年版「データブック国際労働比較」）

［　　　　　　　　　　　　　　　　］

〔愛知・三重－改〕

くわしく **労働三法**

団結権，団体交渉権，団体行動権（争議権）を認めた労働組合法，1日8時間労働や1週に1日の休日を与えることなど労働条件の最低基準を定めた労働基準法，労働争議の解決をめざす労働関係調整法の3つ。

ことば

■ハローワーク
職業安定法に基づき，無料で職業の紹介などを行う。公共職業安定所の別名。

■ワーキング・プア
働いているにもかかわらず，賃金が安く，通常の生活が困難な人。

■ワーク・シェアリング
1人あたりの労働時間を減らし，より多くの人で仕事を分け合うこと。

■ワーク・ライフ・バランス
仕事と生活の調和のこと。

■リストラ
企業が事業の再構築を行うことが本来の意味。そこから，解雇の意味に使用される。

■男女雇用機会均等法
1985年に成立した，女性労働者が男性と同等な待遇を得ることを目的とした法律。

雇用者数の推移

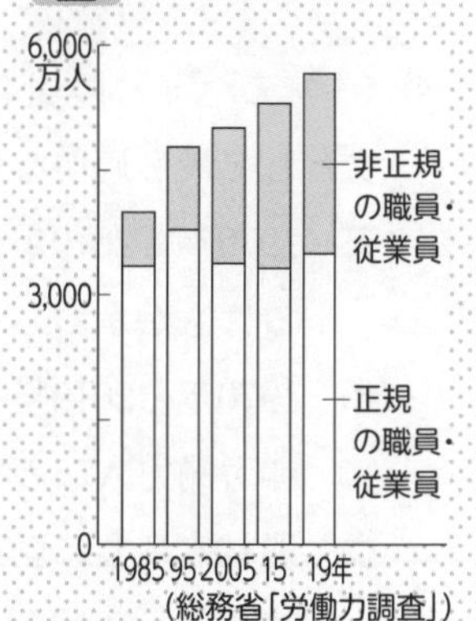

（総務省「労働力調査」）

Step 2 標準問題

時間 20分　合格点 70点　得点　　点

解答▶別冊19ページ

1 ［労働に関する法律］次の文と表は労働について記したものである。あとの各問いに答えなさい。

日本国憲法第27条は，「すべて国民は，（　①　）の権利を有し，義務を負ふ(う)。」と定めている。国民は，憲法で保障された職業選択(せんたく)の（　②　）の権利に基づいて，③就労可能となる15歳(さい)になれば，職業を選択し，就業することができる。国民の正しい職業観に基づいた職業選択が求められるとともに，④雇用(こよう)の分野において，あらゆる差別を解消し，本当の意味での職業選択の（　②　）を実現することが大切である。

(1) 文中の（　①　）・（　②　）にあてはまる最も適切な語句を漢字２字で答えなさい。なお，文中の２か所の（　②　）には同じ語句があてはまる。

〈Ⅰ〉労働力人口と非労働力人口（15歳以上人口）

項　目	1970年 (単位　万人)	2019年 (単位　万人)
就業者人口	5,094	6,724
完全失業者人口	59	162
非労働力人口	2,723	4,197
総　計	7,885	11,092

※総計には不詳(ふしょう)を含む。

(2) 下線部③の就労可能となる15歳という最低年齢(ねんれい)を定めた法律は，労働時間，男女同一賃金などについても定めている。この法律を何といいますか。

〈Ⅱ〉産業３部門別就業者数の割合

項　目	1970年 (単位　%)	2019年 (単位　%)
第一次産業	17.4	3.3
第二次産業	35.1	23.3
第三次産業	47.5	73.4
計	100.0	100.0

※計には分類不能も含むため100にならない。
（Ⅰ，Ⅱの表とも総務省「労働力調査」）

(3) 下線部④の雇用の分野において，一度その企業(きぎょう)に就職すれば定年まで雇用する制度を何といいますか。

(4) 〈Ⅰ〉と〈Ⅱ〉の表を見て，日本の労働力人口について述べた文として最も適切なものを，次の**ア**～**ウ**から１つ選びなさい。

ア　1970年と2019年を比べると，15歳以上の人口が増加しているにもかかわらず，就業者人口は減少している。

イ　1970年と2019年を比べると，15歳以上の人口の中に占(し)める非労働力人口の割合は，大きく低下している。

ウ　農林水産業に就業している人の数は，1970年と2019年を比べると，500万人以上減少している。〔愛知－改〕

1（10点×5－50点）

(1)	①
	②
(2)	
(3)	
(4)	

ワンポイント

(3) 長く勤めれば勤めるほど賃金が上がっていく制度とこの制度が，日本型雇用の特徴(とくちょう)であった。

重要 **2** ［憲法と労働］ 次の文を読んで，Ⅰ・Ⅱの各問いに答えなさい。

> 現代社会において，①労働者の労働条件を改善していくことは，社会全体の大きな課題である。これまでわが国では，多くの人々が企業中心の生活を送ってきた。ところが最近では，家族生活や地域社会での ②生活の大切さを見直す傾向にある。

Ⅰ 次のA，Bの文は下線部①の労働者の権利を保障した法律の一部である。(1)〜(3)の各問いに答えなさい。

A．この法律は，労働者がa団体行動を行うために自主的に労働組合を組織し，b団結することを擁護すること並びに使用者と労働者との関係を規制する労働協約を締結するためのc団体交渉をすること及びその手続きを助成することを目的とする。

B．この法律で定める労働条件の基準は｛**ア** 最高 **イ** 最低 **ウ** 平均 **エ** 標準｝のものであるから，労働関係の当事者は，この基準を理由として労働条件を低下させてはならない……。

(1) A，Bそれぞれの法律名を答えなさい。

(2) Aの文中の下線部a〜cの権利をまとめて何といいますか。

(3) Bの文中の｛ ｝の**ア**〜**エ**から正しい語句を選びなさい。

記述式 Ⅱ 下線部②について，内閣では，女性の活躍を進める政策に取り組んでいる。グラフは，わが国における仕事に就いている男性と女性の割合をそれぞれ年齢別に表したものである。仕事に就いている女性の割合が30歳代で減少しているのはなぜか，そのおもな理由として考えられることを，「結婚」，「育児」の２つの語句を用いて簡潔に説明しなさい。

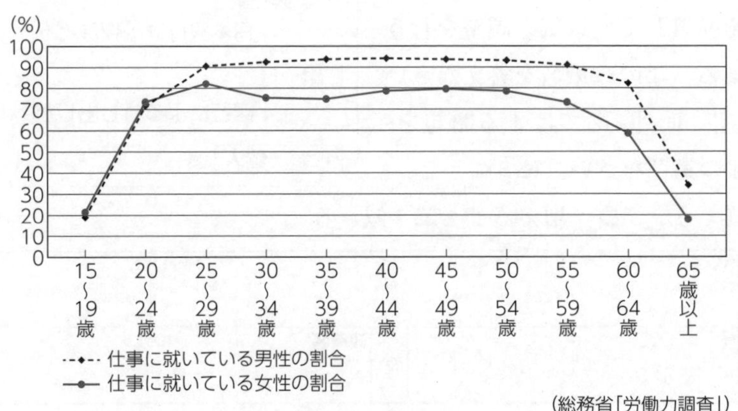

（総務省「労働力調査」）

2（10点×5－50点）

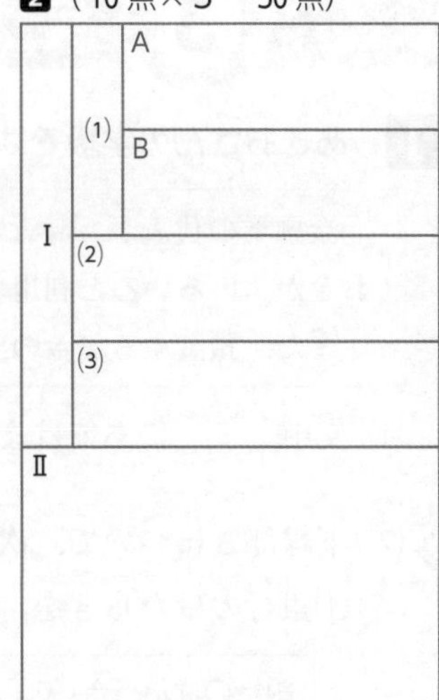

ワンポイント

Ⅱ．女性の30歳代での就業率の低下は，外国と比べると著しくなっている。男性の役割や，法整備などの問題も多いが，少しずつ低下の割合は少なくなってきている。

【　月　日】

Step 3 実力問題②

時間 25分　合格点 70点　得点

解答▶別冊19ページ

1 あきおさんの学級では，金融のしくみについて調べた。各問いに答えなさい。（45点）

> 金融業の代表が，身近な所にあるa銀行です。その銀行へ，わたしたちはお金を預けます。そのお金が，いろいろと利用されるのです。
> また，預金するお金のうちの，b紙幣を発行しているのは日本の［　　］であるc日本銀行です。

(1) 文中［　　］にあてはまる，金融制度の中心となっている銀行を何といいますか。（5点）

記述式 (2) 下線部aについて，次の各問いに答えなさい。

①銀行のはたらきを，次の図を参考にして説明しなさい。（5点）

銀行のはたらき（矢印がお金の流れ）
家計・企業 ⇄ 銀行 ⇄ 家計・企業

②企業が必要な資金を，銀行などを通して集めず，株式や債券を発行して集めることを何というか，答えなさい。（5点）

(3) 下線部bについて，わが国の紙幣は，国の政策のもとに，金の保有量と無関係に発行されている。このような通貨発行の制度を何というか，答えなさい。（5点）

(4) 下線部cについて，次の各問いに答えなさい。

①日本銀行の役割として誤っているものを，次の**ア**～**エ**から２つ選び，記号で答えなさい。（10点）

ア　企業や個人に資金を直接貸し付けることなどを通して，国内に通貨を流通させる。
イ　一般の銀行に資金を貸し出したり，一般の銀行からの預金を受け入れたりする。
ウ　税金などの政府の収入を預かったり，政府に代わって支払いを行ったりする。
エ　日本銀行券という紙幣だけでなく硬貨も発行し，通貨量を調整している。

重要 ②右の図は，景気が悪いときに日本銀行が行う金融政策のうち，国債などを売買して，景気の調整を行う政策を表したものである。この政策名を答えなさい。また，図中の［Ⅰ］，［Ⅱ］にあてはまる語句を，次の**ア**～**エ**から１つずつ選びなさい。（各5点）

日本銀行
↓日本銀行は国債などを［Ⅰ］
銀　行
↓銀行による貸し出しが［Ⅱ］
企業・個人

ア 売る　**イ** 買う　**ウ** 増える　**エ** 減る

(1)	(2)	①	②
(3)	(4)	①	② 政策名
Ⅰ	Ⅱ		

〔富山・愛知・三重－改〕

2 為替相場(為替レート)について述べた次の文中の□にあてはまる数字を答えなさい。なお，ここでは為替相場(為替レート)以外の影響を考えないものとする。 (10点)

為替相場(為替レート)は，世界経済の状況で日々変化している。例えば，1ドル＝100円のとき，日本国内での価格が50万円の機械をアメリカに輸出すると，アメリカでの価格は5000ドルになる。その後，円安が進行して1ドル＝125円になった場合，同じ機械のアメリカでの価格は□ドルとなり，以前よりも安くなるので，売り上げが伸びることが期待される。このように，円安は輸出には有利になると考えられる。

〔千葉－改〕

3 労働問題について，次の文を読んで，各問いに答えなさい。(45点)

人は労働することで所得を得て，より良い生活をめざす。しかし，生産設備をもつ資本家に対して労働者は弱い立場にあるので，さまざまなa法律によって，b権利を保護されている。今日，グローバル化やさまざまな面から，c年功序列の賃金制度に代わる成果主義の賃金制度や，さまざまなd労働形態がある。

記述式

(1) 下線部aについて，右の求人広告のうち，現在の労働基準法に違反しているものを，下線部ア～ウから1つ選び，記号で答えなさい。また，違反している理由を答えなさい。 (記号5点，理由10点)

〇〇工場「新入社員」募集
資格　高校卒業以上
給与　固定給，ア男子18万円，女子17万円
時間　9：00～16：30で，休憩を除いたイ実働時間は，6時間40分(1日あたり)
休日　ウ週1日，夏季・年末年始，有給ほか

重要

(2) 下線部bについて，右の表の(A)～(C)にあてはまるものを，次のア～ウからそれぞれ1つ選び，記号で答えなさい。(各5点)

	団結権	団体交渉権	団体行動権
具体的内容	（Ａ）	（Ｂ）	（Ｃ）

ア　労働者が賃金などについて使用者と話し合うことができる。
イ　労働者が労働条件の改善を求めてストライキを行うことができる。
ウ　労働者が使用者と交渉するために組織をつくることができる。

記述式

(3) 下線部cのしくみを，簡潔に答えなさい。(10点)

(4) 下線部dについて，情報通信技術(ＩＣＴ)を活用した，自宅や移動時間中など，会社ではないさまざまな場所で働くしくみ(取り組み)を何というか，答えなさい。(5点)

(1)	記号	理由	(2)	A
B	C	(3)		
(4)				

〔福島・北海道－改〕

15 租税と財政のはたらき

重要点をつかもう

1 国民生活と財政

①**財　政**　国や地方公共団体などの経済活動，歳入(収入)と歳出(支出)からなる。

②**財政政策**　不景気のときには公共投資，減税を行い，通貨の量を増加させる。

2 租税のしくみ

租税は国税と地方税，直接税と間接税に分けられる。所得税など，課税対象の金額が多くなるほど税率が高くなるものもある(**累進課税**)。

		直接税	間接税
国税		所得税・法人税・相続税など	消費税・酒税・たばこ税・関税など
地方税	(都)道府県税	(都)道府県民税 事業税 自動車税など	(都)道府県たばこ税 ゴルフ場利用税 地方消費税など
	市(区)町村税	市(区)町村民税 固定資産税など	市(区)町村たばこ税など

▲租税の種類

3 生活環境の整備

共同で利用する社会施設の充実(**社会資本**)→鉄道・道路・空港・上下水道・公園・学校など。

民間企業だけでは十分に供給されない**公共サービス**の供給→教育・医療・防衛・**社会保障**など。

Step 1 基本問題

解答▶別冊19ページ

1 図解チェック　図の空所に適語を入れなさい。

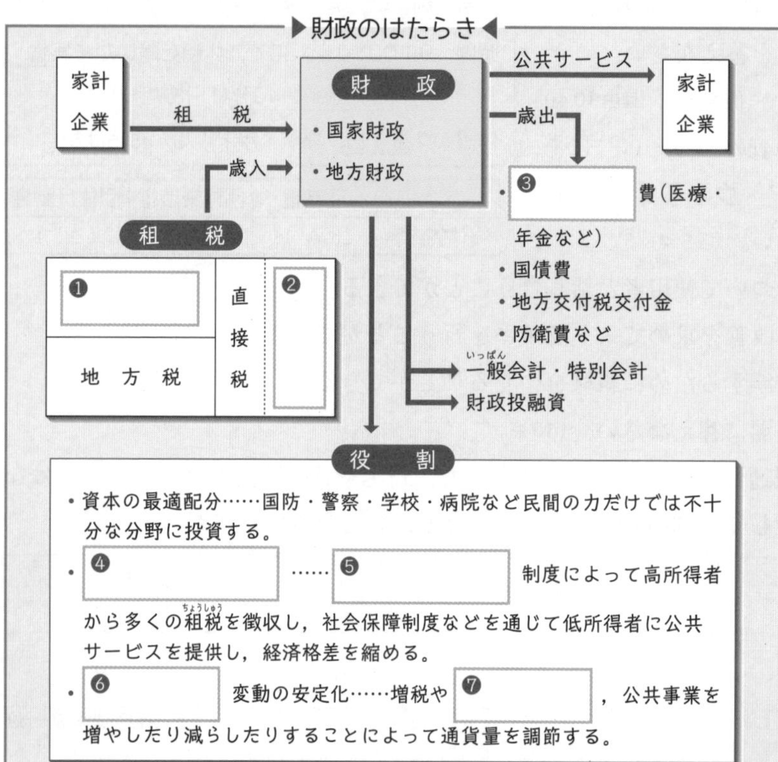

Guide

くわしく

■財政政策

税金の増減と公共事業の仕事の増減で，経済活動を活発にしたり，引き締めたりする。好景気のときは増税や公共事業の縮小で景気の過熱を避け，不景気のときは減税や公共事業の拡大で景気を刺激する。

■国　債

国の借入金。歳入不足を補うための赤字国債，公共事業費などのための建設国債に分けられる。近年，赤字国債を大量に発行しており，国の借金は大きくなっている。地方公共団体が発行する地方債と合わせて公債ともいう。

2 ［財政政策］ 次の資料を見て，各問いに答えなさい。

> 先　生：景気が悪いときは企業の生産活動がふるわず，雇用状況も悪くなります。政府は，家計や企業の経済活動を活発にしようとします。例えば，［ A ］税したり，公共事業を［ B ］たりして，経済活動が活発になるようにしてきました。
>
> 生　徒：景気対策のためのお金を，国はどのようにして確保してきたのですか。
>
> 先　生：国の場合，国民などからお金を借り入れるために，［ C ］を発行するなどの方法をとってきました。

(1) 資料中の［ A ］，［ B ］にあてはまる語句の組み合わせとして最も適切なものを，次の**ア**～**エ**から１つ選び，記号で答えなさい。　［　　　］

ア　A－増　B－増やし　　**イ**　A－増　B－減らし

ウ　A－減　B－減らし　　**エ**　A－減　B－増やし

(2) ［ C ］にあてはまる語句を答えなさい。　［　　　　　　　］

〔神奈川－改〕

3 ［国の歳入・歳出］ あとの各問いに答えなさい。

国税の内訳（2019年度，当初予算）

総額 66.4 兆円
A税 57.6%：a 30.0%，法人税 19.4，b 3.4，その他 4.8
間接税等 42.4：消費税 29.2，c 3.5，d 1.9，その他 7.8

国の歳出予算の内訳
（2019年度，一般会計，当初予算）

歳出項目	金額（億円）	%
社会保障関係費	341,306	33.6
文教及び科学振興費	55,884	5.5
国債費	235,082	23.2
恩給関係費	2,097	0.2
地方交付税交付金	155,510	15.3
防衛関係費	52,574	5.2
公共事業関係費	69,099	6.8
経済協力費	5,021	0.5
その他	97,998	9.7
合計	1,014,571	100.0

（2020/21年版「日本国勢図会」）

(1) グラフのAにあてはまる語句を答えなさい。　［　　　］

(2) グラフのa～dは，酒税・相続税・所得税・揮発油税のいずれかを示している。aとbはそれぞれ何か，答えなさい。

a［　　　　　　］　b［　　　　　　］

(3) 次の文に述べたことがらにあてはまる歳出項目を，上の表の中から選んで答えなさい。　［　　　　　　］

> 国が財政上の必要から借り入れた資金の元金を返したり，利子を支払ったりするための経費である。

ことば

■直接税
税を負担する者（担税者）と税を納める者（納税者）が同じ税。所得税・法人税・相続税など。

■間接税
税を負担する者（担税者）と税を納める者（納税者）が異なる税。消費税・関税など。

■所得税
個人の所得にかかる税金。

■法人税
企業の所得にかかる税金。

■相続税
遺産相続時にかかる税金。

■消費税
国内での商品やサービスの売り上げにかかる税金。消費者が税金を負担する。

■財政投融資
政府が特別な債券を発行して市場から集めた資金を，政府関係の機関などに投資や融資を行うこと。

注意　公債金と国債費
国債を発行して借りたお金を公債金，その返済や利子を支払うための費用が国債費。

国債残高

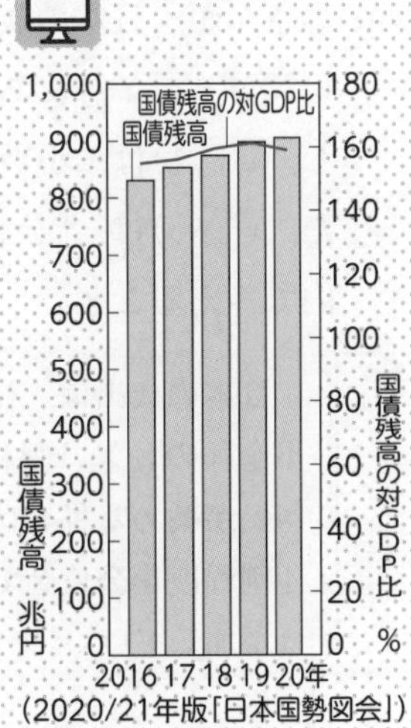

（2020/21年版「日本国勢図会」）

【　月　日】

Step 2 標準問題

時間 25分　合格点 70点　得点 点

解答▶別冊20ページ

1 ［財　政］春さんは，日本の歳出(さいしゅつ)と歳入について調べた。各問いに答えなさい。

(1) 政府が税金などで収入を得て，国民生活と福祉(ふくし)の向上のために必要な支出を行う経済活動を何というか，漢字２字で答えなさい。

2020年度一般会計予算

歳出(兆円)		歳入(兆円)	
社会保障	35.9	ア　所得税	19.5
地方交付税交付金	15.6	イ　法人税	12.1
公共事業	6.9	ウ　消費税	21.7
文教	5.5	その他の租税収入	10.2
防衛	5.3	エ　公債金	32.6
国債費	23.4	その他収入	6.6
その他	10.1		
合計	102.7	合計	102.7

(財務省資料)

重要 (2) 上の資料中の**ア**～**エ**から，直接税にあたるものを，すべて選び，記号で答えなさい。

(3) 日本の歳入のうちの，個人の所得に対して課税される所得税と財やサービスなどの商品を購入(こうにゅう)した際に課税される消費税の特(とく)徴(ちょう)を表す図として適切なものを，次の**ア**～**エ**から１つずつ選び，記号で答えなさい。

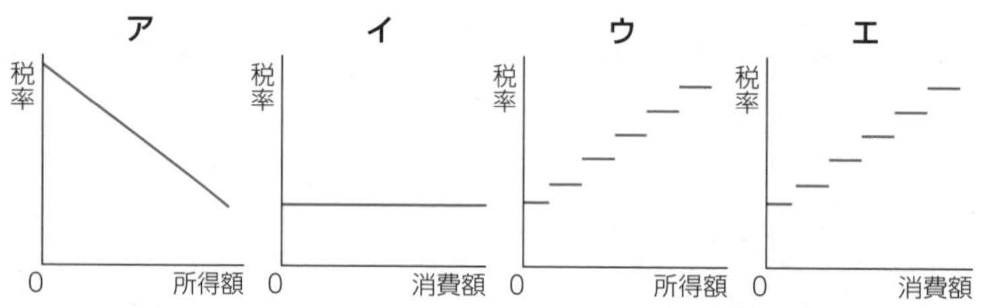

記述式 (4) 春さんが，日本の歳出と歳入についてまとめた下のレポートの（ X ）・（ Y ）にあてはまる語句をそれぞれ答えなさい。ただし，（ X ）は，小数第１位を四捨五入して整数で表すこと。また，（ Y ）は，「公債金(こうさいきん)」と「国債費(こくさいひ)」の２語を用いて15字以内で答えること。

> 日本の歳出は，社会保障と地方交付税交付金，国債費で，歳出全体の（ X ）割程度を占(し)めている。一方，歳入面を見ると，国民が納める税金は，必要な予算の５割程度である。そのため，４割程度を公債金でまかなっている。（ Y ）ので，日本の借金は増加していく。

〔長野－改〕

1（10点×6－60点）

(1)	
(2)	
(3)	所得税
	消費税
(4)	X
	Y

ワンポイント

(2) 租税(そぜい)は**直接税**と**間接税**に分けられる。**ア**～**エ**のうち直接税は２つある。

(3) 所得税は，**累進課税制度**(るいしん)であり，消費税はだれにとっても同じ税率である。

(4) Y．**公債金**は国の借金であり，期限がきたら，返済(へんさい)しなければならない。**国債費**はその借金の返済費用である。

2 ［政府と財政］ 次の各問いに答えなさい。

(1) 政府の活動について，次の各問いに答えなさい。

①国などは，道路や港湾など大勢の人々に役立つ公共施設を整備する。このような，国民の生活や，産業の基盤となる公共施設を何というか，答えなさい。

重要 ②不況のときに政府が行う財政政策について述べた次の文中の［ A ］，［ B ］にあてはまる語句を，あとのア～エからそれぞれ1つ選び，記号で答えなさい。

> 政府は［ A ］を行い，公共事業への支出を［ B ］，消費や生産を活発にする。

ア 増税　**イ** 減税　**ウ** 増やし　**エ** 減らし

(2) 次のP・Qの文は，資料から読み取れる内容についてまとめたものである。それぞれの正誤を判定し，あとの**ア**～**エ**から適しているものを1つ選び，記号で答えなさい。

P　1970年代から1980年代にかけて，直接税と間接税等とを合わせた収入額は，一貫して増加しており，1990年代前半に最も多くなっている。

Q　1990年代以降において，直接税と間接税等とを合わせた収入額中に占める間接税等の割合が40%を超えている年度がある。

ア　P・Qともに正しい。
イ　Pは正しいが，Qは誤っている。
ウ　Pは誤っているが，Qは正しい。
エ　P・Qともに誤っている。

資料　国税における直接税および間接税等の収入額の推移

(兆円) 0 10 20 30 40 50 60 70

1970 75 80 85 90 95 2000 05 10 15 19(年度)

□間接税等　■直接税

※間接税等の収入額については，国税総額から直接税の収入額を差し引いたものである。
(財務省資料)

〔福島・大阪－改〕

2（10点×4－40点）

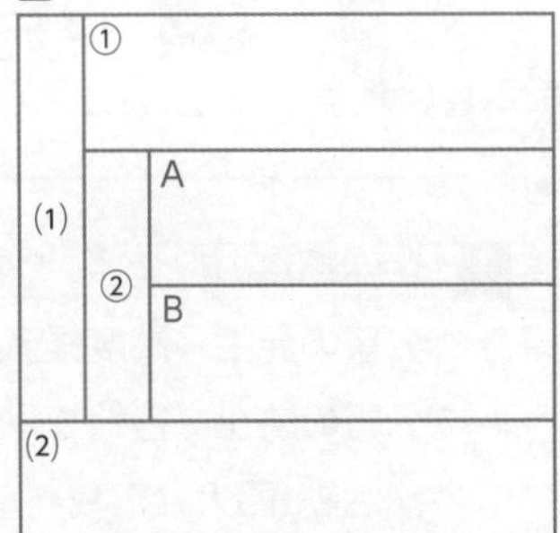

ワンポイント

(1)②「消費や生産を活発にする」ためには，増税，減税，道路などの公共施設を整備する公共事業への支出の増減をどうすればよいかを考える。

16 環境の保全

重要点をつかもう

1 生活環境の保全

①**公害の発生**　高度経済成長期以後，深刻(しんこく)に。

②**公害の防止**　各地で住民運動。被害者(ひがいしゃ)による訴訟(そしょう)活動（四大公害裁判）。

③**政府の対応**　**公害対策基本法**の制定（1967年）→**環境庁の設置**（1971年。2001年に**環境省**に昇格）→**環境基本法**の制定（1993年）

2 循環型社会の形成

生産物の再利用を徹底(てってい)，廃棄物(はいきぶつ)を出さない社会。

①**循環(じゅんかん)型社会形成推進基本法**の制定（2000年）

②3R　リデュース，リユース，リサイクル。

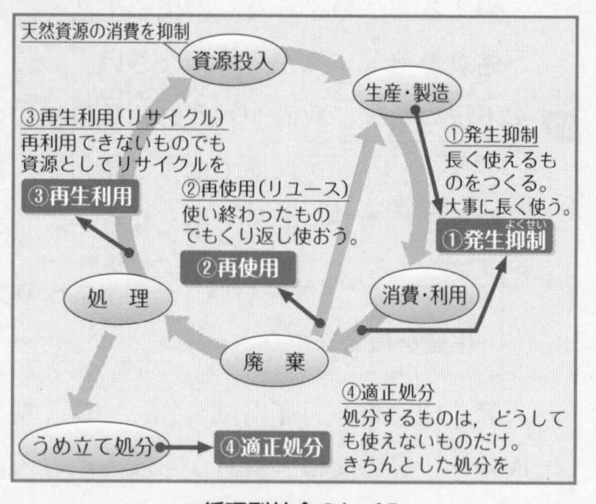

▲循環型社会のしくみ

Step 1 基本問題

解答▶別冊20ページ

1 図解チェック　図の空所に適語を入れなさい。

▶環境問題◀

環境問題

公害病の発生

1. ❶［　　　　］……熊本県水俣湾(みなまたわん)周辺
2. 新潟水俣病……新潟県阿賀野(あがの)川流域
3. ❷［　　　　］……富山県神通(じんづう)川流域
4. 四日市(よっかいち)ぜんそく……三重県四日市市周辺

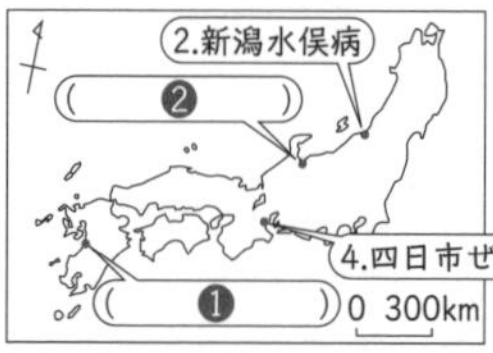

（地図：2.新潟水俣病／（❷）／4.四日市ぜんそく／（❶）／0　300km）

→公害対策基本法の制定（1967年）
→❸［　　　　］庁の設置（1971年）
→❹［　　　　］の制定（1993年）
→環境影響(えいきょう)評価法の制定（1997年）
↓
❺［　　　　］…大規模な開発の前に事前に開発の影響を評価する

↓環境保全→生産活動による公害は減少

新たな環境問題

- 騒音(そうおん)・排気(はいき)ガス・ごみなど→都市・生活型公害
- 廃棄(はいき)物処理施設(しせつ)から排出される❻［　　　　］（塩素を含む物質・ごみの不完全燃焼）
- 環境基本法…公害の被害防止，環境保全のために制定された法律
- ❼［　　　　］…廃棄物対策とリサイクルを総合的，計画的に推進する目的で制定された法律

Guide

注意　環境の問題
経済の高度成長は，国民生活の向上をもたらしたが，一方で，多くの公害を生み出した。地球の温暖化，酸性雨，フロンガスによるオゾン層の破壊(はかい)などは日本だけでなく，地球規模の環境問題として深刻化している。

くわしく
■水俣病
熊本県の水俣湾周辺でおこった有機水銀中毒。工場から流れ出た有機水銀が魚や貝にたまって，その魚や貝を食べた人や動物が水俣病になった。
■イタイイタイ病
富山県の神通川流域でおこった公害病。骨がもろくなり，折れやすくなる病気。鉱山から流れ出たカドミウムが原因とされる。

2 ［循環型社会］次の会話文を読んで，各問いに答えなさい。

> とおる：国は公害・環境問題の新たな展開に対応するため，環境基本法を1993年に制定して，その後は各地でいろいろな取り組みが行われているね。プラスチックと紙のごみを分別することなどにより，廃棄物をほかの製品や原材料に再生する［ a ］を進めているのは，そのよい例だね。
>
> ゆみこ：そうね。地球［ b ］化の防止も大切だと思うわ。そのためにわたしの家では，夏の冷房の設定温度を28℃にしているのよ。
>
> とおる：ぼくの家では，電気モーターとガソリンエンジンを組み合わせたハイブリッドカーを，もうすぐ購入する予定だよ。ハイブリッドカーは従来の車と比較して［ c ］という特徴があるから，地球［ b ］化の防止に貢献できるはずさ。

(1) ［ a ］にあてはまる語句を答えなさい。［　　　　　　］

(2) ［ b ］にあてはまる語句を答えなさい。［　　　　　　］

記述式 (3) ［ c ］にあてはまる文を，「二酸化炭素」の語句を用いて，簡潔に答えなさい。

［　　　　　　　　　　　　　　　　　　］〔岐阜－改〕

3 ［公　害］次の各問いに答えなさい。

(1) 右の地図中のA，B，Cの3地域に発生した共通の社会問題は何か。次の**ア**～**ウ**から1つ選び，記号で答えなさい。［　　］

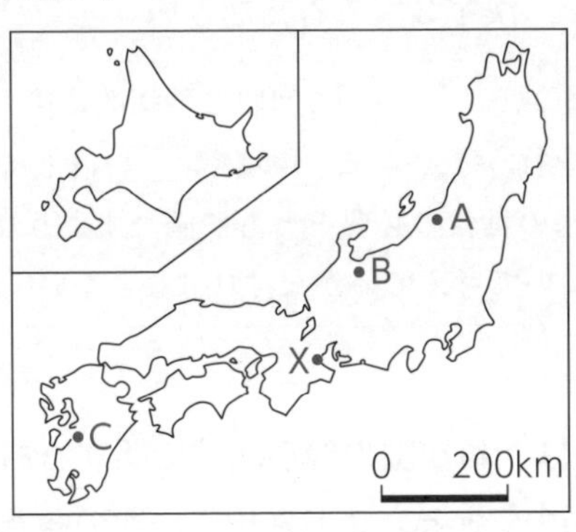

ア　地下からの工業用水のくみ上げによって，地盤が沈下し，浸水などの被害が生じた。

イ　鉱業所や工場の廃液により，河川や海水が汚濁され，健康をそこねる人々が出た。

ウ　工場などのばい煙や排出ガスにより，大気が汚染され，人々の健康がそこなわれた。

(2) 右の地図中のXの都市で発生した，四大公害病の1つの病名を答えなさい。［　　　　　　］

(3) 公害を防止するために1967年に制定された法律を何といいますか。［　　　　　　］

くわしく **環境基本法**
公害対策基本法のねらいは，公害対策と経済発展の調和であった。やがて近年の環境問題に対処できなくなり，1993年に環境基本法が制定された。環境行政の基本となる法律。

ことば **環境アセスメント**
都市の開発や大規模な開発を必要とするとき，その開発が自然環境に与える影響を事前に調査すること。

くわしく **■循環型社会**
ごみを減らし，有限である資源を有効に利用するとともに再生産を行って，持続可能な形で，資源を循環させながら利用していく社会のこと。

■公害防止対策
公害によって，被害者が出た場合，救済の費用は公害を出した企業が負担する原則を徹底している（汚染者負担の原則）。

ことば **■汚染者負担の原則（PPP）**
公害を発生させた者が，損害賠償や，公害を防止する費用を負担する原則。

■典型7公害
環境基本法で定義されているものを指す。①大気汚染，②騒音，③悪臭，④水質汚濁，⑤振動，⑥土壌汚染，⑦地盤沈下。

【　　月　　日】

Step 2 標準問題

時間 20分	合格点 70点	得点 　点

解答▶別冊20ページ

重要 **1** [境環と公害] 次の各問いに答えなさい。

(1) 1950年代後半から70年代にかけて日本全体の経済活動が毎年大きくのびる中で，各地で公害の問題が深刻化した。この時期の経済全体の急速な拡大を何といいますか。

(2) 次の表は，四大公害についてまとめたものである。(①)にあてはまる公害病の名称を答えなさい。また，(②)にあてはまる語句を，あとの**ア**～**エ**の公害の種類から１つ選び，記号で答えなさい。

	新潟水俣病	四日市ぜんそく	イタイイタイ病	(①)
被害地域	新潟県阿賀野川流域	三重県四日市市	富山県神通川流域	熊本県水俣湾周辺
原因	水質汚濁	(②)	水質汚濁	水質汚濁

ア　水質汚濁　　**イ**　土壌汚染
ウ　大気汚染　　**エ**　騒音

(3) 環境問題に対する取り組みについて述べた次の文の□に共通して入る適切な語句を，漢字２字で答えなさい。

> わたしたちは，ごみを減らし□の回収に積極的に協力するなど身近な取り組みを行うとともに，環境や□を保全し，現在のわたしたちと将来の世代の必要をともに満たすような持続可能な開発・発展について考えていかなければならない。

〔兵庫－改〕

1 (10点×4－40点)

(1)	
(2) ①	
(2) ②	
(3)	

ワンポイント
(2) 新潟水俣病と(①)は，工場廃水に含まれていたメチル水銀が原因，イタイイタイ病は，鉱山からの廃水に含まれていたカドミウムが原因，四日市ぜんそくは亜硫酸ガスが原因であった。

2 [環境保全] 次の略年表は，わが国の環境問題に関するおもな法律についてまとめたものである。これを見て，次の各問いに答えなさい。

年代	できごと	年代	できごと
1967	<u>公害対策基本法の制定</u>	1997	環境影響評価法の制定
1972	自然環境保全法の制定	2000	(Y)の制定
1993	(X)の制定		

(1) 年表中の下線部の公害対策基本法は，公害が深刻な問題となる中で制定された。1960年代に裁判がおこされた，一般に四大公害と呼ばれているものは，水俣病と四日市ぜんそく，新潟水俣病とあと１つは何ですか。

2 (10点×3－30点)

(1)	
(2)	
(3)	

(2) 年表中の(　X　)には，政府や企業などの環境保全への責任を明らかにするとともに，新しい環境問題に対処するために，公害対策基本法を発展させて制定された法律名が入る。(　X　)にあてはまる法律は何ですか。

(3) 年表中の(　Y　)には，「大量生産・大量消費・大量廃棄」型の経済社会から，生産から流通，消費，廃棄に至るまで物流の効率的な利用やリサイクルを進めることにより，資源の消費が抑制され，環境への負荷が少ない社会を形成することを目的に制定された法律名が入る。(　Y　)にあてはまる法律は何ですか。

3 **[循環型社会の実現]** 次の各問いに答えなさい。

記述式 (1) 図は循環型社会のしくみを表したものである。図中の➡は，資源やものの流れを示している。循環型社会を実現することによって，天然資源の消費量を抑えることができると考えられる。図から読み取れる，天然資源の消費量を抑えるための，廃棄物の処理の方法を，簡潔に答えなさい。

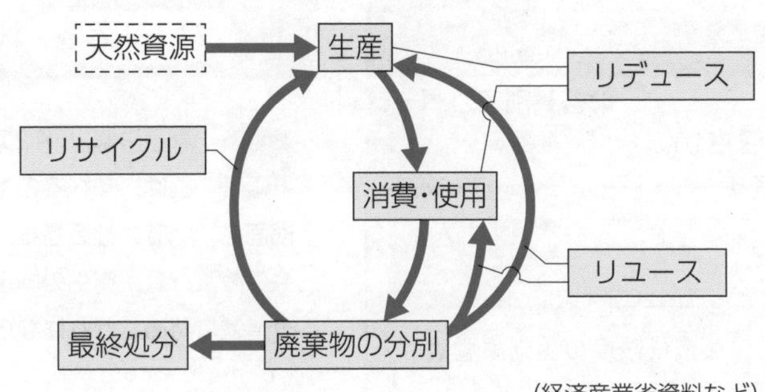

(経済産業省資料など)

(2) リサイクルの具体例を，次の**ア**～**エ**から1つ選び，記号で答えなさい。

ア　牛乳ビンを回収し，洗浄・殺菌するなどして，くり返し利用する。

イ　買い物の際にマイバッグを持参してレジ袋の使用を控える。

ウ　ペットボトルを回収して，資源として再利用する。

エ　故障した時計を修理して，買い替えずに使用し続ける。

記述式 (3) 2000年に制定された環境に関する法律に明記された，モノの生産から処分にいたるまでの循環型社会をめざした行動として，リユースやリサイクルの前に実施すべきリデュースとはどのような行動か，簡潔に答えなさい。　〔静岡・栃木・福井－改〕

3 (10点×3－30点)

(1)
(2)
(3)

ワンポイント

(1) 廃棄物の分別からのびている4本の矢印を見て考える。

(2) リサイクルの日本語訳は「再生利用」である。

(3) リユースやリサイクルの前の段階であるので，ゴミ(廃棄物)の発生する前である。

社会保障の充実

重要点をつかもう

1 日本の社会保障

①**生存権**　社会権の1つ。憲法第25条「すべて国民は，健康で文化的な最低限度の生活を営む権利を有する。」

②**社会保障制度**　社会保険（医療，雇用，介護，年金など），公的扶助（生活保護），社会福祉（社会的弱者の救済），公衆衛生（感染症の予防や地域の衛生改善）

2 社会福祉の向上

①**福祉社会**　高齢者・障がい者への対応→バリアフリー化，介護保険制度の導入（2000年）

②**少子高齢社会**　財源の確保が課題。

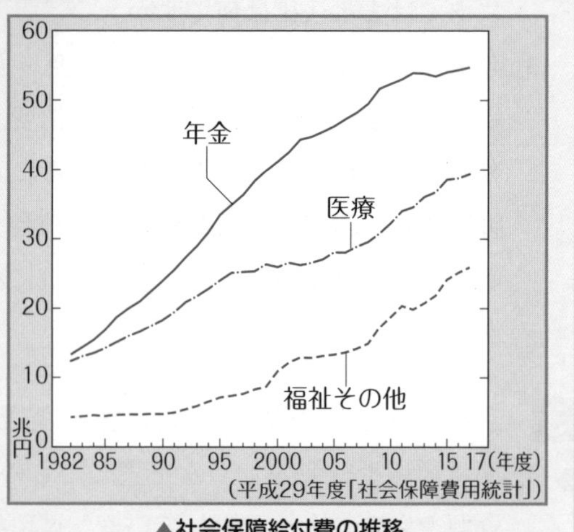

▲社会保障給付費の推移

Step 1 基本問題

解答▶別冊21ページ

1 図解チェック 図の空所に適語を入れなさい。

▶日本の社会保障◀

❶（　　　）権 ＝憲法第25条

「すべて国民は，❷（　　　）な最低限度の生活を営む権利を有する。」

↓

社会保障制度

- ❸（　　　）：医療保険・年金保険・雇用保険など
- ❺（　　　）：生活保護・教育扶助・医療扶助など
- ❹（　　　）：老人福祉・児童福祉・障がい者福祉など
- ❻（　　　）：保健所などを設置して感染症などを予防

今後の課題

2060年には，人口の約40％が65歳以上の高齢者になると予想されている。

Guide

くわしく

■憲法第25条２項

国は，すべての生活部面について，社会福祉，社会保障及び公衆衛生の向上及び増進に努めなければならない。

■社会保険

加入者・事業主・国が掛け金を積み立て，必要が生じた場合に給付金を受け取る制度。医療保険にはサラリーマンなどが加入する健康保険，自営業者などが加入する国民健康保険があり，年金保険には，20歳以上の全国民が加入する国民年金，民間企業のサラリーマンなどが加入する厚生年金などがある。

2 ［社会保障制度］次の文を読んで，各問いに答えなさい。

わが国の［ a ］制度は，X日本国憲法の規定に基づいて整備され，社会保険，公的扶助，社会福祉，公衆衛生（保健所サービスなど）の4つを基本的な柱としている。労働者の生活を保障するための制度として出発した［ a ］制度であるが，このように，今では，福祉社会をおし進めるための重要な制度となっている。わが国は，［ b ］の低下と平均［ c ］の伸びによって［ d ］に突入しているので，［ a ］のあり方を考えていかなければならない。

(1) ［ a ］～［ d ］にあてはまる語句を答えなさい。

a [　　　　] b [　　　　]
c [　　　　] d [　　　　]

(2) 下線部Xについて，第何条かを答えなさい。

[　　　　]

3 ［人口ピラミッド］資料1，資料2の人口ピラミッドから読み取ることができることとして適当なものを，次のア～エからすべて選び，記号で答えなさい。 [　　　　]

ア 1970年と比較すると2015年は，15歳以上65歳未満の労働力人口は減少している。

イ 1970年と比較すると2015年は，0歳から15歳未満の年少人口は減少している。

ウ 2025年には1970年よりも，65歳以上の高齢者人口は減少していることが考えられる。

エ 2025年には2015年よりも，15歳以上65歳未満の労働力人口は減少していることが考えられる。

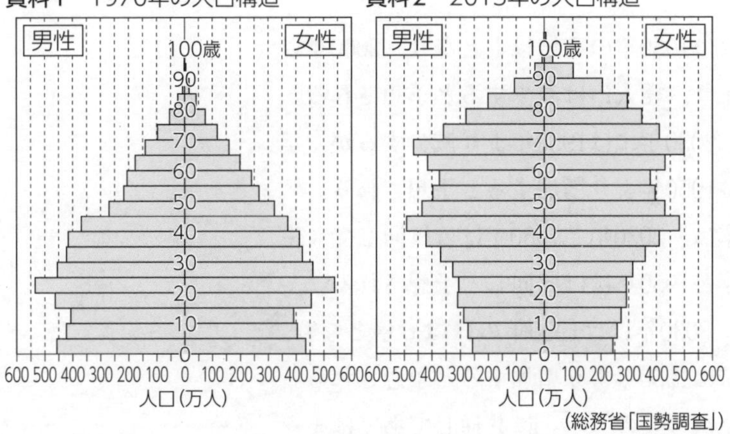

（総務省「国勢調査」）

〔長野－改〕

くわしく

■介護保険制度
社会保険の1つで，40歳以上の人が納めた保険料と国などの資金をもとに，介護を必要とする人に介護サービスを提供する制度。

■労災保険
社会保険の1つで，事業主が納めた保険料が財源となり，労働者の勤務中の事故による治療費などを支給する制度。

■公的扶助
収入が少なく，最低限度の生活も営めない人に，生活費などを給付する制度。生活保護法に基づき，生活扶助が中心。

■社会福祉
障がい者，高齢者，児童などのために，福祉施設の設置や福祉サービスを行う制度。

■国民皆保険・国民皆年金
日本国民がすべて，いずれかの医療保険，年金に加入すること。1961年に実現。

ひと休み
日本は，イギリスの「ゆりかごから墓場まで」といわれる社会保障制度をモデルとした。

データ 65歳以上の人口の割合

（2020/21年版「日本国勢図会」など）

【　　月　　日】

Step 2 標準問題

時間 20分　合格点 70点　得点　　点

解答▶別冊21ページ

1 ［社会福祉（ふくし）］ 下の図は，和子さんが日本の国民生活と福祉についてノートにまとめたものの一部である。これを見て，各問いに答えなさい。

和子さんのノートの一部

日本の国民生活と福祉について	2　日本の②社会保障制度
1　①将来の日本は，さらに高齢（こうれい）化が進む 人口の年齢による区分 ・老年人口とはA歳以上の人口をいう ・生産年齢人口とは15～64歳の人口をいう ・年少人口とは0～14歳の人口をいう	(1)社会保険…健康保険，国民年金など (2)社会福祉…老人福祉，児童福祉など (3)公的扶助（ふじょ）…生活保護 (4)　B　…感染症（かんせんしょう）予防など

(1) 上のA，Bに入る語句または数字を答えなさい。

(2) 下線部①について，下の表とグラフから読み取ったことがらとして正しいものを，次の**ア**～**エ**から1つ選びなさい。

表　日本の総人口の推移・推計

年	総人口(千人)	年	総人口(千人)
1950	83,200	1995	125,570
1955	89,276	2000	126,926
1960	93,419	2005	127,768
1965	98,275	2010	128,057
1970	103,720	2015	127,095
1975	111,940	2020	125,325
1980	117,060	2025	122,544
1985	121,049	2030	119,125
1990	123,611		

グラフ　年齢別人口の比率の推移・推計

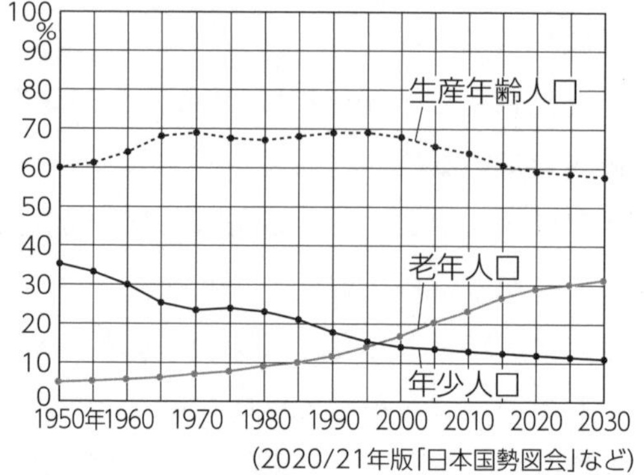

（2020/21年版「日本国勢図会」など）

ア　総人口は，2000年には1950年の2倍以上となり，2000年以降は人口増加が止まり，総人口は減少すると予想される。

イ　年少人口の比率は，2030年には1950年より減少するが，年少人口は2030年には1950年より増加すると予想される。

ウ　生産年齢人口の比率は，2030年と1950年はほぼ同じで，生産年齢人口も2030年と1950年はほぼ同じと予想される。

エ　老年人口の比率は，2030年には1950年のほぼ6倍となり，老年人口も2030年には1950年より増加すると予想される。

重要 (3) 下線部②について述べた次の文の［　　　］に共通してあてはまる語句を，漢字2字で答えなさい。

1 （12点×5－60点）

(1)	A
	B
(2)	
(3)	
(4)	

わが国の社会保障に関する法律は，憲法第25条で「すべて国民は，健康で文化的な最低限度の生活を営む権利を有する。」と規定されている［　　］権を保障する考え方に基づいて制定されている。［　　］権は，教育を受ける権利や勤労の権利などとともに，基本的人権の中の社会権に含まれている。

(4) 下線部②について，老後の生活保障などの社会保障制度について述べた文として正しいものを，次の**ア**～**エ**から１つ選びなさい。

ア　国や地方公共団体は，高齢者に，社会福祉として福祉サービスを行っている。

イ　高齢者に支給される年金は，すべて民間企業の運営によるものである。

ウ　国は，消費税を含めたすべての税金を，高齢者には無条件で免除している。

エ　高齢者を対象とした公的扶助は，積み立てられた掛け金に応じて行われる。

〔北海道－改〕

ワンポイント
(4) 積み立てられた掛け金によって支払われるのは，社会保険である。

2 ［社会保障制度］次の各問いに答えなさい。

(1) 次の文は社会保障給付費について述べたものである。資料を参考にして，［ X ］には適切な語句を，［ Y ］には最も適切な整数をそれぞれ答えなさい。

2017年の給付費の部門別１位は，［ X ］であり，その額は，1980年度から2017年度までの約40年間で約［ Y ］倍に増加していることがわかる。

社会保障給付費の部門別推移（会計年度）

部門	1980	1990	2000	2010	2017
医療	107,598	186,254	266,049	336,439	394,195
年金	103,330	237,772	405,367	522,286	548,349
福祉・その他	38,089	50,128	112,570	194,921	259,898

(単位：億円)　(2020/21年版「日本国勢図会」など)

(2) 社会保障給付費は，保険料が積み立てられ，のちに給付される。次の表は，ある人が給料から引かれるお金をまとめた一例である。この場合社会保険料は合計いくらになるか，答えなさい。

所得税	住民税	厚生年金	健康保険	雇用保険	介護保険
9,800円	20,000円	15,000円	8,000円	3,300円	2,200円

※厚生年金は，年金保険の一種。健康保険は，医療保険の一種である。

〔富山・福井－改〕

2 ((2)20点，他10点－40点)

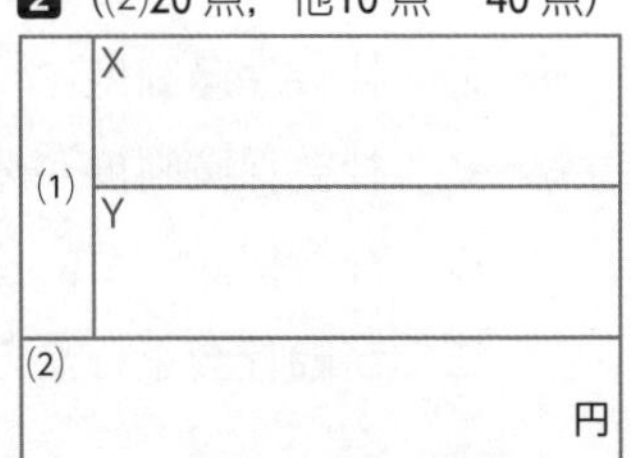

ワンポイント
(2) 社会保険料の「保険」に着目する。表の下の※印にも注意する。

【　　月　　日】

Step 3 実力問題

時間 25分　合格点 70点　得点

解答▶別冊21ページ

1 次の会話文を読み，各問いに答えなさい。（63点）

花子：お父さんの給料って差引きも多いのね。
父：そう，まず，国税である所得税と［　　］税である住民税を納めている。そのほかに健康保険料などの①社会保険料も負担しているからだよ。ところで，国や地方公共団体が，税金などをもとにして経済活動を行うことを②財政と呼ぶんだ。財政には3つの大切なはたらきがあることを花子は知っているかい。
花子：ええと，第1にはわたしたちの社会に必要なサービスを行うこと。第2には③景気を調節すること。第3には④所得の分配の不均衡(ふきんこう)を調整することだったかしら。

給料支払明細書（平成27年4月分）

山　形　太　郎　殿

労働日数		自　4月1日 至　4月30日
所定時間外労働		5時間　00分
支給額	基本給	480,000円
	所定時間外賃金	22,000
	家族手当	15,000
	皆勤手当	5,000
	合計	522,000
控除額	健康保険料	16,000
	厚生年金	30,000
	雇用保険料	2,000
	介護保険料	1,500
	所得税	14,000
	住民税	19,000
	合計	82,500
差引支給額		439,500

山形○○株式会社

(1) 文中の［　　］にあてはまる語句を答えなさい。（10点）

重要 (2) 下線部①に関連して，わが国の社会保障制度について述べた文として誤っているものを，次の**ア**〜**エ**から1つ選び，記号で答えなさい。（8点）

ア　社会保障制度については自由権をその基本的な考え方としている。
イ　社会保障制度が体系的に整えられるのは第二次世界大戦後である。
ウ　社会保険，公的扶助(ふじょ)，社会福祉(ふくし)，公衆・環境(かんきょう)衛生などから構成されている。
エ　高齢(こうれい)社会をむかえ，老人福祉や医療(いりょう)，年金制度の充実(じゅうじつ)が求められている。

(3) 下線部②に関連して，次のグラフを見て，各問いに答えなさい。

①グラフ中のA，Bにあてはまる語句を答えなさい。（各8点）
②間接税のうち，歳入(さいにゅう)に占(し)める割合の最も大きいものは何ですか。（8点）

2019年度のわが国の一般会計歳入・歳出の内訳

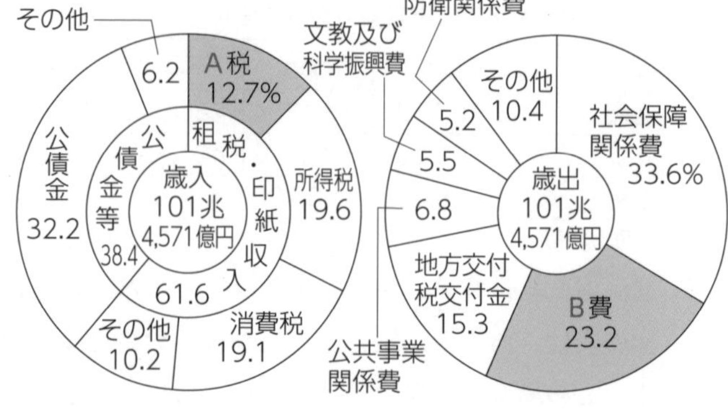

(当初予算)　(2020/21年版「日本国勢図会」)

重要 (4) 下線部③について，不景気のときに政府が行う財政政策として適切なものを，次の**ア**〜**エ**から1つ選び，記号で答えなさい。（8点）

ア　財政支出を増やしたり，増税したりする。
イ　財政支出を増やしたり，減税したりする。

ウ　財政支出を減らしたり，増税したりする。

エ　財政支出を減らしたり，減税したりする。

記述式 (5) 下線部④の例としてあげられる「所得の累進課税制度」を，簡潔に説明しなさい。(13点)

〔山形－改〕

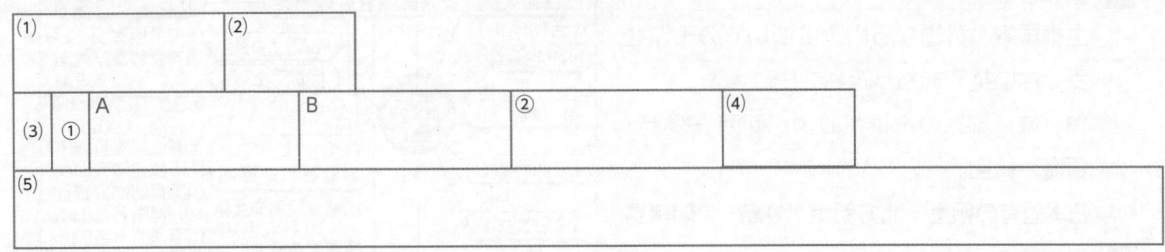

(1)	(2)			
(3) ① A	B	②	(4)	
(5)				

2 知美さんは，「国民生活と福祉」について，次のテーマA，Bを設定して学習した。資料は，そのときまとめたものの一部である。

テーマA	社会保障制度の現状と課題について	テーマB	環境保全の取り組みについて

テーマAに関連して，知美さんは，わが国の社会保障制度について調べたところ，わが国の社会保障制度が，社会保険，公衆衛生，社会福祉，公的扶助の４つの柱からなっていることがわかった。次の各問いに答えなさい。(37点)

(1) わが国は，憲法が保障する社会権のうち，「健康で文化的な最低限度の生活を営む権利」に基づいて，社会保障制度を充実させてきた。この権利を何というか，答えなさい。(10点)

(2) 公的扶助の制度の具体的な内容を述べた文として最も適切なものを，次の**ア**～**エ**から１つ選び，記号で答えなさい。(8点)

ア　最低限の生活を保障するために，生活費などを給付する。

イ　国民の健康増進のために，健康診断や感染症対策などを行う。

ウ　生活環境を整えるために，下水道整備や廃棄物処理を行う。

エ　失業している人々の再就職のために，積み立てた掛け金や税金を使って支援する。

(3) テーマBに関連して，環境基本法の一部である次の資料中の下線部ａでは，法律で定められた制度により，事業者には，開発にあたって事前に環境への影響を調査することが義務づけられている。この調査を何といいますか。(11点)

> **資料**　国は，ａ事業者，国民又はこれらの者の組織するｂ民間の団体が自発的に行う緑化活動，再生資源に係る回収活動，その他の環境の保全に関する活動が促進されるように，必要な措置を講ずるものとする。

(4) 資料の下線部ｂに関連して，営利を目的にしない非営利組織の略称を，次の**ア**～**エ**から１つ選び，記号で答えなさい。(8点)

ア　GDP　　**イ**　NPO　　**ウ**　NGO　　**エ**　APEC

〔山形－改〕

(1)	(2)	(3)	(4)

【　月　日】

18 国際社会と国際連合

重要点をつかもう

1 国家と領土

①**主権国家**　外国から内政についての干渉(かんしょう)を受けない権利をもった独立国。

②**領　域**　国家の主権がおよぶ範囲(はんい)→**領土・領海・領空**。

③**日本固有の領土**　**北方領土，竹島，尖閣(せんかく)諸島**

2 国際連合

①**総　会**　全加盟国によって構成され，毎年1回開かれる国連の主要機関。

②**安全保障理事会**　国際社会の平和と安全の維持(いじ)をになう国連の中心機関。

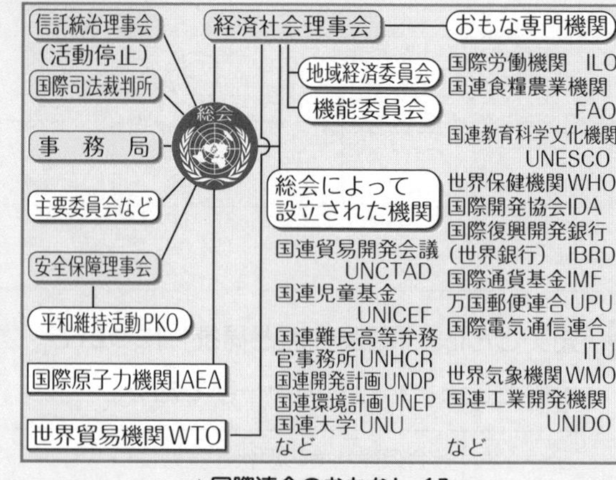

▲国際連合のおもなしくみ

3 地域統合(リージョナリズム)

同じ問題をかかえている国家が特定の地域でまとまりをつくり，協調・協力する動き。

Step 1 基本問題

解答▶別冊21ページ

1 図解チェック　図の空所に適語を入れなさい。

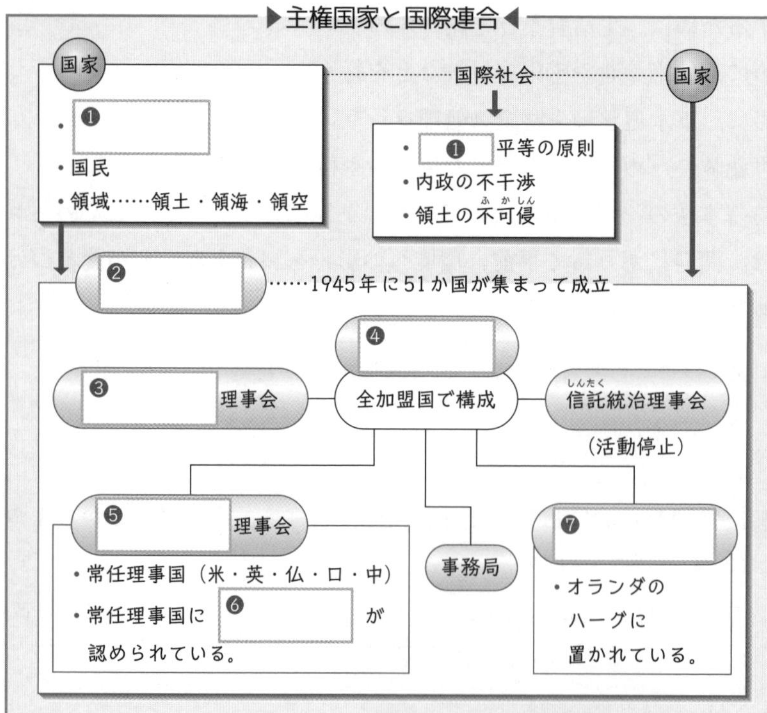

Guide

くわしく　国家の領域

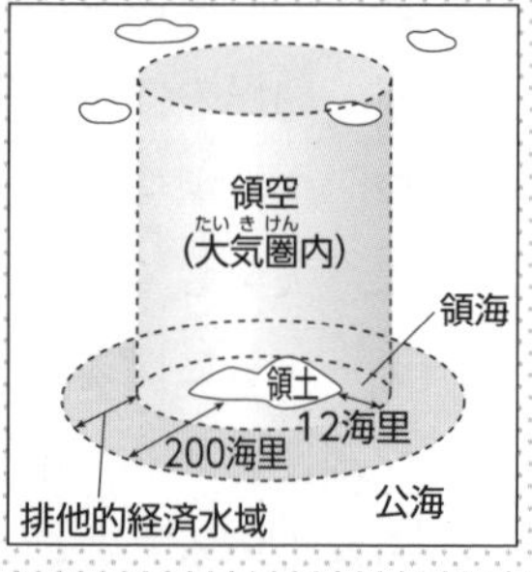

ことば

■安全保障理事会
5か国の常任理事国(米・英・仏・ロ・中，任期なし)と10か国の非常任理事国(任期2年)で構成される。

■拒否(きょひ)権
安全保障理事会の常任理事国がもつ，1か国でも反対すると議案を決定できない権限。5大国一致(いっち)の原則による。

2 [日本の領土，地域統合] 次の各問いに答えなさい。

(1) 日本の領土について，次の問いに答えなさい。

①日本の固有の領土であるが，韓国に不法占拠されている島根県の島を何というか，答えなさい。 [ ]

②日本の固有の領土である尖閣諸島の領有権を主張している国はどこか，答えなさい。 [ ]

(2) アジアや太平洋沿岸の国・地域の経済協力に関する会議の略称をアルファベットで答えなさい。 [ ]

3 [国連と加盟国] 次のA～Cは国際連合の中の組織や機関の説明である。国際連合について，各問いに答えなさい。

A 世界各国民の生活水準を高めることや，貿易の拡大，発展途上国の開発援助などの国際問題を解決することを目的とし，多くの専門機関をもっている。

B 世界各国民の間に教育，科学，文化の交流をはかって国際理解を深め，それによって平和を築くことを目的とする。

C 国際間に紛争が生じれば，平和を守るための決定を行い，それを実行する機関であり，5大国一致の原則で運営される。

(1) 上記のA～Cにあてはまる組織・機関を，次から1つずつ選びなさい。 A[ ] B[ ] C[ ]

ア 信託統治理事会 **イ** 国連教育科学文化機関(ユネスコ)
ウ 安全保障理事会 **エ** 経済社会理事会
オ 総 会 **カ** 事務局

(2) 国際連合の本部が置かれている国名を答えなさい。 [ ]

(3) 右の資料は，アジア，アフリカ，ヨーロッパ・旧ソ連，南北アメリカ，オセアニアの各地域の，国連加盟国数の推移を表している。このうち，アフリカを表しているものを，資料中の**ア～エ**から1つ選び，記号で答えなさい。 [ ] 〔青森－改〕

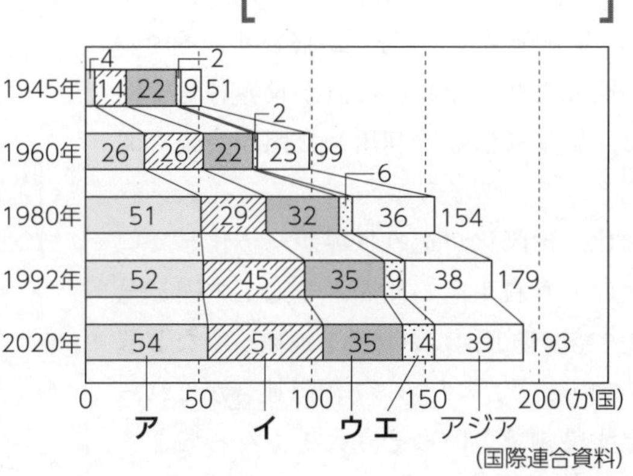

(国際連合資料)

ことば

■国際労働機関
労働条件の改善，労働者の地位の向上をめざす。

■国連食糧農業機関
食料・農業問題に取り組み，飢餓の根絶をめざす。

■国連教育科学文化機関
教育・科学・文化を通して，世界の平和と安全に貢献することをめざす。世界遺産の指定も行う。略称をユネスコと呼ぶ。

■世界保健機関
感染症の撲滅，衛生，保健システムの強化をめざす。

■国際復興開発銀行
発展途上国の開発のために資金を提供する。世界銀行とも呼ぶ。

■国際通貨基金
為替相場の安定を図り，融資なども行う。

■国連貿易開発会議
南北問題の解決をめざす。略称はアンクタッド。

■国連児童基金
発展途上国の子どもに，食料や医薬品などの援助を行う。略称はユニセフ。

■国連難民高等弁務官事務所
難民保護や本国への帰還などを援助する。

■平和維持活動
紛争地域での事態の悪化の防止，平和維持をめざす。安全保障理事会の決議により派遣される。

■国際原子力機関
原子力の平和利用をめざす。

■世界貿易機関
モノ，サービスなどあらゆる貿易における秩序形成と，貿易に関わる紛争の処理を行う。

【　　月　　日】

Step 2 標準問題

時間 30分　合格点 70点　得点　　点

解答▶別冊22ページ

1 ［国際連合］次の図は，国際連合のおもな機関とそのしくみを示したものである。あとの(1)〜(3)の文にあてはまる機関はどれか。図中のア〜クから1つずつ選び，記号で答えなさい。

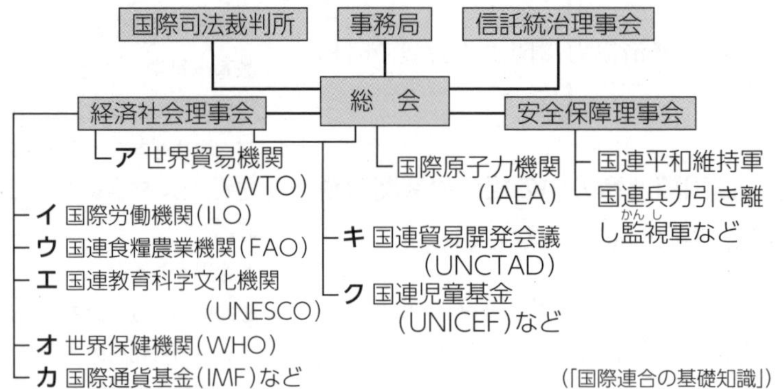

(1) 輸入制限を排除し，貿易の自由化をはかり，各国経済の発展をめざしている。

(2) 世界各国民の保健衛生を最高水準に維持することをめざしている。

(3) おもに農水産物の増産や生活水準および栄養水準の向上に努め，飢餓の絶滅をめざしている。

〔山梨〕

1 (10点×3－30点)

(1)
(2)
(3)

ワンポイント
(1)それまでのGATT(関税及び貿易に関する一般協定)を発展させ，新しくつくったもの。

重要 **2** ［国際連合の役割］次の文を読んで，各問いに答えなさい。

1990年前後に東西ドイツの統一やソ連の解体などにより，a第二次世界大戦後から続いてきたアメリカを中心とする国々(西側陣営)とソ連を中心とする国々(東側陣営)との対立が終わり，各国の友好的な関係や円滑な経済関係を守るための会議が世界各地で開かれるようになった。また，衛星通信等を利用した国際会議も開かれている。

しかし，このような情報化，国際化が進み世界が一体化していく中で，地球環境問題や人口と食料生産の問題，先進工業国と発展途上国間の経済格差問題，発展途上国におけるb地域紛争など解決のむずかしい問題もおきている。このため，c国際連合がこれらの問題の解決のために果たす役割は，いっそう大きくなってきている。

(1) 下線部aは，戦火を交えない激しい争いという意味で，何といわれたか，適切な語句を答えなさい。

2 (10点×4－40点)

(1)	
(2)	
(3)	

(2) 下線部bの，地域紛争(ふんそう)により苦しんでいる人々を援助(えんじょ)するなど，さまざまな分野で活動している「国連NGO」と呼ばれる組織がある。この「国連NGO」にあてはまるものを，次の**ア**～**カ**から2つ選び，記号で答えなさい。

ア 世界保健機関　**イ** 赤十字社　**ウ** 国際労働機関

エ 国際通貨基金　**オ** 国連平和維持(いじ)軍

カ アムネスティ=インターナショナル

(3) 下線部cの，国際連合の機関のうち，世界の平和と安全を維持(いじ)するために設けられ，アメリカなど5か国が常任理事国となっている機関の名称(めいしょう)を答えなさい。

〔青森－改〕

ワンポイント

(2) 民間人や民間団体によるボランティア組織のうち，ユネスコ協会などとともに国連に登録されているもの。

3 [国際連合の機関] 次の各問いに答えなさい。

重要 記述式

(1) 資料Ⅰは，国連安全保障理事会で提案されたシリアに関する決議案を，資料Ⅱは，その決議案に対する投票結果を，それぞれ示したものである。投票の結果，決議案は否決となった。その理由を，資料Ⅱを参考に，常任理事国のもつ権限とそれを行使した国名をあげて，簡潔に答えなさい。

資料Ⅰ

シリアの政権が，10日以内に軍隊を住宅地から撤退(てったい)させなければ，制裁として非軍事的措置(そち)をとる。

資料Ⅱ

賛成	11票	アメリカ，イギリス，フランス，ドイツ，インド，コロンビア，ポルトガル，トーゴ，アゼルバイジャン，グアテマラ，モロッコ
反対	2票	ロシア，中国
棄権(きけん)	2票	パキスタン，南アフリカ共和国

記述式

(2) 下の資料は国連憲章の一部である。この資料のように，総会において各国が「第18条」のような投票権をもつ理由を，簡潔に答えなさい。

第4章　総会
第18条 1.　総会の構成国は，1個の投票権を有する。
　　　　2.　重要問題に関する総会の決定は，出席し且(か)つ投票する構成国の3分の2の多数によって行われる。

(3) 国家間の争いについての裁判を行う国連の機関名を答えなさい。

〔岩手・滋賀－改〕

3 （10点×3－30点）

(1)

(2)

(3)

ワンポイント

(1) 賛成が，過半数であるにもかかわらず否決となったのは，反対した国の影響(えいきょう)力が大きかったからである。

世界平和と日本の役割

重要点をつかもう

1 日本と世界の平和

①**平和主義** 日本国憲法の三大原則の１つ(前文と第９条 戦争放棄・戦力の不保持・交戦権の否認)。

②**国際協力** 平和維持活動(ＰＫＯ)・政府開発援助(ＯＤＡ)・非政府組織(ＮＧＯ)。

2 軍 縮

①**非核三原則** 核兵器を「もたず，つくらず，もちこませず」という日本政府の方針。

②**核拡散防止条約(ＮＰＴ)** 1968年に米・英・ソが調印。核保有国は核軍縮を進める。

3 格差と今後

①**発展途上国** 先進工業国との**南北問題**，発展途上国間の**南南問題**。

②**人間の安全保障** 一人一人の生命，人権を大切にする。

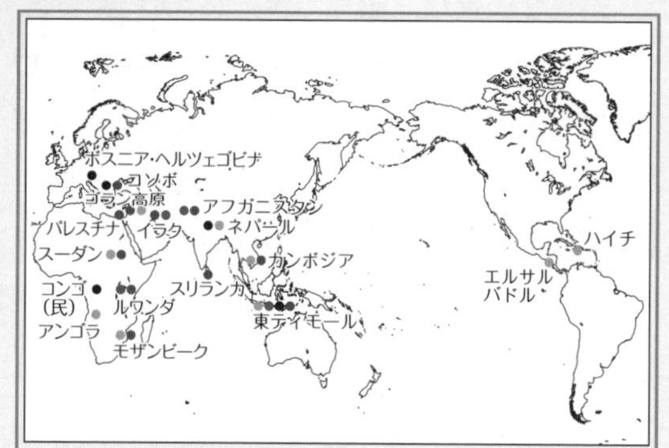

• 国際連合平和維持活動(PKO) • 人道的な国際救援活動
• 国際的な選挙監視活動 • 物資協力

▲国際平和協力業務の実績

Step 1 基本問題

解答▶別冊22ページ

1 図解チェック 図の空所に適語を入れなさい。

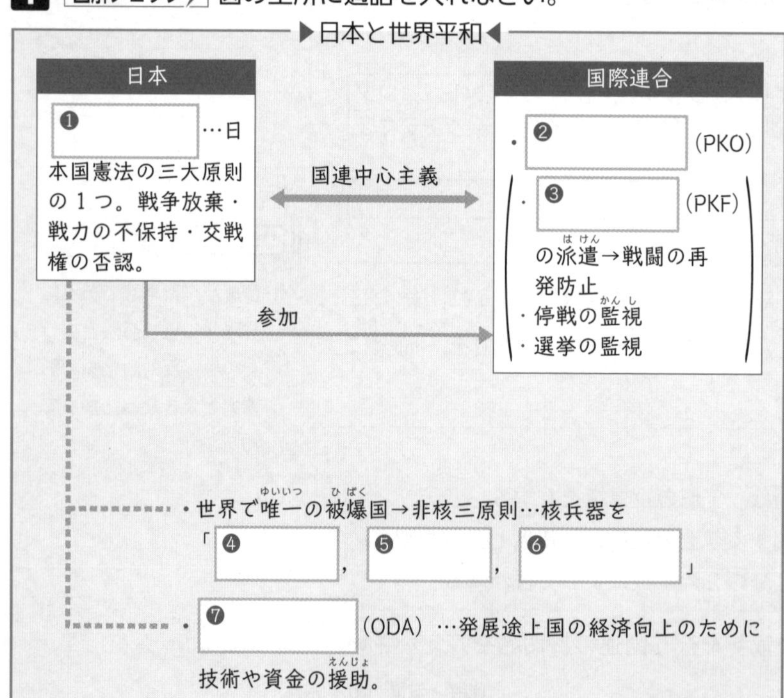

Guide

政府開発援助(ODA)

先進工業国の政府機関から発展途上国へなされる経済援助。日本は，インド，ベトナムなどのアジア諸国を中心に援助している。国際連合は，ODAの対GNI(国民総所得)比を「GNIの0.7%」という目標を掲げているが，2018年度にこの目標を達成したのは，ノルウェーなど５か国のみであり，日本も達成できていない。

記述式 **2** ［海外協力］ 青年海外協力隊で活動する良介さんが書いた次の文中の［ A ］にあてはまる語句を答えなさい。また，［ B ］にあてはまる文を，資料を参考にして簡潔に答えなさい。

国際連合と日本政府は，１人１人の生命や尊厳を大切にし，人々のくらしから世界の安全を考える「［ A ］の安全保障」を目標にしています。わたしは，その考えに賛同して，アフリカの人たちを支援していますが，その目的は，わたしが日本に帰った後でも，現地の人が，［ B ］ことです。

資料

写真の米は，日本と国際連合が共同開発したものです。病気と乾燥に強く，収穫量が多いため，アフリカの食料不足を緩和することに役立つと期待されています。
わたしは，この米の栽培方法を現地の人に教えています。　（ＪＩＣＡホームページより作成）

A［　　　　　　］
B［　　　　　　　　　　　　　　］

〔群馬－改〕

3 ［格差と援助］ わが国について説明した次の文中の（ X ）～（ Z ）にあてはまる語句の組み合わせを，あとのア～エから１つ選び，記号で答えなさい。［　　］

先進国と発展途上国との経済格差などの問題は（ X ）と呼ばれる。この解決に向けわが国は国際協力を続け，（ Y ）として資金援助などを行っている。2018年のわが国の（ Y ）の実績は約142億ドルである。世界においてこの実績を金額の多い順にみると，わが国の実績は（ Z ），３位のイギリスに続き４位である。なお，５位がフランスである。

ア　X－南北問題　Y－政府開発援助
　Z－１位のアメリカ，２位のドイツ
イ　X－南北問題　Y－平和維持活動
　Z－１位の中国，２位のインド
ウ　X－南南問題　Y－政府開発援助
　Z－１位のアメリカ，２位のドイツ
エ　X－南南問題　Y－平和維持活動
　Z－１位の中国，２位のインド

〔愛知－改〕

くわしく

■ＰＫＯ協力法
1992年に施行。これによりカンボジアへ自衛隊が派遣され，ＰＫＯに参加した。なお，ＰＫＦ(国連平和維持軍)は平和維持活動で派遣される軍隊であり，自衛隊がＰＫＦに参加する場合は，事前に国会の承認が必要となる。

■部分的核実験禁止条約（ＰＴＢＴ）
1963年，米英ソの３か国が調印。地下以外の核実験を禁止。

■核拡散防止条約(ＮＰＴ)
1968年，国連総会で採択され，1970年に発効。非核保有国の核兵器開発を認めず。インド・パキスタン・イスラエル・南スーダンは未加入，北朝鮮は脱退。

■中距離核戦力(ＩＮＦ)全廃条約
1987年，米ソで調印。射程距離500km～5500kmまでの弾道ミサイル(ＩＮＦ)の全廃をめざす条約。1991年に廃棄をすべて完了。2019年8月に失効。

■包括的核実験禁止条約（ＣＴＢＴ）
1996年，国連総会で採択された，地下を含むすべての場所での核実験を禁止する条約。批准国が不足し，条約は未発効。

ことば

青年海外協力隊
発展途上国の開発のために，技術・技能をもった20～39歳の青年の派遣を行う日本の国際協力活動。

【　　月　　日】

Step 2 標準問題

時間	合格点	得点
25分	70点	点

解答▶別冊22ページ

1 ［日本の協力］次の文を読んで，各問いに答えなさい。

日本は，a国際連合の加盟国の一員として，また，世界で唯一(ゆいいつ)のb核被爆国(かくひばく)として，c世界平和の実現へ向けて，各国と協力しながらさまざまな活動を行っています。

(1) 下線部aについて，その活動のひとつである「ＰＫＯ」について説明したものとして最も適切なものを，次の**ア**～**エ**から１つ選び，記号で答えなさい。

ア　予防接種を行うなど，保健衛生の大切さを伝える活動

イ　文化財を保護するなど，教育・科学・文化の国際協力を推進する活動

ウ　紛争(ふんそう)地域での停戦の監視(かんし)など，平和を維持(いじ)する活動

エ　発展途上国(とじょうこく)に学校を建てるなど，教育を広める活動

(2) 下線部bについて，1968年に国連総会で採択(さいたく)された，核兵器に関する条約のアルファベットの略称(りゃくしょう)を答えなさい。

(3) 下線部cについて，日本の役割について説明した文として誤っているものを，次の**ア**～**エ**から１つ選び，記号で答えなさい。

ア　青年海外協力隊は，発展途上国を中心に隊員を派遣(はけん)し，経済発展や福祉(ふくし)の向上を支援(しえん)している。

イ　日本の国際貢献(こうけん)は経済的な支援だけでなく，技術的な協力なども行っている。

ウ　ＮＧＯは，非政府組織で，技術援助(えんじょ)や人道援助，緊急(きんきゅう)事態への対応など様々な国際貢献を行っている。

エ　日本のＯＤＡによる海外への資金の提供は，財政難のため行われていない。

(4) 下線部cについて，次の文中の［　A　］～［　C　］にあてはまる語句を，あとの**ア**～**キ**から１つずつ選び，記号で答えなさい。

1954年に開始された［　A　］は当初，アジア諸国との友好関係を再構築し，冷戦構造下の［　B　］陣営(じんえい)を強化するという意義があった。調達する物資は日本のものに限定しており，日本の［　C　］につながった。

ア　ＰＫＯ　**イ**　ＮＧＯ　**ウ**　ＯＤＡ　**エ**　西　側
オ　東　側　**カ**　輸　出　**キ**　輸　入〔鳥取・沖縄・神奈川－改〕

1（10点×6－60点）

(1)		
(2)		
(3)		
(4)	A	
	B	
	C	

ワンポイント

(1) ＰＫＯとして派遣されるのは，わが国の場合，自衛隊員が中心であることから任務の内容，厳しさがわかる。

(2) 核拡散防止条約のことである。

(4)「冷戦」や「調達する物資は日本のものに限定」から考える。

記述式 **2** **[政府開発援助]** 政府開発援助について，各問いに答えなさい。

(1) 資料ⅠとⅡから，近年のわが国における国際協力の変化について，資金協力と技術協力の違い（ちが）をふまえて，簡潔に答えなさい。

資料Ⅰ

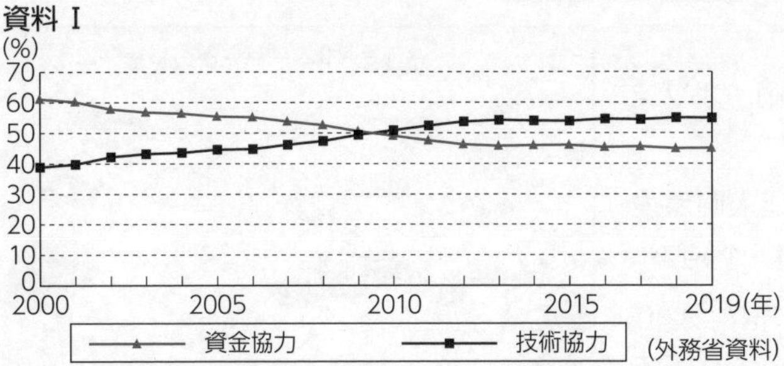

(外務省資料)

資料Ⅱ

資金協力	技術協力
○返済義務の有無により，有償（ゆうしょう）と無償の違いがあるが，被援助国に対して資金を直接援助する。 ○被援助国のインフラ整備のための資金や開発に必要な機材等を購入（こうにゅう）する資金を提供。	○技術者や青年海外協力隊員の派遣，必要な機材の提供等により，人材育成や技術普及（ふきゅう）などを支援。 ○開発に必要な経験や知識，ノウハウを提供することで，被援助国の自律的な発展を支援する。

(外務省資料)

(2) わが国がＡＳＥＡＮに対して，どのような方針で援助を行っているか。表から読み取れるＡＳＥＡＮ内の課題と，日本の援助における方針として，表とグラフからわかることをあわせて，65字程度で答えなさい。

表

世界銀行による所得分類（１人あたりの国民総所得）		ＡＳＥＡＮ加盟国	日本からのＯＤＡ
高所得国	12,536ドル以上	シンガポール，ブルネイ	なし
高中所得国	4,046ドル以上 12,535ドル以下	マレーシア，タイ，インドネシア	あり
低中所得国	1,036ドル以上 4,045ドル以下	ベトナム，ラオス，フィリピン，ミャンマー カンボジア	

(外務省資料など)

グラフ
資金協力と技術協力の割合（2018年）

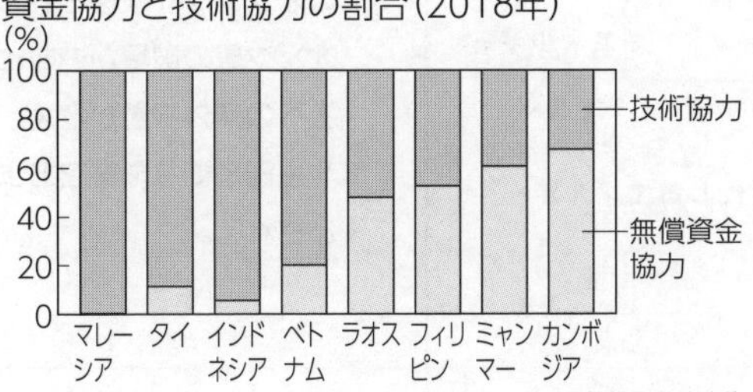

(外務省資料)

〔東京・静岡－改〕

2 （20点×2－40点）

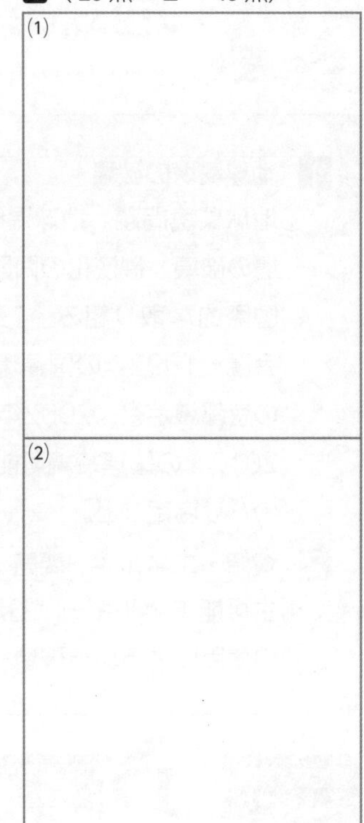

ワンポイント

(1) 資金協力と技術協力の「違いをふまえて」であるため，資料Ⅰから割合の変化を，資料Ⅱから内容の違いを読み取ることが必要である。

(2) 表から読み取れる課題は，1人あたりの国民総所得の国による差と，日本の援助の有無である。グラフからは，国により技術協力と無償（むしょう）資金協力の割合が異なることである。表にも国名が載（の）っているので，それと照らし合わせることが必要となる。

20 地球環境と資源・エネルギー問題

重要点をつかもう

1 地球環境の破壊

①**地球環境問題**　地球温暖化，酸性雨，オゾン層の破壊，砂漠化の問題など。

②**国際的な取り組み**　1972年の国連人間環境会議，1992年の国連環境開発会議，1997年の**京都議定書**，2002年の環境・開発サミット，2012年の国連持続可能な開発会議，2016年の**パリ協定**など。

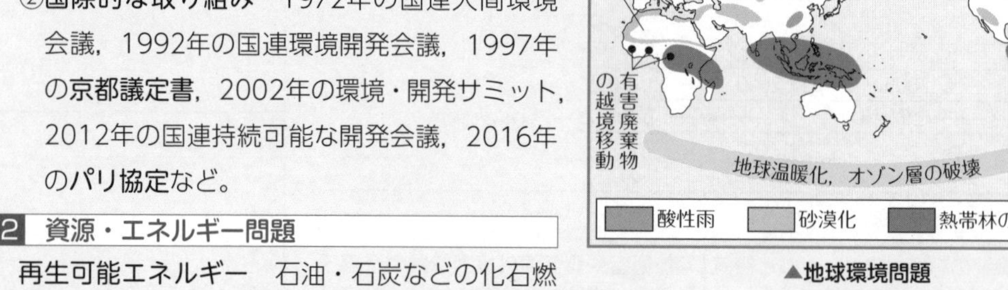

▲地球環境問題

2 資源・エネルギー問題

再生可能エネルギー　石油・石炭などの化石燃料の使用による環境破壊→**再生可能エネルギー**(太陽光・風力・波力など)の開発が進む。

Step 1 基本問題

解答▶別冊23ページ

1 図解チェック　図の空所に適語を入れなさい。

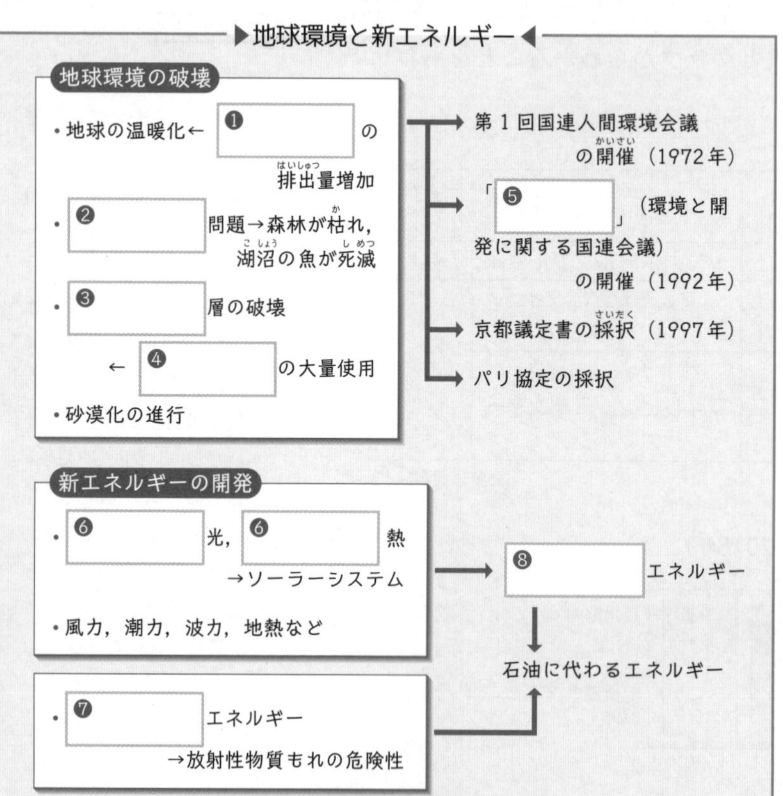

Guide

くわしく

■温暖化
二酸化炭素などの温室効果ガスの濃度が高まり，地球表面の気温が上昇する現象。地域により，干ばつや洪水などの被害，食料生産や人間の健康への影響をもたらす。

■酸性雨
化石燃料の燃焼により排出される，硫黄酸化物(SO_X)や窒素酸化物(NO_X)が大気中で変化し，pH5.6以下の強い酸性の雨となって降る。

■オゾン層の破壊
フロンガスなどにより，上空のオゾン層が破壊される状態。オゾン層の破壊が進むと，地上への紫外線量が増え，人体や生態系に悪影響をおよぼすとされる。

2 [環境とエネルギー] 次の文を読んで，各問いに答えなさい。

わたしはエンジニアになりたいです。その理由は，総合的な学習の時間で，①地球温暖化などの環境問題の解決のためには，わたしたちが日常生活の中で，エネルギーの節約に取り組むことが大切であると勉強したからです。将来は，②さまざまな発電システムを研究し，よりいっそう環境を守ることに配慮した発電技術を開発したいと思います。

(1) 下線部①について，次の文は，Aさんがこれまでの国際的な取り組みをインターネットで調べ，まとめたものである。文中の［X］，［Y］にあてはまる語句の組み合わせとして最も適切なものを，あとの**ア**～**エ**から1つ選び，記号で答えなさい。

［　　］

地球規模の環境問題への対策として，1992(平成4)年に開かれた［X］(地球サミット)で，気候変動枠組条約が結ばれた。また，1997(平成9)年には，温室効果ガスの排出削減目標を定めた［Y］が採択された。

ア　X－環境と開発に関する国連会議　Y－京都議定書
イ　X－環境と開発に関する国連会議　Y－環境基本法
ウ　X－国連人間環境会議　Y－京都議定書
エ　X－国連人間環境会議　Y－環境基本法

(2) 下線部②について，右のグラフは，カナダ，日本，フランスの各国における，総発電量に占める水力，火力，原子力の割合を示したものである。このうち，フランスにあてはまるものを，**ア**～**ウ**から1つ選び，記号で答えなさい。

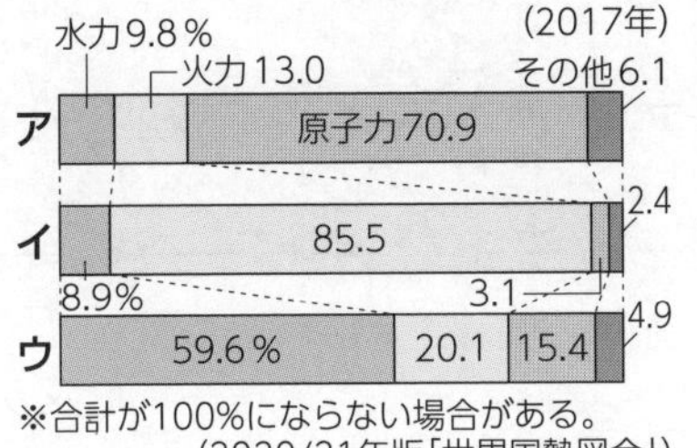

※合計が100%にならない場合がある。
(2020/21年版「世界国勢図会」)

［　　］

〔新潟－改〕

3 [環境保全] アマゾン川流域で最も大きな課題となっている環境問題を，次のア～エから1つ選び，記号で答えなさい。

［　　］

ア　砂漠化　**イ**　オゾン層の破壊
ウ　酸性雨　**エ**　熱帯林の減少

〔和歌山－改〕

くわしく

■砂漠化
人口増加による過放牧や過伐採により，土地の生産力が落ち，植物の育たない砂漠状態となること。サハラ砂漠周辺などで見られる。

■国連人間環境会議
1972年にスウェーデンのストックホルムで開催。「かけがえのない地球」がスローガン。「人間環境宣言」が採択され，環境問題を任務とする国連環境計画(UNEP)設立。

■国連環境開発会議
1992年にブラジルのリオデジャネイロで開催。「持続可能な開発」が理念。環境保全の原則を掲げたリオ宣言を採択。別名「地球サミット」。2012年には，「国連持続可能な開発会議」も開催。

■地球温暖化防止京都会議
1997年に京都で開催。二酸化炭素などの排出量の削減目標を決めた京都議定書を採択。

■持続可能な開発に関する世界首脳会議
2002年に南アフリカ共和国のヨハネスバーグで開催。

データ　二酸化炭素(CO_2)排出量の国別割合

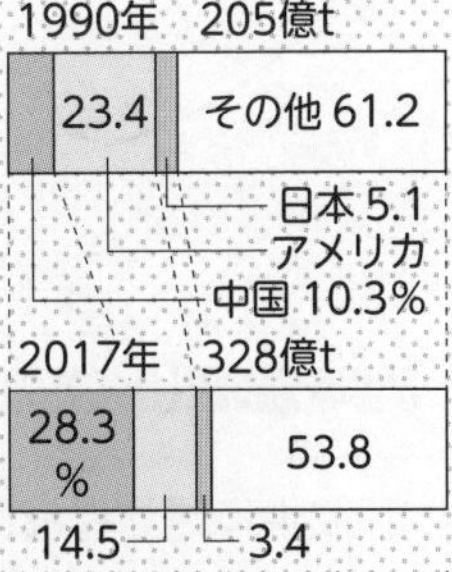

(2020/21年版「日本国勢図会」)

【　　月　　日】

Step 2 標準問題

時間 20分　合格点 70点　得点　　点

解答▶別冊23ページ

重要 **1** [環境破壊] 次の図と地図を見て，各問いに答えなさい。

(1) 右の図は，地球環境問題の総合的な関係を表したものである。［①］～［⑤］にあてはまるものを，次の**ア**～**オ**からそれぞれ1つ選びなさい。

ア　酸性雨
イ　砂漠化
ウ　オゾン層
エ　発展途上国
オ　先進工業国

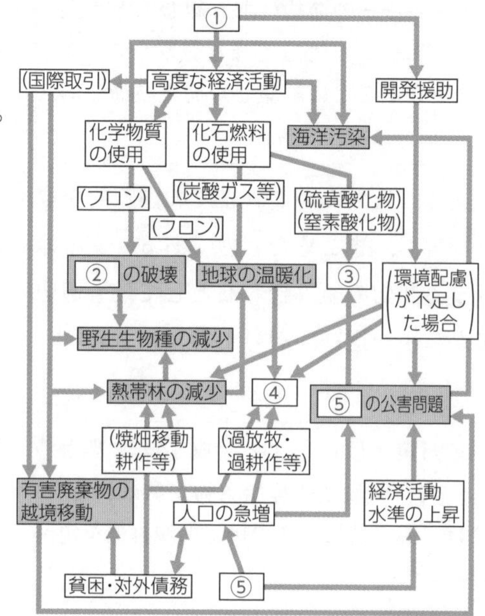

(環境庁資料)

(2) 次の地図の**ア**～**エ**は，ある環境問題が発生している地域を表したものである。(1)の④の環境問題が発生している地域を，**ア**～**エ**から1つ選びなさい。

地図

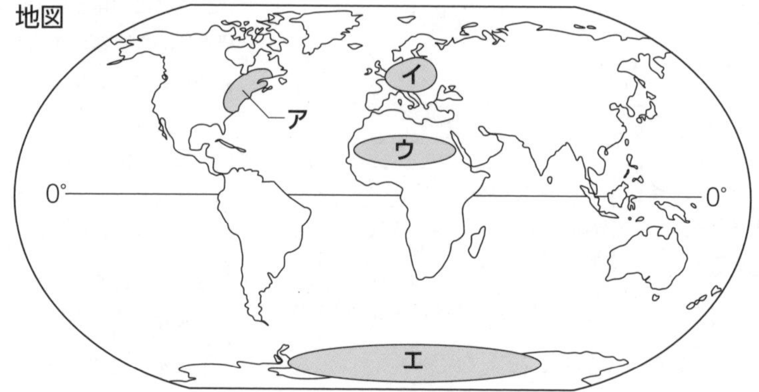

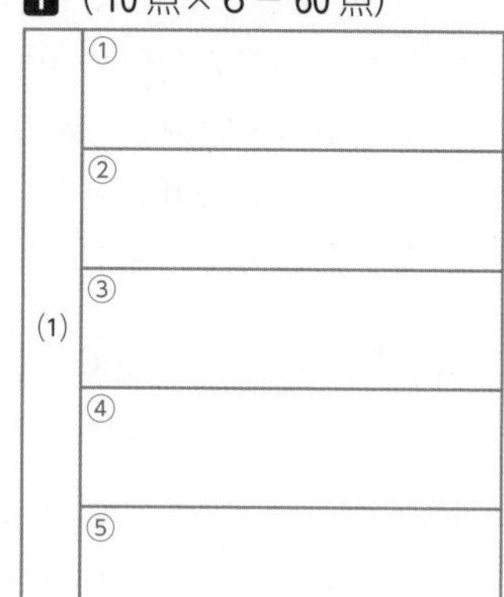

ワンポイント

(2)④は，過放牧・過耕作などからおこる環境問題であり，これらの作用の結果，土地が荒れる。そして，作物が育たない状態となっていく。このような現象が見られる地域を考える。

2 [地球温暖化] 次の文を読んで，各問いに答えなさい。

> 1992年に国連環境開発会議が開かれ，a 気候変動枠組条約が調印されました。また，その条約の具体的な取り組みとして，1997年にはb 京都議定書が採択されました。c 地球温暖化をはじめ，環境問題を人類共通の課題として認識し，各国が責任を分かち合い，その課題解決に向けて協力していくことが必要です。

(1) 下線部aに関連して，この条約は，地球温暖化の防止を目的として締結されたものである。大気中の温室効果ガスを増加させる要因となる石油や石炭，天然ガスなどのエネルギー資源をまとめて何というか，漢字4字で答えなさい。

記述式 (2) 下線部bに関連して，次の文は，地球温暖化防止への国際的な取り組みについて，京都議定書と2016年11月に発効したパリ協定を比較して述べたものである。□にあてはまる内容を，「削減」の語句を使って答えなさい。

> 京都議定書は，□を義務づけただけでなく，その目標を初めて数値で定めたものとして，高く評価された取り組みであった。一方，パリ協定は，自ら温室効果ガスの排出量を減らす目標を設定し，その目標を達成するために努力していくことをすべての締約(ていやく)国に義務づけた。

(3) 下線部cに関連して，(1)の資源を使用しない風力，太陽光，地熱などのエネルギー源の技術開発・利用が進められているが，このようなエネルギー源をまとめて何というか，答えなさい。

〔福島－改〕

2 (10点×3－30点)

(1)
(2)
(3)

3 ［地球温暖化］右の資料中のA～Dは，1990年から2016年までのアメリカ合衆国，インド，中国，日本の燃料燃焼による二酸化炭素排出量の推移を表したものである。資料中のA～Dにあてはまる国の組み合わせとして正しいものを，次のア～エから1つ選び，記号で答えなさい。

資料

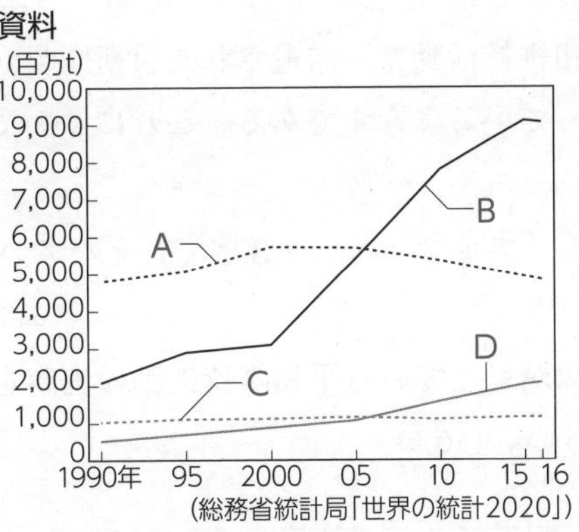

(総務省統計局「世界の統計2020」)

ア　A―中国　B―アメリカ合衆国　C―インド　D―日本

イ　A―中国　B―アメリカ合衆国　C―日本　D―インド

ウ　A―アメリカ合衆国　B―中国　C―日本　D―インド

エ　A―アメリカ合衆国　B―中国　C―インド　D―日本

〔高知－改〕

3 (10点×1－10点)

ワンポイント

Aは1990年の時点で二酸化炭素排出量が多いことに着目する。また，Bは2000年からの急激な排出量の増加，Dは排出量が20年の間に約4倍に増えた点に着目する。

【　　月　　日】

Step 3 実力問題

時間 25分　合格点 70点　得点

解答▶別冊23ページ

重要 **1** **まさこさんの学級では，国際連合について調べた。各問いに答えなさい。**（56点）

(1) 国際連合のおもな機関を表した図中の［A］，［B］にあてはまる機関をそれぞれ答えなさい。（各6点）

国際連合のおもな機関

信託統治理事会
国際司法裁判所
A
総会
総会の設立機関
B
事務局
ILO, UNESCOなどの専門機関

記述式 (2) ［A］において，常任理事国だけがもつ「拒否権（きょひ）」について簡潔に説明しなさい。ただし，「反対」または「賛成」のいずれかの語句を用いること。（10点）

(3) ［A］の常任理事国の組み合わせとして正しいものを，次の**ア**〜**エ**から1つ選び，記号で答えなさい。（6点）

ア　アメリカ，イギリス，フランス，ドイツ，中国
イ　アメリカ，イギリス，イタリア，ドイツ，日本
ウ　アメリカ，イギリス，フランス，ロシア，中国
エ　アメリカ，イギリス，イタリア，ロシア，日本

(4) 図中の機関から，全加盟国で構成され，すべての国が平等に一票をもつ機関を選び，その名称（めいしょう）を答えなさい。（6点）

(5) 図中の総会によって設置され，児童の権利に関する条約に基（もと）づき，発展途上（とじょう）国の子どもたちの生存とすこやかな成長のために活動している機関を，次の**ア**〜**エ**から1つ選び，記号で答えなさい。（6点）

ア　WHO　**イ**　UNHCR　**ウ**　UNESCO　**エ**　UNICEF

(6) 右の写真は，国連の平和維持（いじ）活動で，派遣（はけん）された自衛隊員が地雷（じらい）を取り除く活動をしているようすである。これについて，次の各問いに答えなさい。

①平和維持活動の略称（りゃくしょう）を，アルファベット3字で答えなさい。（6点）

記述式 ②地雷除去以外に自衛隊が行っている平和維持活動の内容を具体的に1つ答えなさい。（10点）

(1)	A	B		
(2)				
(3)	(4)	(5)	(6)	①
②				

〔和歌山・佐賀・新潟・徳島・福島－改〕

2 環境問題その他について，図を見て各問いに答えなさい。(44点)

(1) 健太さんは，温室効果ガスの削減をめぐって，ある議定書が発効するまでの流れを右の図にまとめた。これに関する次の各問いに答えなさい。

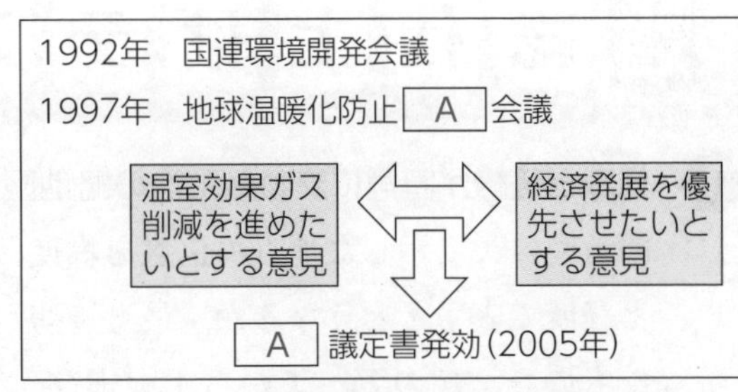

①図中の A にあてはまる地名を答えなさい。(8点)

記述式 ②健太さんは，1人あたりの国民総所得と1人あたりの二酸化炭素排出量との間には関係があるのではないかと考え，右の表を作成した。この表から読み取ることのできる，国民総所得と二酸化炭素排出量の関係について，簡潔に答えなさい。(10点)

国民総所得と二酸化炭素排出量

国＼項目	1人あたりの国民総所得(ドル)	1人あたりの二酸化炭素排出量(t)
日　本	39,561	8.94
中　国	8,658	6.67
インド	1,902	1.61
ドイツ	45,923	8.70

(2017年)(2020/21年版「世界国勢図会」など)

(2) 図中の1992年の会議に関して，次の文中の(　　)にあてはまる語句を答えなさい。なお，(　　)には同じ語句が入る。(8点)

> 1992年の，環境と開発に関する国連会議〔地球サミット〕では，「(　　　)な開発」をめざす宣言が採択された。現在の世代の幸福と将来の世代の幸福とを両立させることのできる「(　　　)な社会」の実現に向けて，環境にも配慮した活動が求められている。

記述式 (3) 国連で，1996年に包括的核実験禁止条約が採択され軍縮が進むのに先立って，1968年には核拡散防止条約が調印された。この核拡散防止条約の内容を，「核保有国」「禁止」の語句を用いて説明しなさい。(10点)

難問 (4) 日本と国連とのかかわりについて述べたものとして最も適切なものを，次の**ア**～**エ**から1つ選び，記号で答えなさい。(8点)

ア 日本はこれまで，安全保障理事会の非常任理事国となったことがなく，世界平和への貢献がまだできていない状況である。

イ 1992年に国連平和維持活動等協力法が制定され，それ以降，日本は，カンボジアや東ティモールなどで行われた国連平和維持活動に自衛隊を派遣してきた。

ウ 日本は，国連で採択された条約のうち，死刑廃止条約と児童(子ども)の権利条約の2つの条約を批准していない。

エ 1972年に東京で開かれた国連人間環境開発会議で，オゾン層を破壊するフロンガスの排出削減目標を国や地域ごとに数値化して定めた。

〔山口・福島・千葉－改〕

(1)	①	②	(2)
(3)			(4)

解答▶別冊24ページ　【　　月　　日】

高校入試 総仕上げテスト

時間	合格点	得点
50分	70点	点

1 緯線と経線が直角に交わった次の略地図を見て，各問いに答えなさい。（16点）

(1) 略地図にXで示した地点の位置を緯度と経度で表すとどうなるか，最も適切なものを，次の**ア**～**エ**から１つ選び，記号で答えなさい。（4点）

ア　北緯30度，東経90度

イ　北緯30度，西経90度
ウ　南緯30度，東経90度
エ　南緯30度，西経90度

略地図

※国境は一部省略。国境については，確定していないところもある。

(2) 略地図にⅠ・Ⅱ・Ⅲで示した国があるのは何という大陸か，大陸名を答えなさい。（4点）

(3) 右の資料は，略地図にⅠで示した国の周辺を表したものである。このことについて，次の各問いに答えなさい。

①資料の（楕円）で示した国々は，ともに経済や政治の結びつきを強めようとしている。これらの国々が加盟している，1993年に発足した国際組織を何というか，答えなさい。（4点）

②まわりを海で囲まれた島国（海洋国）に対し，資料に示したスイスのように，国土が海に面していない国を何というか，答えなさい。（4点）

〔三重－改〕

資料

※（楕円）は，2020年現在の加盟国を示している。

(1)	(2)	(3)	①	②

2 次の表１は，健太さんの班が，学校の近くにある企業の経済活動について調べた内容をまとめたものの一部である。これを見て，各問いに答えなさい。（12点）

表１

企業名＼調べた内容	企業の特色	賃金の上がり方	資金の集め方
Aスーパーマーケット	生鮮食品を全国各地の①生産者から直接仕入れている。	おもに実績や勤務年数に応じて，③賃金が上がる。	金融機関から借り入れたり，株式を発行したりしている。
B製鉄会社	鉄鉱石や石炭などの資源を鉄鋼の原料として②外国から輸入している。	おもに能力や実績に応じて，賃金が上がる。	

(1) 下線部①を行う利点にはどのようなことがあるか。「流通の費用」という語句を使い，簡潔に答えなさい。（4点）

⑵ 下線部②について，次の表２は，わが国における資源の国内生産量と輸入量を，表３は，わが国における資源の輸入先第１位の国と輸入額をそれぞれ示したものである。表２，３から読み取ったことがらとして正しいものを，あとの**ア**～**エ**から１つ選び，記号で答えなさい。

（４点）

表２　わが国における資源の国内生産量と輸入量

資源	国内生産量と輸入量	年 1970	年 2019	資源	国内生産量と輸入量	年 1970	年 2019
原油	国内生産量　（千kL）	899	522	鉄鉱石	国内生産量　（千t）	862	0
原油	輸入量　（千kL）	195,825	175,489	鉄鉱石	輸入量　（千t）	102,091	119,561
石炭	国内生産量　（千t）	38,329	758	木材	国産材供給量　（千m^3）	49,780	30,201※
石炭	輸入量　（千t）	50,950	186,178	木材	外材供給量　（千m^3）	56,821	52,277※

※は2018年。
（2020/21年版「日本国勢図会」など）

表３　わが国における資源の輸入先第１位の国と輸入額　（単位　億円）

資源＼年	1970	2019
原油	イラン　（3,358）	サウジアラビア　（28,401）
石炭	アメリカ合衆国　（2,243）	オーストラリア　（14,866）
鉄鉱石	オーストラリア　（1,518）	オーストラリア　（6,132）
木材	アメリカ合衆国　（1,864）	カナダ　（858）

※（　）内の数値は，各資源におけるそれぞれの国からの輸入額である。
（2020/21年版「日本国勢図会」など）

ア　原油の国内生産量は，2019年より1970年の方が多い。また，2019年のサウジアラビアからの原油の輸入額は，1970年のイランからの原油の輸入額の15倍以上である。

イ　石炭の輸入量は，2019年では国内生産量の200倍以上である。また，2019年のオーストラリアからの石炭の輸入額は8,000億円を下回っている。

ウ　鉄鉱石の輸入量は，1970年より2019年の方が多い。また，2019年のオーストラリアからの鉄鉱石の輸入額は，1970年のオーストラリアからの鉄鉱石の輸入額の４倍以上である。

エ　木材の国産材供給量は，2019年では2,000万m^3以上である。また，2019年のカナダからの木材の輸入額は，1970年のアメリカ合衆国からの木材の輸入額を上回っている。

⑶ 下線部③や労働時間などの労働条件にかかわる次の文の｛　｝にあてはまる語句を，**ア**・**イ**から選びなさい。また，[　　　]に共通してあてはまる語句を答えなさい。（各２点）

> 労働三法のうち，賃金や労働時間などの労働条件について｛**ア**　最高　　**イ**　最低｝の[　　　]を定めた法律は，労働[　　　]法である。

〔北海道－改〕

⑴			
⑵	⑶	記号	あてはまる語句

3 右の地形図は，福岡市の臨海部の一部を表したものである。次の文は，この地形図からわかる，地形と土地の利用の特徴をまとめたものである。適切なまとめになるように［①］，［②］にあてはまる語句を，それぞれ答えなさい。（2点×2―4点）

地形図

（国土地理院発行２万５千分の１地形図「福岡」より作成）

> 博多港に面している土地の海岸線は，直線状になっている。これは，臨海部が人工的につくられた［①］地だからである。
> また，地図記号から判断すると「那の津三丁目」から「那の津五丁目」にかけては，［②］として使われている建物がいくつかある。

①	②

4 古代の文化の特色についてまとめた次の文を読んで，各問いに答えなさい。（6点）

> ①仏教中心の文化には，飛鳥時代や奈良時代において②国際的影響が見られたが，やがて③国風文化が貴族の中から生まれた。

(1) 下線部①について，飛鳥時代の日本における仏教のようすを述べた文として最も適切なものを，次の**ア**～**エ**から1つ選び，記号で答えなさい。（2点）

ア 阿弥陀仏にすがって死後に極楽浄土に生まれ変わろうという浄土信仰が広がった。
イ 行基が民衆とともに橋や用水路をつくり，民衆のあいだに仏教を広めた。
ウ 渡来人がもたらした技術によって仏像や法隆寺などの寺がつくられた。
エ 座禅により自力でさとりを開く禅宗が，栄西や道元により宋から伝えられた。

(2) 下線部②について，右の地図の――は，7～8世紀ごろの東西を結ぶ交通路の1つを示している。地図に示した東西を結ぶ交通路を，そこを運ばれた物の名をとって何というか，答えなさい。（2点）

(3) 下線部③について，平安時代にかな文字で書かれた作品として最も適切なものを，次の**ア**～**エ**から1つ選び，記号で答えなさい。（2点）

ア『万葉集』　**イ**『古事記』　**ウ**『日本書紀』　**エ**『源氏物語』

〔三重－改〕

(1)	(2)	(3)

5 次のⅠ・Ⅱは，生徒が時代の大きなまとまりごとに学習したことを，まとめたものの一部である。これらと写真を見て，各問いに答えなさい。（28点）

Ⅰ　古代国家の形成過程と文化

資料1	資料2
人々は，一人の女子を王とした。その名を卑弥呼といった。卑弥呼は神に仕え，夫はなく，弟が助けて国を治めている。……(略) 『魏志』の倭人伝より(部分要約)	一に曰く，和をもって貴しとなし，さからうことなきを宗とせよ。 二に曰く，あつく三宝を敬え。三宝とは仏・法・僧なり。 三に詔を承りては必ず謹め。 十七条の憲法(一部)

Ⅱ　中世の武家政治の成立と展開

資料3

政権の移り変わり	武士の支配力の拡大とできごと	東アジアとのかかわり
平氏政権	X と地頭の設置	A中国との貿易推進
鎌倉幕府	・承久の乱 ・御成敗式目制定	B元軍の襲来
建武の新政	・南北朝の争乱	
室町幕府	Y へ成長 ・応仁の乱 ・下剋上の風潮 Z の登場	C勘合貿易の開始 D琉球王朝による中継貿易

(1) 資料1の女王が治めていた時期と，資料2の憲法が定められた時期との間におこったできごとを，次のア～オから1つ選び，記号で答えなさい。（4点）

ア　皇位をめぐり壬申の乱がおこった。

イ　遣唐使にともなわれて鑑真が日本に来た。

ウ　倭の奴国の王が後漢から金印を与えられた。

エ　前方後円墳である大仙古墳がつくられた。

オ　口分田の不足をおぎなうため，墾田永年私財法が出された。

(2) 資料2の憲法が定められた目的を答えなさい。（4点）

(3) 資料3の X ～ Z にあてはまる語句を，次の**ア**～**カ**からそれぞれ1つずつ選び，記号で答えなさい。（各4点）

ア　守　護　　**イ**　国　司

ウ　執　権　　**エ**　外様大名

オ　戦国大名　　**カ**　守護大名

(4) 資料3のA～Dのことがらから，写真と最も関係の深いものを1つ選び，記号で答えなさい。また，選んだことがらと関係する人物を，次の**ア**～**オ**から1人選び，記号で答えなさい。（各4点）

ア　平清盛

イ　源頼朝

ウ　北条時宗

エ　足利義満

オ　徳川家光

写真

明銭（永楽通宝）

(1)	(2)				
(3)	X	Y	Z	(4)	ことがら	人物

❻ 日本の政治や経済のしくみとわたしたちの生活に関する各問いに答えなさい。（24点）

(1) 右の図は，衆議院議員総選挙における全人口に対する有権者の割合を示したものである。

1920年 6％
1928年 20％
1946年 49％
0％ 25％ 50％ 75％ 100％
（総務省資料）

①1920年に比べ，1928年に有権者の割合が増えているのは，1925年に納税額による選挙権の制限をなくした選挙制度が導入されたからである。この選挙制度を何というか，答えなさい。（4点）

②1946年に有権者の割合が増加した理由は2つ考えられる。1つは有権者となる年齢が引き下げられたことであるが，もう1つは何か，答えなさい。（4点）

(2) 銀行は，家計や企業からお金を預かり，お金が必要な人や企業に貸しつけている。銀行のように，お金の貸し手と借り手の仲立ちをする機関を何というか，答えなさい。（4点）

(3) 日本銀行は，日本の中央銀行として，ほかの銀行とは異なるさまざまな役割を果たしている。

①日本銀行は，日本で紙幣を発行できる唯一の銀行である。日本銀行が発行している紙幣の正式な名称を答えなさい。（4点）

②日本銀行は，税金などの国の資金を出し入れする銀行でもある。この役割をもつことから，日本銀行は何と呼ばれているか，答えなさい。（4点）

(4) お金の使い方は，価格によって大きな影響を受ける。買おうとする量(需要量)と売ろうとする量(供給量)によって変化する価格を何というか，答えなさい。（4点） 〔兵庫－改〕

(1)	①	②	(2)
(3)	①	②	(4)

❼ 右の資料を見て，各問いに答えなさい。（10点）

A
B
B
政府
企業

(1) 資料中の［A］・［B］にあてはまる適切な語句を，それぞれ答えなさい。（各2点）

(2) 資料中の政府は，財政活動を法律に基づいて行う。法律について，衆議院の議決後，参議院が異なった議決をした場合，その後に法律が成立するのはどのようなときか，答えなさい。（4点）

(3) 資料中の企業は法律や規則を守って活動しているが，企業に対して就職や賃金面などの男女差別を禁じた法律を何というか，答えなさい。（2点）

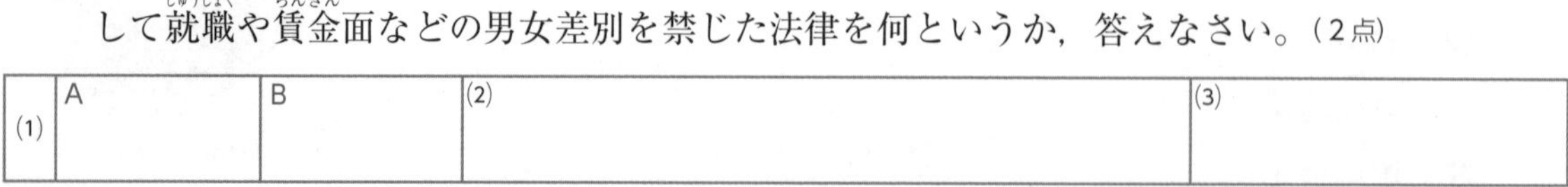

(1)	A	B	(2)	(3)

❹ (2) この交通路はかつて漢とローマ帝国を結んでいた。
❻ (4) 商品が売り買いされる場を市場といい，市場が社会にはりめぐらされている経済を市場経済という。

〔写真提供〕 Flickr PIXTA ほか

解答編

中学 標準問題集 公民

地理・歴史の復習

1 世界と日本の地域構成，世界の人々の生活と環境

解答 p.2～p.3

1 ❶方位 ❷北東 ❸赤道
❹約４万km ❺白夜 ❻180
❼経線 ❽本初子午線 ❾15度
❿北海道

2 ⓫インド洋 ⓬ユーラシア大陸
⓭アジア州 ⓮国境 ⓯東アジア
⓰193か国 ⓱植民地 ⓲内陸国
⓳ロシア連邦(ロシア) ⓴バチカン市国
㉑中華人民共和国(中国) ㉒南アメリカ州
㉓イギリス

3 ㉔排他的経済水域 ㉕択捉島 ㉖東経135

4 ㉗乾燥帯 ㉘温帯 ㉙ローマ ㉚熱帯雨林
㉛イヌイット ㉜タイガ ㉝オアシス
㉞高山 ㉟イスラム教

解説

1 ❶ 図は正距方位図法で描かれた地図。
❽ 旧グリニッジ天文台を通る０度の経線。

2 ⓬ 六大陸とは，**ユーラシア大陸・アフリカ大陸・北アメリカ大陸・南アメリカ大陸・オーストラリア大陸・南極大陸**のこと。
⓱ 国境線には自然の地形を使ったものもある。
㉒ 南アメリカ州の国の多くはスペイン語が公用語だが，ブラジルはポルトガル語が公用語である。

3 ㉕ 現在，**北方領土**はロシアに不法占拠されている。
㉖ 日本の標準時子午線は，兵庫県明石市を通る。

4 ㉗・㉘ **熱帯**(年中高温)，**温帯**，**冷帯**(夏と冬の気温差が大きい)，**寒帯**(１年を通して寒さが厳しい)，**乾燥帯**に分類される。
㉙ いずれも温帯に属する都市。東京は夏に高温多雨(**温暖湿潤気候**)，ロンドンは日本の同緯度の都市に比べ，暖流(**北大西洋海流**)と**偏西風**の影響で温暖(**西岸海洋性気候**)，ローマは夏に高温で乾燥(**地中海性気候**)。
㉞ ペルーの高地ではリャマやアルパカの放牧がさかん。標高の低い土地では，ジャガイモやとうもろこしを栽培。

2 世界のさまざまな地域

解答 p.4～p.5

1 ❶ヒマラヤ山脈 ❷モンスーン ❸約６割
❹一人っ子政策 ❺稲(米)
❻経済特区 ❼インド
❽タイ ❾プランテーション
❿ASEAN(東南アジア諸国連合)
⓫ヒンドゥー教 ⓬石油(原油)

2 ⓭フィヨルド ⓮偏西風
⓯スラブ系言語 ⓰混合農業 ⓱EU
⓲ユーロ ⓳ナイル川 ⓴赤道
㉑アパルトヘイト ㉒モノカルチャー経済

3 ㉓ロッキー山脈 ㉔ヒスパニック
㉕ニューヨーク ㉖シリコンバレー
㉗アンデス山脈 ㉘アマゾン川
㉙パンパ ㉚ポルトガル語
㉛バイオエタノール(バイオ燃料) ㉜銅

4 ㉝ミクロネシア ㉞アボリジニ ㉟羊
㊱鉄鉱石 ㊲白豪主義

解説

1 ❸ 世界の人口１・２位の中国・インドだけで約36%を占める(2019年)。
❼ BRICSとは，近年，経済成長が著しいブラジル・ロシア・インド・中国・南アフリカ共和国の５か国それぞれの頭の文字を並べた略称。

2 ⓯ 英語・ドイツ語はゲルマン系，フランス語・スペイン語はラテン系言語。ヨーロッパで広く信仰されているキリスト教も，地域による宗派の違いが見られる。
㉒ 現在でも植民地時代に**プランテーション**で生産していた農作物に経済を依存している国もある。

3 ㉔ アメリカ合衆国は民族や人種の「サラダボウル」と呼ばれることがある。
㉖ ICT産業や航空宇宙産業がさかんな北緯37度より南の地域を**サンベルト**という。

ひっぱると，はずして使えます。

㉘ アマゾン川流域では開発が進み，多くの**熱帯雨林**が破壊されている。

㉙ アマゾン川流域の熱帯雨林は**セルバ**という。

㉚ **ブラジルはポルトガル語**，その他は**スペイン語**を公用語とする国が多い。

㉜ 北アメリカ大陸で開発の進むシェールガスやシェールオイルも近年注目の資源。

4 ㉞ ニュージーランドの先住民族は**マオリ**。

用語チェック▶シェールガス・シェールオイル

頁岩(シェール)と呼ばれるかたい岩盤層中の天然ガスをシェールガス，原油をシェールオイルという。ガス田・油田のなかった地域からも採掘できることになり，西アジアに原油を依存している世界の国々に影響を与えると考えられている。

3　日本のさまざまな地域 ①

解答	p.6〜p.7

1 ❶ 国土地理院　❷ 縮尺　❸ 1250m
❹ 北　❺ 等高線　❻ 急

2 ❼ 赤石山脈　❽ リアス海岸
❾ フォッサマグナ
❿ a—越後平野　b—利根川　c—濃尾平野
⓫ 急
⓬ ① 南西諸島の気候
② 日本海側の気候
⓭ ハザードマップ(防災マップ)

3 ⓮ 人口爆発　⓯ 過疎地域
⓰ 地球温暖化　⓱ 再生可能エネルギー
⓲ 近郊農業　⓳ 栽培漁業
⓴ 太平洋ベルト(地帯)　㉑ 航空機

4 ㉒ 阿蘇山　㉓ 屋久島
㉔ シラス台地　㉕ 筑紫平野
㉖ 八幡製鉄所　㉗ 環境モデル都市
㉘ アメリカ(米)軍基地　㉙ サンゴ礁

5 ㉚ 日本海側　㉛ 干害　㉜ みかん　㉝ 促成
㉞ (石油化学)コンビナート　㉟ 広島市

解説

1 ❷ 縮尺の分母が小さいほど，地域のようすを詳しく知ることができ，分母が大きいほど全体のようすを把握しやすくなる。

❸ **実際の距離は地形図上での２点間の長さに縮尺の分母をかける**と求められる。つまり，5×25000＝125000 (cm)＝1250 (m) である。

❺ 等高線からは土地の標高や傾斜だけでなく，縮尺もわかる。

2 ❽ **三陸海岸**や志摩半島も代表的な**リアス海岸**。

⓬ ① 1年の平均気温が20度を上回り，冬でも平均気温が15度以上ある。
② 冬の降水量が多い。

3 ⓳ 日本は世界有数の水産国だが，世界２位の水産物輸入国でもある(2016年)。「とる漁業」→「育てる漁業」→「買う漁業」へと変化。

4 ㉒ 九州地方の火山では他に，長崎県の雲仙岳と鹿児島県の桜島(御岳)が有名。

㉕ 裏作として小麦の栽培も盛んだった。

㉗ **水俣病**は**四大公害病**の１つ。化学工場の廃水に含まれていた有機(メチル)水銀が原因物質とされる。

㉘ 全国のアメリカ軍基地の７割以上が沖縄県に集中している。普天間飛行場の辺野古への移設が進められている。

5 ㉚ 瀬戸内は中国山地と四国山地にはさまれており，年間を通して降水量が少ない。太平洋側は夏に南東の季節風の影響を受け，降水量が多くなる。

用語チェック▶

▶再生可能エネルギー

再生可能エネルギーとは，自然界に存在する枯渇せず，繰り返し利用可能なエネルギーのこと。日本でも導入が進められているが，コストや供給量の面から実用化が進んでいない。

▶限界集落

高齢化や過疎化は特に山間地域や離島で深刻。高齢者の割合が人口の50%を超え，共同体としての機能を維持することが困難な集落(限界集落)は今後急速に増加し，人口の減少により消滅してしまう可能性のある自治体が，全自治体の過半数にのぼるとの見方もある。

4　日本のさまざまな地域 ②

解答　p.8～p.9

1 ❶ 琵琶湖　❷ リアス海岸
❸ 世界(文化)遺産　❹ 京都　❺ 神戸
❻ 近郊農業　❼ 和歌山県　❽ 阪神

2 ❾ 日本アルプス(日本の屋根)　❿ 濃尾
⓫ 信濃川　⓬ 上越市　⓭ 名古屋市
⓮ ぶどう　⓯ 扇状地　⓰ 高原野菜
⓱ 茶　⓲ 水田単作　⓳ 中京工業地帯

3 ⓴ 利根川　㉑ 関東ローム
㉒ からっ風　㉓ 東京大都市
㉔ 昼間人口　㉕ 京浜
㉖ 京葉工業地域　㉗ 成田(国際)空港

4 ㉘ A—日高山脈　B—奥羽山脈
C—十勝平野　D—庄内平野
E—知床半島
㉙ 青函トンネル　㉚ やませ
㉛ 濃霧　㉜ アイヌ(の人々)　㉝ 酪農
㉞ 石狩　㉟ 仙台市　㊱ 白神山地

解説

1 ❶ **ラムサール条約**登録湿地。滋賀県ではリンを含む合成洗剤の使用を条例で禁止している。

❹ 歴史的景観を守るため，建物の高さや色・デザインなどを，条例で制限している。

❼ 和歌山県は林業もさかん。

2 ❿ 伝統的に洪水がおこったときの避難施設である水屋と通常生活する家の母屋が建てられていた。

⓬ 冬の降水量(雪)が多い→日本海側の気候。

⓭ 中部地方の政令指定都市は名古屋市，静岡市，浜松市，新潟市。

⓮ 山梨県が生産量１位→ももかぶどう。福島県が上位に入っていればももと判断するとよい。

⓰ 山のふもとの高地で行う農業は**高冷地農業**，出荷時期を通常より遅らせる農法が**抑制栽培**。

⓳ 中京工業地帯の中心である愛知県は自動車の他にも鉄鋼，せんい，窯業・土石製品の生産額が全国一(2017年)である。

3 ㉓ 住宅不足や地価の高騰，交通渋滞，ゴミ処理など都市問題を多く抱えており，郊外へ人口が流出した(**ドーナツ化現象**)時期もあるが，近年は都心や臨海部の再開発が進み，マンションが高層化したことで人口の都心回帰の現象が見られる。

㉖ **京葉工業地域の出荷額は金属工業や機械工業よりも化学工業の割合が大きい**という特徴がある。

4 ㉞ 十勝平野は畑作，濃霧のため夏の日照時間が短い根釧台地は酪農がさかん。

5　原始・古代の歴史

解答　p.10～p.11

1 ❶ メソポタミア文明
❷ シャカ(釈迦，ガウタマ＝シッダールタ)
❸ 甲骨文字　❹ シルクロード(絹の道)

2 ❺ 貝塚　❻ 青銅器　❼ 卑弥呼　❽ 大王
❾ 渡来人

3 ❿ 冠位十二階　⓫ 十七条の憲法　⓬ 法隆寺
⓭ 中大兄皇子　⓮ 公地・公民

4 ⓯ 大宝律令　⓰ 班田収授法
⓱ 墾田永年私財法　⓲ 聖武天皇
⓳ 正倉院　⓴『万葉集』

5 ㉑ 桓武天皇　㉒ 最澄　㉓ 藤原道長
㉔ 紫式部　㉕ 平等院鳳凰堂

解説

1 ❶ メソポタミア文明では，**くさび形文字**や**太陰暦**が発明された。

❷ 三大宗教は，**仏教**，**キリスト教**(１世紀・イエス)，**イスラム教**(７世紀・ムハンマド)である。

2 ❻ 鉄器は主に実用品に，青銅器は主に祭りのための宝物として用いられた。

❼『**魏志倭人伝**』に記されている。

❾ 渡来人の伝えたものとして，はたおりや須恵器をつくる技術，漢字や儒学などがある。

3 ❿・⓫ **聖徳太子**は**推古天皇**の摂政として，天皇を中心とする政治制度の整備を行った。

4 ⓰ 班田収授を実施するために，６年ごとに戸籍がつくられた。

⓱ 貴族や寺院などが積極的に開墾を行った結果，**荘園**と呼ばれる私有地が増えた。

⓲ 総国分寺として奈良に東大寺を建て，大仏をつくった。大仏づくりには**行基**が協力した。

⓴ 天平文化では，『万葉集』以外にも，歴史書である『**古事記**』『**日本書紀**』，自然や産物を各国ごとに記した『**風土記**』などの書物がつくられた。

5 ㉑ 桓武天皇は律令制の立て直しを図り，東北地方の蝦夷を従わせようと，**坂上田村麻呂**を**征夷大**

将軍として東北地方に送り込んだ。

㉒ 最澄とほぼ同時期に，空海も唐から帰国し，真言宗を伝え，高野山に金剛峯寺を建てた。

6　中世の歴史

解答　p.12～p.13

1 ❶ 院政　❷ 平清盛　❸ 源頼朝

2 ❹ 御家人　❺ 奉公
❻ 執権　❼ 承久の乱
❽ 六波羅探題　❾ 御成敗式目（貞永式目）
❿ 元寇　⓫（永仁の）徳政令

3 ⓬ 後醍醐天皇　⓭ 南北朝時代
⓮ 足利義満　⓯ 勘合貿易（日明貿易）
⓰ 琉球王国

4 ⓱ 座　⓲ 土一揆　⓳ 応仁の乱
⓴ 下剋上　㉑ 分国法

5 ㉒ 運慶・快慶　㉓ 禅宗　㉔ 能（能楽）
㉕ 足利義政　㉖ 書院造　㉗ 水墨画

解説

1 ❷ 平清盛は武士で初めて**太政大臣**となり，娘を天皇の后とし，孫を天皇の位につけた。

2 ❻ 源氏の直系が3代で滅んだ後は，**北条氏**が政治の実権を握った。

❼ この乱の後，上皇方についた西国の武士の領地を取り上げ，恩賞として東国の武士に与えたため，幕府の支配力は全国に拡大した。

❽ 京都所司代（江戸時代）と混同しないようにする。

❾ 第3代執権である**北条泰時**が定めた。

❿ 元の皇帝**フビライ＝ハン**の朝貢要求を第8代執権**北条時宗**が拒否したことからおきた。

3 ⓬・⓭ 多くの武士が**建武の新政**に不満をつのらせた結果，**足利尊氏**が兵を挙げ，後醍醐天皇は吉野に朝廷を移した。

⓯ 大量に明銭が輸入され，貨幣経済が浸透した。

4 ⓱ **株仲間**（江戸時代）と混同しないようにする。

⓲ 他に，現地の武士たち（国人）がおこす**国一揆**，浄土真宗（一向宗）を信仰する人々がおこす**一向一揆**がある。

⓳ 第8代将軍**足利義政**のあとつぎをめぐり，守護大名の細川氏・山名氏が対立し，戦乱は拡大した。

5 ㉔ 田楽や猿楽が発展して，能楽となった。

㉕ 京都の北山には，第3代将軍足利義満が建てた**金閣**がある。

用語チェック ▶ 御恩と奉公

将軍と直属の家来である御家人は主従関係で結ばれており，将軍は「御恩」として御家人の領地を保障するとともに，功績があった場合は恩賞として新しい土地を与え，御家人は「奉公」として，鎌倉や京都の御所の警備を行い，戦乱がおきたときに命がけで幕府のために戦った。

7　近世の歴史

解答　p.14～p.15

1 ❶ 十字軍　❷ コロンブス　❸ 宗教改革
❹ イエズス会　❺ 南蛮貿易

2 ❻ 長篠の戦い　❼ 楽市・楽座
❽ 太閤検地　❾ 刀狩令　❿ 千利休

3 ⓫ 徳川家康　⓬ 武家諸法度
⓭ 徳川家光　⓮ 朱印船貿易
⓯ 島原・天草一揆（島原の乱）　⓰ 鎖国

4 ⓱ 蔵屋敷　⓲ 享保の改革　⓳ 株仲間
⓴ 田沼意次　㉑ 百姓一揆　㉒ 松平定信

5 ㉓ 近松門左衛門　㉔ 浮世絵　㉕ 国学
㉖ 杉田玄白（前野良沢）　㉗ 寺子屋

解説

1 ❹ イエズス会の**フランシスコ＝ザビエル**は，1549年に鹿児島に上陸して，日本にキリスト教を伝えた。

❺ 1543年に種子島に漂着したポルトガル人が鉄砲をもたらして以降，貿易船が来航するようになった。

2 ❽ 太閤検地によって，荘園制度は完全に崩壊した。

❾ 太閤検地や刀狩によって，武士と農民の身分の区別が明確になり，身分制社会の土台ができあがった。

3 ⓬ 違反した大名には，藩のとりつぶし（改易）などの厳しい処分が下された。

⓮ 東南アジア各地に**日本町**が形成されたが，1635年に日本人の海外渡航や帰国は禁じられた。

⓰ 1639年にポルトガル船の来航は禁じられた。

4 ⓱ 大阪は「**天下の台所**」と呼ばれた。

⓲・㉒ 江戸の三大改革は，**享保の改革**（徳川吉宗），**寛政の改革**（松平定信），**天保の改革**（水野忠邦）で，いずれも質素・倹約が政策の中心であった。

⑲ 座(室町時代)と混同しないように注意する。

⑳ わいろの横行と天明のききんによって，田沼意次は失脚した。

5 ㉔ 化政文化は江戸を中心とした江戸時代後期の文化である。

㉖ 杉田玄白は**蘭学**の基礎を築いた。

用語チェック▶鎖国

幕府が日本人の海外渡航を禁じ，貿易や外交を独占したことを鎖国というが，国を完全に閉じたわけではなく，中国，オランダのほかに，朝鮮とは対馬藩，琉球王国とは薩摩藩，蝦夷地のアイヌ民族とは松前藩が幕府の許可を得て，貿易・交易を行っていた。

8　近・現代の歴史

解答　p.16〜p.17

1 ① 名誉革命　② 産業革命　③ アヘン戦争
2 ④ 日米和親条約　⑤ 日米修好通商条約
⑥ 井伊直弼　⑦ 薩長同盟
⑧ 大政奉還　⑨ 戊辰戦争
3 ⑩ 富国強兵　⑪ 学制　⑫ 文明開化
⑬ 西郷隆盛　⑭ 自由民権運動
⑮ 伊藤博文　⑯ 自由党
4 ⑰ 甲午農民戦争　⑱ 下関条約
⑲ 日英同盟　⑳ 辛亥革命
5 ㉑ サラエボ　㉒ 国際連盟　㉓ 治安維持法
6 ㉔ ファシズム　㉕ 満州事変
㉖ 国家総動員法　㉗ 太平洋戦争
㉘ ポツダム宣言
7 ㉙ 農地改革　㉚ 国際連合
㉛ 冷たい戦争(冷戦)
㉜ サンフランシスコ平和条約
㉝ 日米安全保障条約

解説

1 ③ 南京条約によって，イギリスは清に5港を開港させ，香港を獲得した。

2 ⑤ 同様の条約を，イギリス・フランス・ロシア・オランダとも結んだ。

⑦ 薩摩藩は薩英戦争で，長州藩は四か国の連合艦隊による下関砲台占領事件で，攘夷が困難であることをさとった。

⑧ 第15代将軍**徳川慶喜**が政権を返還した。

3 ⑪ 授業料が負担となり，当初就学率は低かった。

⑫ **太陽暦**が採用され，レンガ造りの建物やガス灯などが見られたが，その変化は都市部に限られた。

⑭ 板垣退助は，政府を去った翌年の1874年に**民撰議院設立の建白書**を提出している。

⑮ **大日本帝国憲法**の草案を書いている。この憲法は君主権の強いドイツ(プロイセン)の憲法などが参考にされた。

⑯ 自由党はフランスの影響を受けた急進的な政党，立憲改進党はイギリスの影響を受けた穏健な政党だった。

4 ⑱ 日本は，清に朝鮮が独立国であることを認めさせ，多額の賠償金と台湾・遼東半島などを得た。

5 ㉒ 本部はスイスのジュネーブにあり，日本も常任理事国であった。しかし，提案国であるアメリカは議会の反対で加盟せず，敗戦国のドイツや社会主義国のソ連は，当初，加盟できなかった。

6 ㉔ ドイツでは**ヒトラー**が**ナチス**を，イタリアでは**ムッソリーニ**がファシスト党を率い，独裁政治を行った。

㉕ 満州国は民族自決によって建国されたとしたものの，実権は関東軍が握っていた。

㉗ 日本軍は，真珠湾への奇襲攻撃とほぼ同時に，東南アジアのイギリス領マレー半島にも上陸した。

7 ㉚ 原加盟国は51か国で，日本は1956年に**日ソ共同宣言**が調印されるまで，加盟できなかった。

㉜ サンフランシスコ平和条約に対し，ソ連・チェコスロバキア・ポーランドは調印を拒否した。また，この会議には中国は招かれず，出席を拒否する国もあったため，全面講和はできなかった。

用語チェック▶五・一五事件と二・二六事件

五・一五事件は，1932年に海軍将校らが犬養毅首相を暗殺した事件で，これによって政党政治は終わりをつげた。二・二六事件は，1936年に陸軍将校らが陸軍部隊を率い，クーデターをおこそうと，首相官邸などを占拠した事件で，失敗に終わったものの，軍部は一段と発言力を強めるようになった。

1　現代社会の特色と文化

Step1 解答　p.18〜p.19

1 ❶ 情報　❷ グローバル　❸ 出生率
❹ 平均寿命（じゅみょう）　❺ 少子高齢（こうれい）(化)　❻ 仏教
❼ キリスト教　❽ イスラム教（❻〜❽順不同）
❾ (多文化)共生

2 (1) X―ICT　Y―個人情報
Z―人工知能(AI)
(2) A―ウ　B―エ　C―ア

3 (1) C→A→B
(2) 少子高齢社会

解説

1 ❶ 情報通信から情報化社会。
❷ 世界市場の一体化からグローバル化。
❸ 低下しているのは出生率。
❹ 伸長（しんちょう）しているのは平均寿命。
❸・❹で❺の少子高齢社会。
❻・❼・❽は世界三大宗教と呼ばれる。
❾ 現代は，さまざまな文化の人とともに生きていく時代である。

2 (1) X．情報通信技術(ICT)の発達にともない，ICTを悪用した犯罪も高度化しているため，セキュリティーには常に注意を払っておこう。
(2) **イ**は7月7日に行われる(一部の地域は８月7日)。

3 (1) 人口ピラミッドは，**富士山型・つりがね型・つぼ型**に分類される。
発展途上国（とじょうこく）は，富士山型であり，経済が発展するにつれて，つりがね型→つぼ型へと移っていくことが多い。
AとBでは，Bの方が，少子化と高齢化がより進んでいるので，Aの次の段階であるとわかる。

用語チェック▶高齢化

国際連合（こくさいれんごう）の定義では，65歳（さい）以上の人口割合が，７%以上14%未満を高齢化社会，14%以上21%未満を高齢社会，21%以上を超（ちょう）高齢社会といい，日本はそれぞれの段階を，1970年，1994年，2007年に経過している。

Step2 解答　p.20〜p.21

1 (1) A―グローバル　B―ヒト
C―〔解答例〕文化をお互（たが）いに尊重し合う（12字）
(2) 〔解答例〕高齢（こうれい）者の年金を支える世代の負担が重くなっていく。
(3) もち

2 エ

3 (1) A―ア　C―ウ
(2) 〔解答例〕情報をすべて信じるのではなく，自分で真偽（しんぎ）を確かめる。
(3) エ　(4) 情報リテラシー

4 〔解答例〕日本人と外国人の文化や価値が違うことを理解し，相手の文化を尊重すること。

解説

1 (1) C．文化は当然異なるので，その違（ちが）いを理解し，そのうえで，お互いに人間として相手を尊重し，相手の文化を認め合っていくことが必要である。
(3) 問題の「もち」は物質(的)文化であるが，特に「食文化」ということもある。

2 **ア**は総人口は毎年減っている。**イ**は2015年にはすでに約７千７百万人で，８千万人を超えている年はない。**ウ**は2020年までは生産年齢人口の半分以下である。

3 (1) パソコンやスマートフォンに使われている半導体の技術は年々発達してきており，情報の処理能力は飛躍的にのびた。近年の日本で普及（ふきゅう）している携帯（けいたい）電話は，ほとんどがスマートフォンになっている。
(3) **ア**はテレビやラジオなどの**マスメディア**を通じて情報を伝達すること，**ウ**は情報通信技術のことである。
(4) 何が正しい情報で，何が誤った情報かを見分けることなどが求められる。

4 日本人と外国人では，言語・宗教・考え方・食文化など，文化・価値にはさまざまな違いがある。私たちはそのことをよく理解し，文化・価値の違いを尊重できるようになっておきたい。

2　個人と社会生活

Step1　解答　p.22〜p.23

1 ❶核　❷尊厳　❸平等　❹民法
2 (1)①20　②M　③育児
(2)男女共同参画社会基本法
3 ①社会的　②家族　③ルール(きまり，規則)
④個人　⑤両性

解説

1 ❶ 核家族に対する語としては大家族があり，実際は3世代以上の直系家族が主である。

2 (1)① 20〜24歳では男性と女性が働いている割合はほぼ同じに近い。
② 女性は30〜34，35〜39歳の年代で大きく下がり，40〜44歳の年代からまた上がる。中央部が下がっているM字型になっているが解消されてきている。
(2) 家事や育児・介護が女性におしつけられるケースが多いため，1995年に介護休業も含めた「育児休業・介護休業等育児または家族介護を行う労働者の福祉に関する法律」＝**育児・介護休業法**が施行され，男女労働者が休業できるよう制度化がめざされた。そして，1999年に**男女共同参画社会基本法**が施行され，男女が家事と仕事や社会活動を両立できるよう，対等に協力することを定め，企業にも制度化を義務づけた。

3 ① 人間はさまざまな社会集団に所属しているため，社会のルールを身につけ，守ることで生きてゆけるということ。
④・⑤は日本国憲法第24条で定められている。

Step2　解答　p.24〜p.25

1 (1)①社会集団　②ルール　(2)ア
2 (1)核家族(世帯)
(2)〔解答例〕高齢者の一人暮らしが増えたため。
〔別解例〕未婚率が増加しているため。
3 男女共同参画社会基本法
4 (1)A—ウ　B—エ(A，B順不同)
(2)イ・エ

解説

1 (1)① 家族が最も基礎的な社会集団。
(2) **イ**．憲法第24条で認められている。**ウ**．結婚(婚姻)については，2022年3月までは未成年者(18歳以上の男性，16歳以上の女性)でも保護者の同意があれば結婚できたが，2022年4月以降は成人(18歳以上の男女)のみに限定され，保護者の同意も不要になる。**エ**．育児や介護休暇は女性だけでなく，男性もとれる。

2 (2) 高齢者の一人暮らしの他，独立した子どもが結婚せず，一人で生活している人が多くいるのも今日の特色である。

3 1999年に公布・施行，男女の区別なく，個性と能力を十分に発揮できる社会の実現をめざすことから，男女共同参画社会基本法とわかる。

4 (1) 年齢や性別で差をつけるのは，公正ではない。
(2) **ア**と**ウ**は効率の観点からである。

Step3　解答　p.26〜p.27

1 (1)グローバル　(2)米—ア　牛肉—ウ
(3)A—イ　B—オ　(4)カ
(5)〔解答例〕並んだ順に受付をされるので公正であり，受付の店員の空き時間がなくなるので効率的である。
2 (1)〔解答例〕夫婦のみ，一人暮らしの世帯が年々増加している。
(2)〔解答例〕今後も高齢者の数は増加する傾向にあるので，家庭訪問による介護や家事を手伝うホームヘルパーのサービスなどの取り組みを充実させる必要がある。

解説

1 (2) 資料より，牛肉は1965年度ごろは90％以上，2018年度は50％を下回っている**ウ**，米は2018年度に90％以上となっている**ア**である。

2 (1) **核家族**が年々増加傾向にあるため，高齢者だけの家族構成数も増加している。
(2) 資料1・2から将来，認知症などで介護や看護を必要とする高齢者は増加すると読み取れる。それに対して，国や地方公共団体は福祉事業をもっと充実させていかなければならない。

第2章　人間の尊重と日本国憲法

3　人権思想の発達と基本的人権

Step1　解答　p.28〜p.29

1 ❶ピューリタン(清教徒)　❷権利章典
❸独立宣言　❹(フランス)人権宣言

❺ 統治二論(市民政府二論)　❻ 法の精神
❼ 社会契約論　❽ ワイマール
2 (1) 名誉革命　(2) フランス
(3) 大日本帝国憲法
(4) 児童の権利条約(子どもの権利条約)
3 (1) 社会権　(2) 生存権　(3) 団結権
(4) 男女雇用機会均等法　(5) 経済活動の自由
(6) 公共の福祉　(7) 知る権利

解説

1 ❶ クロムウェルを中心にピューリタン(清教徒)が立ち上がり，専制政治を行う国王を処刑し，王制を廃止した。
❹ 1789年のフランス革命初期に国民議会で採択された。
❽ 世界で最初に社会権を規定した憲法。
2 (3) ドイツ(プロイセン)の憲法を模範としてつくられた憲法であり，国民は臣民としての立場で，主権は天皇にあった欽定憲法。
3 (2) 憲法第25条で規定されている。
(3) 労働基本権(労働三権)には他に，**団体交渉権**，**団体行動権(争議権)**がある。
(6) **公共の福祉**とは，社会全体の利益や幸福をめざす考え。そのためには，個人の自由や権利が制限されることもある。
(7) 知る権利を保障するために，国や地方は**情報公開制度**を整備している。

Step2　解答　p.30〜p.31

1 (1) ウ　(2) フランス革命
(3) (フランス)人権宣言
2 (1) ① イ　② バリアフリー
③〔解答例〕健康で文化的な最低限度の生活
(2) イ
(3)〔解答例〕基本的人権が行き過ぎた制限を受ける

解説

1 (1) ロックは『統治二論(市民政府二論)』で**抵抗権**，モンテスキューは『**法の精神**』で**三権分立**，ルソーは『**社会契約論**』で**人民主権**を唱えた。
2 (1) ① **ア**．教育を受ける権利は社会権，**イ**．職業選択の自由は自由権，**ウ**．差別されないのは平等権，**エ**．団結権・団体交渉権は社会権。
(2) ストライキは労働基本権の中の団体行動権(争議権)にあたる。
(3) 大日本帝国憲法でも，基本的人権は法律の範囲内において認められていた。
　公共の福祉の名の下に，法律によって基本的人権がみだりに制限されることのないよう，気をつけるべきである。

4　日本国憲法の基本原則

Step1　解答　p.32〜p.33

1 ❶ 国民　❷ 基本的人権　❸ 平和
❹ 象徴　❺ 公共の福祉
❻ 最高　❼ 各議院　❽ 3分の2
2 (1) 1945　(2) 大日本帝国憲法
(3) ウ→ア→エ→イ
(4) X 内閣　Y 承認
(5) ① 第9条　② 自衛隊　③ 非核三原則

解説

1 ❶ 国の意思を決める力は国民にあるということ。
❸ **戦争の放棄**，**戦力の不保持**，**交戦権の否認**などが**憲法第9条**に明記されている。
❹ 天皇は政治的な決定にはかかわらない。
❻ すべての法律・命令は，憲法に基づいて規定される。
2 (2) 大日本帝国憲法は1889年2月11日に発布された。
(5) ① 第1項で戦争の放棄，第2項で戦力の不保持と交戦権の否認が規定されている。
② 1950年にGHQの指示で創設された**警察予備隊**が，1952年に保安隊，1954年に**自衛隊**となった。

用語チェック▶社会権

　健康で文化的な最低限度の生活を保障(憲法第25条)する生存権が中心であるが，教育を受け，仕事に就けなければ，最低限度の生活ができないという観点から，生存権に加え，教育を受ける権利，勤労の権利，労働基本権(労働三権)が社会権に含まれる。

Step2 ① 解答 p.34～p.35

1 (1) ① **国民投票** ② **国民主権**
③ **(満)18歳(以上)**
(2) **イ** (3) ① **国事行為** ② **象徴**

2 (1) **a—ア b—オ**
(2) **環境権** (3) **公共の福祉** (4) **エ**

解説

1 (1) ① 憲法改正の発議がされた日から60日以後180日以内に行われる。
③ **公職選挙法**の改正により，選挙年齢が満20歳から満18歳に引き下げられたことによる。
(3) ① 国事行為はすべて**内閣の助言と承認**に基づいて行われる儀礼的な行為であって，天皇は政治的な権能はもたない。

2 (1) その他の権利はそれぞれ，**イ**は自由権(経済活動の自由)，**ウ**は参政権(国民審査)，**エ**は平等権にあたる。
(4) **ア**は障がい者と健常者が区別されることなく，社会生活をともに送ることが本来の姿であるという考え方，**イ**は政権公約，**ウ**は高齢者や障がい者の生活の支障となる物理的・心理的な障害を取り除いていくことを指すことばである。

用語チェック▶ノーマライゼーションとインクルージョン

ノーマライゼーションは，障がい者が健常者と区別されずに社会生活をともに送ることをめざす考え方である。インクルージョンは，ノーマライゼーションの考えをさらに広げ，関係するすべての人々がさまざまな違いを認め，支えあう社会をめざす考え方である。

Step2 ② 解答 p.36～p.37

1 (1) **平和主義** (2) **勤労** (3) **ウ**
(4) **〔解答例〕労働者が使用者と労働条件等について対等に交渉できるようにするため。**
(5) ① **男女雇用機会均等法**
② **〔解答例〕女性の就業者数は増加しているが，正規労働者の割合は低下し，非正規労働者の割合が高くなっている。**

2 (1) ① **天皇** ② **最高法規**
③ **教育** ④ **公共の福祉**
(2) ① **9** ② **PKO** (3) **団結権**

解説

1 (2) 日本国憲法での三大義務は，**子どもに普通教育を受けさせる義務，納税の義務，勤労の義務**である。なお，勤労は権利であり，義務でもある。
(3) 図は選挙権で，参政権にふくまれる。
(4) 労働者は使用者に対して弱い立場であるが，労働者が団結して，対等の立場で使用者と交渉することを労働組合法が保障している。
(5) ② 女性の就業者は男性と比べて，非正規労働者の割合が多い。

2 (1) ② 憲法に違反する法律や規則は制定できない。
(2) ② PKOとは**国連平和維持活動**の略称である。

Step3 解答 p.38～p.39

1 (1) ① **ウ** ② **ア** ③ **イ** (2) **ウ**
(3) ① **イ** ② **ウ** ③ **ア**
(4) **〔解答例〕他人の人権を侵すことがないようにするため。**
(5) **ワイマール憲法** (6) **エ**
(7) **国民審査** (8) **ア**

2 (1) **イ**
(2) **自由権—〔解答例〕思想および良心の自由**
内容—〔解答例〕個人が制約を受けずにどのような考え方でもできること。

解説

1 (2) **ア**．アイヌの人々は北海道の先住民族である。
イ．日本の選挙は１人１票の平等選挙であるが，大都市圏と過疎地を多く抱える地方では，当選するのに必要な得票数に大きな差がある(一票の重みが異なる)という一票の格差の問題が発生している。**エ**．先進国の中では，日本は女性管理職の割合が非常に低い。
(5) 1919年，ドイツで制定された。
(8) **イ**．日本では安楽死は認められていない。そのため，安楽死の処置をとれば，その処置を行った者が罪に問われる。ただし，一部の外国では安楽死が認められている。**ウ**．法律で尊厳死を強制されることはない。**エ**．インフォームド＝コンセントは患者が主治医から十分な説明を受けて治療方針に同意することをいう。選択肢はセカンドオピニオンの説明である。

2 (2) 他にも言論の自由，信教の自由，学問の自由などの精神の自由や経済活動の自由などがある。

用語チェック▶アイヌ民族支援法(アイヌ施策推進法)

アイヌの人々の伝統文化を復活・振興させる目的で1997年にアイヌ文化振興法が制定された。2019年，アイヌの人々を「先住民族」と明記し，アイヌの人々の民族としての誇りを尊重する社会づくりを財政面でも支援するアイヌ民族支援法(アイヌ施策推進法)が制定された(この法律が施行された日をもって，アイヌ文化振興法は廃止)。

第3章 民主政治と政治参加

5 選挙と政党

Step1 解答 p.40〜p.41

1 ❶ 平等 ❷ 秘密 ❸ 比例代表 ❹ 選挙管理
❺ 政党 ❻ 与党 ❼ 野党

2 (1) ウ (2) 小選挙区比例代表並立制
(3) 政治資金規正法 (4) 公職選挙法
(5) マニフェスト

3 (1) ① 直接民主制(直接民主主義)
② 世論 ③ マスメディア
(2) イ

解説

1 ❶ 有権者の1票はすべて同じ価値であると考える。
❹ 国の中央選挙管理会と地方の選挙管理委員会がある。

2 (2) 衆議院議員総選挙では，小選挙区立候補者が同時に比例代表区の名簿に名前を連ねることができる(重複立候補)。小選挙区で当選すれば，名簿から当選者の名前は消えるので，小選挙区で多数の当選者を出した政党は，名簿の下位に位置する立候補者でも当選させることができる。
(3) 規「制」法ではなく，規「正」法になっていることに注意する。

3 (1) ① 日本では，選挙で選ばれた代表者による政治である間接民主制(間接民主主義)が基本である。ただし，最高裁判所裁判官の国民審査や地方自治で認められている直接請求権は，直接民主制にもとづくしくみである。
③ マスメディアが行う，情報の大量伝達をマスコミュニケーションという。

Step2 解答 p.42〜p.43

1 (1) ア・エ (2) ウ
(3) 2議席 (4) 世論

2 (1) ウ (2) エ
(3)〔解答例〕有権者数が少なかったうえに，投票率が低かった

解説

1 (1) イ．2015年，公職選挙法が改正され，選挙権はこれまでの満20歳以上から満18歳以上に引き下げられた。2016年夏の参議院選挙から満18歳以上の人々が選挙権を行使できるようになった。
ウ．納税額による制限はない。
エ．投票用紙に投票者の氏名は書かない(秘密投票)。
(2) 25歳以上30歳以下で立候補し，条例の制定に取り組んでいることから県議会議員とわかる。
(3) ドント式で計算するとA党が2議席。B党が2議席，C党が1議席，D党が0議席となる。

2 (1) ア．与党と野党が逆。
イ．戦後，自由民主党一党での長期政権が続いた。この時代を**55年体制**という。
エ．比例代表区は衆議院は党名，参議院は党名・個人名のどちらで投票してもよいが，個人名で獲得した票も党名で集約されるため，政党に所属する必要がある。しかし，小選挙区や選挙区選挙は無所属での立候補は可能である。
(2) ア．小選挙区は立候補者名，比例代表区は党名をそれぞれ記入し，投票する。
イ．参議院の任期は6年で，3年ごとに半数ずつ改選される。
ウ．衆議院の被選挙権は満25歳以上，参議院は満30歳以上である。
(3) 年齢の若い人の投票率が低いままだと，若者の政治に対する意見はますます政治に反映されにくくなる状況が続くと考えられている。選挙で投票することは，税金がどのような目的にいくら使われるかなどを左右する大切な行動である。

用語チェック▶中央選挙管理会と選挙管理委員会

中央選挙管理会は総務省の下に置かれた機関。都道府県や市町村などの地方公共団体に置かれた行政委員会が選挙管理委員会。選挙の管理，事務を行う。

6　国民を代表する国会

Step1　解答　p.44〜p.45

1 ❶ 衆議　❷ 参議　❸ 6
❹ 予算　❺ 指名　❻ 常会(通常国会)
❼ 臨時会(臨時国会)　❽ 特別会(特別国会)

2 (1) ① 最高機関　② 立法機関
③ 二院制(両院制)　④ 多数決
⑤ 衆議院の優越
(2) 代議制(間接民主制，議会制民主主義)
(3) 4年　(4) 3年ごと
(5) ① 法律　② 予算　③ 内閣総理大臣

3 (1) イ
(2) 予算の議決(条約の承認など)
(3)〔解答例〕任期が短く，解散があるので，参議院より世論を反映させやすいから。

解説

1 ❶・❷ 日本の国会は衆議院と参議院からなる二院制(両院制)である。一院制，二院制の長所・短所をまとめておこう。
❸ 任期は6年で，3年ごとに半数ずつ改選される。
❻ 必ず予算の議決を行う。
❽ 総選挙の日から30日以内に召集される。

2 (1) ③ 中国，スウェーデン，デンマークなどは一院制がとられている。
⑤ 法律案の議決が異なったときは，衆議院の出席議員の3分の2以上の再可決が必要である。予算の議決，条約の承認，内閣総理大臣の指名で議決が異なったときは，**両院協議会**が開かれ，それでも意見が一致しなければ，衆議院の議決が国会の議決となる。

3 (3) 参議院は議員の任期が6年と長く，解散もないので，衆議院に比べて世論を反映させにくい。

Step2　解答　p.46〜p.47

1 (1) 貴族院　(2) イ
(3) X―委員会　Y―本会議
(4) ウ　(5) 弾劾裁判所

2 (1)〔解答例〕衆議院は任期が短く解散があるので，国民の意見が反映されやすいから。
(2) ウ　(3) エ　(4) 公聴会

3 (1) ウ　(2) D

解説

1 (1) 大日本帝国憲法の下で，衆議院と並んで帝国議会を構成した。
(3) 委員会には，常設の常任委員会と特別に審議するために設置される特別委員会がある。常任委員会の数は衆議院・参議院ともに17(2020年)。

2 (1) 参議院は任期が6年に対し衆議院の任期は4年。また，参議院は解散がないのに対し，衆議院は解散がある。そのため，衆議院は参議院より国民の意見が正確に反映されやすい。
(2) **ア**．条約を締結するのは内閣で，国会はそれを承認する。
イ．**弾劾裁判**では，裁判官を辞めさせるかどうかの判断は行うが，刑罰は伴わない。
エ．解散総選挙後に開かれるのは**特別会**である。緊急集会は，衆議院の解散中に緊急の必要が生じた場合に開かれる参議院だけの会である。
(3) **エ**は過半数ではなく，3分の2以上での再可決が必要である。
(4) 重要な案件を審議する際に，専門家や利害関係者の意見を聞くために開かれる。

3 (1) 衆議院でDを，参議院でAを選出した場合，**ウ**の両院協議会が開かれる。
(2) 両院協議会においても意見が一致しない場合，衆議院の議決が国会の議決となる。

7　行政のはたらきと内閣

Step1　解答　p.48〜p.49

1 ❶ 内閣総理大臣　❷ 内閣不信任
❸ 解散　❹ 国会議員
❺ 助言　❻ 条約　❼ 予算

2 (1) 議院内閣制　(2) 連帯
(3) ① 行政権　② イ
(4) 国務大臣　(5) ア　(6) 奉仕者

解説

1 ❷・❸ 衆議院で内閣不信任が決議された場合，内閣は10日以内に，衆議院を解散するか，内閣を総辞職しなければならない。衆議院を解散した場合も，解散総選挙後の特別会で**総辞職**する必要がある。

2 (3) ① 政治権力を3つに分けた場合の呼び方で，あと1つは裁判所が担う司法権である。

②**ア**は国会の仕事，**ウ**は裁判所の仕事(**違憲立法審査権**)，**エ**は国民の権利(**国民審査**)である。

(4) 国務大臣は，各省の長として，行政の各部門の実務を指揮監督する。また，内閣総理大臣とともに**文民**(軍人ではない)でなければならない。(シビリアン＝コントロール)

Step2　解答　p.50〜p.51

1 (1) ウ　(2) ① 国務大臣　② 財務省　(3) ア
2 ① 〔解答例〕国会に対し連帯して責任を負う
② ウ　③ エ
3 (1) エ　(2) 総辞職
4 ア

解説

1 (1) ア．両院協議会を開いても意見が一致しなければ，衆議院の指名が国会の指名となる。
イ．特別会(特別国会)は衆議院議員総選挙後に開かれる国会のことである。
エ．内閣は総辞職か衆議院の解散かを選ぶ。
(2) ② 2000年までは大蔵省であったが，2000年1月から財務省になった。

2 ① 内閣は国会の信任のもとに成立し，国会に対し連帯責任を負うことから**議院内閣制**と呼ばれる。

3 (1) 内閣総理大臣を指名するときには衆議院の優越がはたらく。

4 国会の召集は天皇の国事行為である。それに対して内閣は助言と承認を行う。

8　裁判所のはたらきと三権分立

Step1　解答　p.52〜p.53

1 ❶ 司法　❷ 法律　❸ 最高裁判所
❹ 三審　❺ 民事　❻ 原告
❼ 刑事　❽ 検察官
2 (1) 民事裁判　(2) 司法権の独立
(3) 裁判員制度
3 (1) 思想家―モンテスキュー
著書―『法の精神』
(2) ① イ　② X―エ　Y―イ　Z―ウ

解説

1 ❶ 司法権は最高裁判所と下級裁判所だけにある。
❸ 全国で1か所(東京)，最終の裁判をする裁判所(終審裁判所)。
❽ 刑事事件において，被害者に代わってではなく，公益を代表して起訴する。

2 (1) 訴えられた人を民事裁判で**被告**，刑事裁判で**被告人**という。判決を出すまでに和解で終わらせることができるのは民事裁判である。
(3) 国民の司法への理解を深めるために創設された制度で，重大な刑事事件の第一審でのみ行われる。

3 (2) ① **国民審査**は衆議院議員総選挙のときに同時に実施される。
② **ア**の弾劾裁判は，国会が，不適切な行動をとった裁判官を辞めさせるかどうか判断するためのものであり，国会(立法権)の裁判所(司法権)に対する抑制にあたる。

Step2　解答　p.54〜p.55

1 (1) エ
(2) 〔解答例〕法律や国の行為が憲法に違反していないかどうかを最終的に判断する権限をもっているから。
(3) ① 地方裁判所　② 家庭裁判所
(4) a―控訴　b―上告
2 (1) ウ　(2) イ・エ
(3) 〔解答例〕人口10万人あたりの裁判官，検察官，弁護士の人数が少ない。

解説

1 (1) ア・ウ．最高裁判所長官を任命するのは天皇であるが，その他の裁判官を任命するのは内閣である。
イ．例えば，ある法律による制限が憲法に違反しているのではないかという民事裁判がおこされた場合，まず下級裁判所が違憲立法審査を行うことになる。
(3) ① **裁判員裁判**は重大な刑事事件に関する地方裁判所での第一審のみに適用される。
② 家庭裁判所は，民事裁判では家庭内の争いを扱う。

2 (1) ア．犯罪に関する裁判が刑事裁判で，**検察官**が起訴することによって始まる。
イ・エ．裁判は人権が損なわれることのないように留意されており，**三審制**や新たな証拠・事実に基づく**再審**が認められている。また，弁護士の参加も認められている。

(2) ア．最高裁判所裁判官の場合，国民審査で辞めさせられる可能性がある。

ウ．検察官は**行政裁判**の訴(うった)えをおこさない。

オ．裁判員の選定はくじ引きで行われる。評議は裁判官と裁判員で行い，判決は裁判長が言いわたす。

用語チェック▶検察官・弁護士・裁判官

3つの職種とも，司法試験に合格し，司法修習を終えなければ就(つ)くことはできない。刑事裁判においては，検察官は被告人の罪を追及(ついきゅう)し，弁護士は被告人の利益を守るために弁護活動を行い，裁判官は中立の立場で判決を下すという，それぞれの立場で裁判に関わる。

9 住民と地方自治

Step1 解答 p.56～p.57

1 ❶ 4 ❷ 条例 ❸ 4
❹ 直接請求権(せいきゅう) ❺ 監査(かんさ) ❻ 3分の1

2 (1) ① 学校 ② a―ア b―エ
(2) ア (3) エ

解説

1 ❹ 住民の意思を直接自治に反映させるための権利。
❺ 住民が監査委員に対し，地方公共団体の財政や事業の結果などの監査を請求する権利。
❻ 署名提出後，住民投票で過半数の賛成があれば，議会の解散や首長・議員の解職が行われる。

2 (1) ② 直接請求を受けた条例の制定・改廃(かいはい)は，請求後，地方議会で審議(しんぎ)され，出席議員の過半数の賛成によって成立する。

(2) **地方交付税交付金**は過疎(かそ)地域を抱(かか)え，税収が少ない地方公共団体に手厚く交付される。

(3) ア．地方議会の不信任の決議を受けた首長は，辞任しないのであれば，10日以内に議会の解散を行わねばならない。

イ．解職請求は**リコール**ともいう。必要な署名は有権者の3分の1以上で，その後，住民投票で過半数の賛成が得られれば，解職は成立する。

ウ．都道府県知事の被(ひ)選挙権は満30歳(さい)以上である。

Step2 解答 p.58～p.59

1 (1) ウ
(2) ①〔解答例〕首相は国会の議決で指名され，首長は住民の直接選挙で選ばれる。
② イ
(3) A―3,000 B―首長
(4)〔解答例〕地方税などの自由に使える自主財源を増やす

2 (1) イ (2) 条例
(3) ① 監査 ② 50

解説

1 (1) 特別法は法律であるから，国会で制定されるが，その際，法律の対象となる地域住民による投票で過半数の賛成がなければ制定することができない。地方公共団体の議会において制定される，その地域だけに適用されるきまりは法律ではなく，条例である。

(2) ① 首相は大統領と違(ちが)って，国民が直接選べない。
② アは内閣が行う衆議院の解散も含(ふく)まれる。ウ・エは内閣の仕事。

(3) A．150000÷50＝3000
B．条例の制定・改廃(かいはい)と副知事・副市(区)町村長，各委員の解職の請求(せいきゅう)先は首長。監査(かんさ)請求は監査委員へ。議会の解散・議員や首長の解職は選挙管理委員会への請求となる。

2 (1) ア．地方議会は一院制。
ウ．選挙管理委員会の勧告(かんこく)ではなく，住民投票によって決定される。
エ．議会が不信任決議をすることはできるが，問いの文のような権限はない。

(3) 直接請求権のうち，監査請求を求めるのに必要な有効署名数は，総有権者数の50分の1以上である。集められた署名は，監査委員に提出し，有効署名数を超えていることが確認されれば，監査委員が監査を実施(じっし)し，その結果を報告する。

Step3 ① 解答 p.60～p.61

1 (1) エ (2) 民主主義

2 (1) ウ
(2)〔解答例〕施設(しせつ)をまとめることで，財政支出を削減(さくげん)することができる。
(3) ① 少子高齢(こうれい)化

②〔解答例〕県と地元企業が協力して事業を実施している。

3〔解答例〕有権者数が多く投票率も高い世代は年金などの充実を望んでおり，社会保障関係費の増加に影響している。一方，若い世代の要望は，反映されにくい状況にある。(72字)

解説

1 (1) 1809年にスウェーデンで始まった制度。行政の仕事によって市民の人権や利益が侵されるようなことがあったと思われる場合，市民の申し出で調査し，事実であれば，改善の勧告を行政に行う制度。

(2) 民主主義を学ぶには，身近な地方政治がいちばんわかりやすいことからこのようにいわれる。イギリスの政治学者ブライスのことば。

2 (1) 条例の制定は，有権者の50分の1以上の署名の提出で，地方議会にかけられ，地方議会で過半数の賛成を得られれば，制定される。他の選択肢は，有権者の3分の1以上の署名が必要である。

(3) ①・② 0〜14歳の年少人口割合が低下し，65歳以上の高齢者人口割合が高くなっている。この傾向から，今後，人口は減少し，財政的にもさらに苦しくなっていくことが予測できる。各地方公共団体では，少子化を食い止めるために，子育て世帯への支援を積極的に行う取り組みがなされている。

3 グラフ1を見ると，高齢者のほうが有権者数・投票者数がともに多い傾向にあることがわかる。表1とグラフ2を見てみると，60歳以上の世代が関心の高い年金や医療・介護に費やされる社会保障関係費が増加傾向にあり，20〜30歳代が関心をもつ景気対策や子育て・教育に費やされる公共事業費や文教・科学振興費がおさえられていると考えられる。

Step3 ② 解答 p.62〜p.63

1 (1) 三権分立　(2) 立法権

(3) ウ　(4) ア

(5) P—〔解答例〕仕事などの予定を調整する

Q—〔解答例〕司法に対する理解

2 ウ・エ・カ・キ

解説

1 (3) **ア**．国務大臣において，国会議員が占めるべき割合は，すべてではなく過半数である。

イ．現在の憲法では，天皇は政治的権能をもっていないので，天皇の信任は必要ではない。

エ．内閣不信任決議を行うことができるのは衆議院だけである。

(4) **イ**．有罪判決が確定すると，被告人は身体の自由を奪われ，人権が損なわれる。被告人は有罪判決が確定するまでは，無罪と推定される。

ウ．原告・被告による争いは民事裁判である。

エ．憲法第76条に「すべて裁判官は，その良心に従ひ独立してその職権を行ひ，この憲法及び法律にのみ拘束される。」と明記されている。国会や内閣から干渉されない，この権利を**司法権の独立**という。

2 **ア**は国会，**イ**は裁判所，**オ**は地方公共団体の仕事である。**カ**の国会の召集は，内閣が召集を決め，助言と承認によって，天皇が召集する。

第4章　わたしたちの生活と経済

10 くらしと経済

Step1 解答 p.64〜p.65

1 ❶ 税金　❷ 労働力(❶❷順不同)

❸ 賃金(給与)　❹ 商品(財・サービス)

❺ 家計　❻ 政府(財政)　❼ 企業

2 (1) 財　(2) エ　(3) エ

3 (1) 電子マネー　(2) イ・エ・カ

解説

1 ❸ 労働者が企業・官庁などで働くことによって得られるお金。

❺ 家庭で行われる消費生活を中心とする経済活動。

❻ 政府から家計や企業へ社会保障などの**公共サービス**を提供する。

2 (1) 商品のうち，形のあるものを**財**，形のないものを**サービス**という。財のうち，長年にわたって繰り返しての使用に耐えられるものを**耐久消費財**といい，家具や電気製品，自動車などがあてはまる。

(2) **エ**はバスに乗せてもらうための支出である。バスに乗せてもらう，というのは「行為」であり，具体的な形があって，触ることができるというようなものではない。

(3) **エ**の**クーリング・オフ制度**は，消費者が一定期間内であれば契約を解除できる制度である。

3 (1) **電子マネー**はお金の情報をデジタル化してＩＣチップなどに保存し，店の端末や管理会社のサーバーなどと情報のやり取りを行うことで，現金を持たずとも商品やサービスの購入ができるようになっている。また，電子マネーやクレジットカード，銀行口座などを利用した**キャッシュレス決済**がさまざまな場所に広まってきている。

Step2 解答 p.66〜p.67

1 (1) 家計 (2) B—イ C—ウ D—ア
(3) 消費者庁

2 (1) エ (2) 可処分所得
(3) ① 記号—イ 理由—〔解答例〕情報化が進展しているから。
② ウ

3 (1) 製造物責任法（ＰＬ法）
(2) 消費者基本法

解説

1 (1) 消費を中心に行う家計と，生産を中心に行う企業，そして調整を行う政府を合わせて，**経済の三主体**と呼ぶ。

(3) **消費者基本法**の「消費者の権利の尊重」のもとに発足した。なお，その他に，消費者保護の組織・機関としては，国民生活センターや消費生活センターなどがある。

用語チェック▶国民生活センターと消費生活センター

国民生活センターは，消費者問題の情報提供や，消費者紛争の解決のための手続などを行う独立行政法人。消費生活センターは，地方自治体が行う消費者行政の１つで，消費者問題に関する相談などを扱う。

2 (2) 可処分所得のうち，食品や衣類など日々の生活のための支出が**消費支出**で，その残りが**貯蓄**となる。

(3) ① **ア**は家賃地代，**ウ**は平均して使用するガス代，**エ**は食生活の変化で消費量が減っている米への支出である。

3 (1) 欠陥商品によって消費者が被害を受けた場合，企業は**過失の有無にかかわらず**，消費者へ損害賠償責任を負うことになる。

11 流通と価格

Step1 解答 p.68〜p.69

1 ❶ 卸売業者 ❷ 小売業者
❸ 生産費 ❹ 利潤 ❺ 高く

2 (1) エ (2) イ

3 (1) ウ
(2) 〔解答例〕公共料金は，政府や地方公共団体が決めたり，認可したりして決める。公共料金は，他の物価に与える影響が大きいためである。

解説

1 卸売市場では，卸売業者や仲卸売業者が仕入れた商品をせりにかけて売買する。
❸の生産費＋❹の利潤が生産者価格となる。

2 (1) 生産された商品が人手を経て消費者に渡るまでの道すじを商品の**流通**という。

(2) バーコード。バー(棒)と空白の組み合わせによって，商品名やあらゆる情報をもり込んだもの。このバーコードを読み取り，情報を管理するのがPOSシステムである。このシステムを活用することで，効率的に商品の運送なども行えるため，トラックの運送便数の削減など，環境面でも有用なものとなっている。

3 (1) **ア**．価格が100円のとき，需要量は20個で，供給量は100個をこえると予想される。
イ．価格が70円のとき，需要量は40個で，売り上げ総額は2,800円。
ウ．価格が70円のとき，供給量80－需要量40＝40で40個売れ残る。
エ．価格が30円のとき，買い手は最も多く，需要量は100個になっている。

Step2 解答 p.70〜p.71

1 (1) 〔解答例〕収穫量が多すぎると，供給量が需要量を上回り価格が安くなるので，供給量を減らして価格を維持するため。
(2) 〔解答例〕どの商品が，いつ・いくらで・いくつ販売されたかを記録・管理するしくみ。
(3) エ

2 (1) ア　(2) 公共料金
3 (1) ① 5万個　② 20万個　③ 15万個
(2)〔解答例〕供給量よりも需要量がはるかに多いので，価格が上昇してくる。
(3) A 需要(供給)　B 供給(需要)
C 取引　D 均衡

解説

1 (1) 収穫量が増えて，需要量も増えれば価格は維持できるが，人が必要とする需要量は，急激な変化はおこりにくい。そのため，供給量＞需要量となるので価格が下がることになる。それを避けるために，廃棄処分をして供給量を減らす。
(2) 料金が瞬間的に計算され，同時に在庫数などにも反映され，効率的に商品の追加発注を行うことができる。
(3) エの訪問販売の場合は**クーリング・オフ制度**が適用され，原則8日以内であれば契約を解除できる。
2 (1) 価格が高いと生産者は商品を多く売ろうと供給量を増やすが，消費者は価格が高いと買おうとする需要量を減らす。
3 (1) ①・② A品の購入は需要，A品が売られることは供給と考える。
(2) A品が1個40円前後のとき，需要は25万個，供給は10万個なので，品物の価格は上昇する。
(3) 需要と供給が一致する点Pが均衡価格。

用語チェック▶市場価格と均衡価格

市場で需要量と供給量が一致したところで決まる価格が均衡価格。市場で決まる価格が市場価格で，市場価格が均衡価格より高ければ，需要量が減り供給量が増える。やがて価格は下がり，均衡価格に近づく。

12　生産のしくみと企業

Step1　解答　p.72〜p.73

1 ❶ 賃金　❷ 利潤　❸ 配当(金)
❹ 株主　❺ 株主総会　❻ 取締役会
2 (1) A—株式　B—配当
(2) 資本主義経済
(3) 公企業
3 (1) A—私企業　B—エ　(2) エ

解説

1 ❷ 企業などの利益，もうけのこと。
❻ 株主総会で選出され，3名以上で構成される。
2 株式会社(私企業)は利潤を追求することが目的であるが，加えて社会貢献，社会的使命を果たすことを現在は求められている。
3 (2) 株主は，出資額に応じて配当を受けることができる。

用語チェック▶企業の社会的責任(CSR)

企業が税金を納めるのは当然であるが，その他にも雇用の確保や環境問題への配慮なども求められる。その1つに，文化・芸術活動へ企業が支援を行うメセナと呼ばれる活動がある。

Step2　解答　p.74〜p.75

1 (1) 社会的責任(CSR)
(2)〔解答例〕消費者に製品の正確な情報を提供する。
(3) イ
(4) 会社の利点—〔解答例〕たくさんの資金が集められる。
株主の権利—〔解答例〕利潤の一部を配当として受け取る。
2 (1) イ
(2) ① 寡占
②〔解答例〕市場を支配する企業にとって都合のよい価格が設定されやすくなるから。
③ エ　④ 技術革新(イノベーション)

解説

1 (1) 企業は環境の保全，文化活動，教育への支援など，**社会的責任**を有している。
(2) 消費者は商品についての正確な情報を得るための権利をもっており，企業はその情報を知らせる義務を負っている。
(4) 株主の権利として，**株主総会**に出席し，意思を表すこともできる。
2 (2) ① 市場が1社で支配されている状態は**独占**。
② 企業の集中が進み過ぎると，市場は**寡占**か独占の状態になる。市場を支配する企業は，企業の利益を最優先に考えるため，消費者には不利である**独占価格**が設定されやすくなる。

Step3 ① 解答 p.76〜p.77

1 (1) 寡占 (2) イ
(3)〔解答例〕企業の宣伝や広告に頼るのではなく，自らの意思と判断で消費を決定すること。

2 (1)〔解答例〕少額の株式を数多く発行することで，多額の資金を集めることができる。
(2) イ

3 (1) A—イ B—ア C—エ (2) エ
(3)〔解答例〕(ナスの入荷量が) 多くなると平均価格が下がる。〔(ナスの入荷量が) 少なくなると平均価格が上がる。〕
(4) ウ

解説

1 (1) 価格競争が行われず，価格が下がりにくくなる。
(2) **ア**．契約に関するトラブルを防ぎ，消費者を救済するもの。
ウ．国民の「知る権利」を保障する法律。
エ．2000年4月から施行された，国から地方公共団体へ仕事を移すための法律。

2 (1) 1株の額面は少額であり，出資した額だけの責任を引き受ける有限責任であるので，株式を購入しやすくなっている。
(2) 出資額に応じた (保有株式数に応じた) 配当を受けるしくみ。

3 (2) Zは不作の場合に，Wの**供給曲線**は量が減るため左へ移動するので，価格は上がることになる。
(3) ナスの入荷量の増減と，平均価格の上下は，逆の関係であることが読み取れる。
(4) **ア**は**不況期**の様子，**イ**は不況期の右の**景気回復期**の様子，**エ**は好況期の右の**景気後退期**の様子である。資本主義経済では，好況 (好景気)→景気後退→不況 (不景気)→景気回復をくり返し，これを**景気循環** (**景気変動**) という。

用語チェック▶寡占と独占

1社が市場を支配している状態を独占 (完全独占) といい，数社で市場を支配している状態を寡占という。

13 金融のしくみとはたらき

Step1 解答 p.78〜p.79

1 ❶ 円高 ❷ 5万 ❸ 160
❹ 円安 ❺ 500 ❻ 600

2 (1) ア・イ・エ
(2) A—イ B—エ

3 A—ア B—イ C—エ

解説

1 1ドル=100円のときは1円の価値は0.01ドル，1ドル=80円のときは1円の価値は0.0125ドルであり，ドルに対する円の価値が上がるので**円高**。1ドル=100円から1ドル=120円になると，1円の価値は約0.0083ドルであり，ドルに対する円の価値が下がっているので**円安**となる。

2 (1) **ウ・オ**．日本銀行は，企業や個人を相手とする資金の貸し出しなどの業務は行わない。
(2) 資金量を増やすので，市場の資金量が少なく，生産や販売も少ない不景気のときの政策である。

3 200万円の自動車は，1ドル=100円のときは20000ドル，1ドル=80円のときは25000ドル，1ドル=125円のときは16000ドルとなる。

Step2 解答 p.80〜p.81

1 (1) ① オ ② ウ ③ イ
④ カ ⑤ ア ⑥ ク
名称—中央銀行
(2) ① ア ② ア ③ イ
④ イ ⑤ イ ⑥ ア
名称—金融政策

2 (1) ア・イ
(2)〔解答例〕利子の差額で，銀行は利潤を得るため。

3 (1) 115 (2) イ

解説

1 (1) 一般の銀行は，預金の支払いに備えて，預金の一定の割合を日本銀行に預け入れることを義務づけられている。その預け入れの割合を預金準備率という。
(2) **公開市場操作**のことを，**オープン・マーケット・オペレーション**ともいい，日本銀行が国債などを買うことを買いオペ(買いオペレーション)，日本銀行が国債などを売ることを売りオペ(売りオペレーション)という。

2 (1) **直接金融**とは，金融機関を通さずに，直接資金を集めることであり，その反対に，金融機関を通して資金を集めるのが**間接金融**である。直接金融の代表的な手法としては，株式会社が株式を発行して資金を集める方法であるが，近年は，インターネット上で多数の人々(Crowd)から資金を集める(Funding)，**クラウドファンディング**が注目されている。

(2) 資金の融通を主な業務とする銀行などの金融機関は，私企業であるので利潤追求を目的とし，利子の差額を企業の利潤としている。

3 (1) 記事中に「15円の円安が進み」とあることから，１ドルが100円の状態から，円の価値が15円下がったことになる。

(2) 円安では，日本の輸出企業の製品は，相手国では価格が安くなり，輸出が好調となる。逆に輸入企業は，海外からの製品の価格が高くなり，輸入は不振となる。円高の場合は，日本企業は，輸出が不振，輸入が好調となる。

用語チェック▶預金準備率操作

預金準備率が引き上げられると，一般銀行は日本銀行に，より多くの預金をしなければならないため，資金量が減る。そのため，引き上げるのは，景気過熱時の対策となる。逆に不景気時には，預金準備率を引き下げる。ただし，この率は1991年以来変更されておらず，金融政策としては用いられていない。

14　職業の意義と労働条件の改善

Step1　解答　p.82～p.83

1 ❶ 権利　❷ 公共職業安定所(ハローワーク)
❸ 労働基準　❹ 労働組合
❺ 団体交渉　❻ 労働関係調整

2 (1) A─労働三法　B─労働組合
C─男女雇用機会均等
(2) 団結権

3 (1) ア・エ　(2)〔解答例〕労働時間を短くする。

解説

1 ❶ 日本国憲法第27条で勤労の権利を，第22条で職業選択の自由を規定。

❺ 日本国憲法第28条で規定されている労働三権の１つ。

2 (1) C．1985年に制定された**男女雇用機会均等法**は，職場での男女平等をめざした法律であり，国連の総会で1979年に採択された**女子差別撤廃条約**を批准するために制定された。1997年の改正で，事業主のセクハラ防止の配慮義務，女性の深夜労働の禁止規定の撤廃などが行われた。

3 (1) イの男女雇用機会均等法は1985年制定，**男女共同参画社会基本法**は1999年制定。

(2) 西欧諸国と比べると長時間労働であるのが，日本の現状である。

用語チェック▶男女共同参画社会基本法

男女雇用機会均等法は，職場での男女平等をめざすものであり，男女共同参画社会基本法は，政治や職場，地域社会などあらゆる場での，男女平等な参画をめざすものである。

Step2　解答　p.84～p.85

1 (1) ① 勤労　② 自由
(2) 労働基準法
(3) 終身雇用制(度)　(4) ウ

2 Ⅰ．(1) A─労働組合法　B─労働基準法
(2) 労働基本権(労働三権)　(3) イ
Ⅱ．〔解答例〕結婚や育児のため，仕事との両立が難しい面があるから。

解説

1 (4) 第一次産業は農業・畜産業・林業・水産業，第二次産業は鉱業・製造業・建設業，第三次産業は商業・サービス業・運輸通信業などである。
ア．就業者人口は増加している。**イ**．非労働力人口の割合は増加している。**ウ**．農林水産業(第一次産業)に従事している人の数は，1970年が5,094×0.174≒886.4(万人)，2019年が6,724×0.033≒221.9(万人)。886－222＝664(万人)。664万人減少しているので正しい。

2 Ⅰ．(1) ちなみに労働三法とは，**労働基準法・労働組合法・労働関係調整法**をいう。

Ⅱ．男性の育児への積極的な参加や保育所の整備などが，女性の社会進出のためには必要である。

Step3 ② 解答 p.86～p.87

1 (1) 中央銀行
(2) ① 〔解答例〕家計や企業間のお金(資金)の融通業務を行う。
② 直接金融
(3) 管理通貨制度
(4) ① ア・エ
② 政策名―公開市場操作　Ⅰ―イ　Ⅱ―ウ

2 4000

3 (1) 記号―ア
理由―〔解答例〕男女同一賃金でないから。
(2) A―ウ　B―ア　C―イ
(3) 〔解答例〕勤務年数が長くなるにつれて，賃金が上昇するしくみ。
(4) テレワーク(在宅ワーク)

解説

1 (3) 1930年代までは，金の保有量に応じて通貨を発行する金本位制度であったが，今日，この制度をとる国はなく，政府と中央銀行が通貨の発行量を管理する**管理通貨制度**となっている。
(4) ① **ア**の日本銀行は，金融機関以外の一般企業や個人とは取り引きを行わない。**エ**の硬貨を発行するのは，政府(独立行政法人の造幣局)である。
② 景気が悪いときには，企業の生産や，個人の購買を促進するための公開市場操作(買いオペレーション)を行う。

2 1ドル=100円のとき，50万円の機械は50万÷100=5000ドルなので，1ドル=125円のときは50万÷125=4000ドルになる。

3 (1) 男女が不平等であってはならないため，男子のみ優遇するのはもちろん不可であるが，女子のみ優遇することも認められていない。
(4) **テレワーク**とは，離れたところを意味する「Tele」と働くことを意味する「Work」を組み合わせた造語。情報通信技術(ICT)の発達・普及により，会社に出社しなくても仕事で使う大容量の電子ファイルのやり取りができる環境や，インターネットを利用したビデオ通話の手段が整ってきたことなどが背景にある。

用語チェック▶金本位制度と銀行券

金本位制度では，金と交換できる兌換紙幣が発行されていたが，管理通貨制度では，金との交換ができない不換紙幣が発行されている。

第5章 国民生活と福祉

15 租税と財政のはたらき

Step1 解答 p.88～p.89

1 ❶ 国税　❷ 間接税
❸ 社会保障関係　❹ 所得の再分配
❺ 累進課税　❻ 景気　❼ 減税

2 (1) エ　(2) 国債

3 (1) 直接　(2) a―所得税　b―相続税
(3) 国債費

解説

2 (1) 景気をよくするためには，減税して，その分自由に使えるお金を増やしたり，公共事業を増やして，仕事を増やしたりする。

3 (2) b．親などの死によって，財産を受けつぐとき，その得た財産に対して課せられる税金。

Step2 解答 p.90～p.91

1 (1) 財政　(2) ア・イ
(3) 所得税―ウ　消費税―イ
(4) X―7　Y―〔解答例〕公債金が国債費より多い(11字)

2 (1) ① 社会資本　② A―イ　B―ウ　(2) ウ

解説

1 (2) **ウ**は間接税，**エ**は国債の発行より得た収入。
(3) **累進課税制度**は，所得税や相続税などに採用されており，課税対象の金額が増えるにつれて，税率が上がる制度である。消費税は，消費額や所得に関係なく，国民すべてが同じ税率で支払うものである。
(4) Y．日本は例年，歳出が租税収入を上回っており，借金を返済するために，国債を発行して借金をくり返す，という状態が続いている。

2 (1) ② 好況時には，増税を行い，公共事業への支出を減らす。

用語チェック▶消費税の逆進性

消費税のように，食料品など生活必需品に課税されると，所得の少ない人ほど税の負担割合が大きくなり，高所得者に高税率を課す累進課税と逆の状態となる。このような性質を逆進性と呼ぶ。

16 環境の保全

Step1 解答 p.92〜p.93

1 ❶ 水俣病 ❷ イタイイタイ病
❸ 環境 ❹ 環境基本法
❺ 環境アセスメント ❻ ダイオキシン
❼ 循環型社会形成推進基本法

2 (1) リサイクル (2) 温暖
(3)〔解答例〕二酸化炭素を排出する量が少ない

3 (1) イ (2) 四日市ぜんそく
(3) 公害対策基本法

解説

1 ❹ **環境基本法**の成立により，1967年に制定された公害対策基本法は廃止された。
❼ **循環型社会**をめざし，廃棄物処理法，リサイクル法などをまとめる基本法として制定された。

2 (1) **リサイクル**はごみを再び資源として活用すること。なお，ものをくり返し使うことを**リユース**，ごみの発生を抑えることを**リデュース**といい，3つまとめて3Rと呼んでいる。
(3) **エコカー**として人気が高い車になっている。

3 (1) 地図中のAは，阿賀野川流域の新潟水俣病。Bは神通川流域のイタイイタイ病。Cは水俣湾(八代海の一部)の水俣病。

Step2 解答 p.94〜p.95

1 (1) 高度経済成長 (2) ① 水俣病 ② ウ
(3) 資源

2 (1) イタイイタイ病 (2) 環境基本法
(3) 循環型社会形成推進基本法

3 (1)〔解答例〕廃棄物を分別し，リサイクルやリユースを行う。
(2) ウ
(3)〔解答例〕ごみの発生を減らす。

解説

1 (1) 経済成長率が年平均10%を超え，急速な経済成長をとげたことをいう。1955年から1973年ごろまでの期間。

3 (2) **ア・エ**はリユース(再使用)，**イ**はリデュース(ごみの発生を減らす)である。

用語チェック▶3Rと4R

リデュース，リユース，リサイクルの3Rに，リフューズ(不必要なものは買わない，拒否する)を加えて4Rともいう。

17 社会保障の充実

Step1 解答 p.96〜p.97

1 ❶ 生存 ❷ 健康で文化的
❸ 社会保険 ❹ 社会福祉
❺ 公的扶助 ❻ 公衆衛生

2 (1) a—社会保障 b—出生率
c—寿命 d—少子高齢社会 (2) 第25条

3 イ・エ

解説

1 ❸〜❻は日本の社会保障制度を支える4つの柱。

2 (1) a．社会保障の財源の6割近くが本人と勤め先の事業主が負担している社会保険料である。残りのうち，3割が国と地方公共団体による負担である。
c．総人口に占める65歳以上の人口が7%以上になると**高齢化社会**，14%以上を**高齢社会**，21%以上を**超高齢社会**といい，日本は2007年に超高齢社会となった。日本の高齢者の割合はすでに約28%(2019年)になっている。

3 **ア**．労働力人口の減少は見られない。
ウ．2025年には，1970年よりも高齢者人口が増加し，2015年よりも労働人口が減少していると考えられる。

Step2 解答 p.98〜p.99

1 (1) A—65 B—公衆衛生
(2) エ (3) 生存 (4) ア

2 (1) X—年金 Y—5
(2) 28,500(円)

解説

1 (2) 老年人口の比率は1950年には約５%，2030年には30%をこえて６倍以上増えている。高齢化により，老年人口はさらに増加すると考えられる。

(4) **イ**．公的年金も含まれるので，すべてではない。**ウ**．消費税は関係ない。**エ**．公的扶助は積み立てとは関係がない。

2 (1) 高齢化にともない，医療と年金の金額が大きく増加しているのがわかる。

(2) 所得税は国税として，住民税は地方税として徴収される。なお，介護保険料を納めるのは，40歳以上であることに注意する。

Step3　解答　p.100～p.101

1 (1) 地方　(2) ア
(3) ① A―法人　B―国債　② 消費税
(4) イ
(5)〔解答例〕所得が増えるにしたがって，税率が高くなるしくみ。

2 (1) 生存権　(2) ア
(3) 環境アセスメント　(4) イ

解説

1 (2) **ア**．**社会権**を具体化したのが**社会保障**である。

(3) B．国債残高が増えるにしたがって国債費は増加している。国債費など歳出の上位３項目(社会保障関係費，国債費，地方交付税交付金)と租税の上位３項目(消費税，所得税，法人税)は増減の様子などを含めて理解しておく。

(4) 財政支出により，公共事業などを増加させ，**減税**することによって，市中に出回るお金の量を増やし，社会全体の需要の増加をはかる。

2 (2) **ア**．生活保護の制度。
イ．公衆衛生の制度。
ウ．公衆衛生の制度。
エ．社会保険(雇用保険)の制度。

(4) **ア**．国内総生産のこと。
ウ．非政府組織のこと。
エ．アジア太平洋経済協力のこと。

用語チェック▶社会保障・税番号(マイナンバー)制度

所得を正確に把握し，納税と社会保障の給付をより公平にする，行政の手続きを簡素化して，人々の生活の利便性を高めることなどを目的として，2016年から国民１人ずつに12桁の個人番号が割り振られた。なお，マイナンバーはさまざまな個人情報に密接に結び付く番号であるため，管理や取り扱いには最大限の注意を払う必要がある。

第6章　世界平和と人類の福祉の増大

18　国際社会と国際連合

Step1　解答　p.102～p.103

1 ❶ 主権　❷ 国際連合　❸ 経済社会
❹ 総会　❺ 安全保障　❻ 拒否権
❼ 国際司法裁判所

2 (1) ①竹島　②中国　(2) APEC

3 (1) A―エ　B―イ　C―ウ
(2) アメリカ合衆国　(3) ア

解説

1 ❶ 他国からの干渉を受けない独立した権限のこと。
❹ 重要問題は，加盟国の３分の２の多数決で，そのほかは過半数で議決。
❺ 常任理事国は米・英・仏・ロ・中の５か国。拒否権をもっている。

2 (2) 日本が参加している地域統合には，**アジア太平洋経済協力(APEC)**があるが，他にも日本・オーストラリア・カナダなど11か国の間で結ばれた**環太平洋経済連携協定(TPP)**にも参加している。

3 (1) C．安全保障理事会の重要議案の議決は５常任理事国を含め，９か国以上の賛成が必要(**５大国一致の原則**)。

(2) アメリカ合衆国の**ニューヨーク**に置かれている。アメリカ合衆国は，安全保障理事会の常任理事国であり，国連予算の分担金額は世界一多い。

(3) アフリカでは，1960年に17か国が独立した「アフリカの年」以降，植民地だった国々の独立が続き，国連に加盟した。そのため1960年に加盟国数が大きく伸びている**ア**がアフリカである。また，ソ連は1991年に解体し，ソ連を構成していた国々が国連に加盟したため，1992年に加盟国数が伸びている**イ**がヨーロッパ・旧ソ連である。なお，南北アメリカは**ウ**，国数が最も少ない**エ**がオセアニアである。

用語チェック▶国連分担金

国連の運営資金は，各国の国民総所得(GNI)を基準に分担率が決定される。2020年現在の分担率とその上位国は１位アメリカ合衆国(22%)，２位中国(約12%)，３位日本(約９%)，４位ドイツ(約６%)，５位イギリス(約５%)，６位フランス(約４%)などである。

Step2 解答 p.104〜p.105

1 (1) ア (2) **オ** (3) **ウ**
2 (1) 冷戦(冷たい戦争) (2) **イ・カ**(順不同)
(3) 安全保障理事会
3 (1)〔解答例〕常任理事国のロシアと中国が拒否権を行使したから。
(2)〔解答例〕国家の主権は平等である，という原則があるから。
(3) 国際司法裁判所

解説

1 (1) 1995年，関税と貿易に関する一般協定(GATT)に代わって，**世界貿易機関**(**WTO**)が発足した。
2 (2) NGO(非政府組織)は，民間組織・民間団体として，平和や人権の問題に取り組んでいる。
3 (3) オランダのハーグに置かれる。紛争中の当事国双方の了解がなければ裁判は行われない。

19 世界平和と日本の役割

Step1 解答 p.106〜p.107

1 ❶ 平和主義 ❷ 平和維持活動
❸ 平和維持軍 ❹ もたず
❺ つくらず ❻ もちこませず(❹〜❻順不同)
❼ 政府開発援助
2 A—人間
B—〔解答例〕自分たちで米を栽培し，いろいろな問題に対処できようになる
3 ア

解説

1 ❹〜❻ **非核三原則**は，1968年に佐藤栄作首相が国会で表明，1971年に衆議院本会議で採択された。
2 A.「人間の安全保障」は，国家の軍事力に頼った安全保障ではなく，生命や人権といった観点から安全を考えていこうとするものであり，1994年に国連開発計画(UNDP)が提唱して以降，広まった。
3 **南北問題**とは，北半球に多い先進工業国と，南半球に多い発展途上国との間の，経済格差などの問題であり，**南南問題**とは，発展途上国間において，資源に恵まれ工業化が進む国と，資源がなく工業化も遅れている国との間の，経済格差などの問題である。

Step2 解答 p.108〜p.109

1 (1) **ウ** (2) NPT (3) **エ**
(4) A—ウ B—エ C—カ
2 (1)〔解答例〕被援助国の自律的な発展のために人材を育成する技術協力の割合が，機材を購入するための資金協力の割合よりも多くなってきた。
(2)〔解答例〕ASEAN内の所得格差が大きいため，所得の高い国には技術協力を，所得の低い国には無償資金協力を中心とする方針で援助を行っている。(64字)

解説

1 (1) **ア**はWHO，**イ**はUNESCO，**エ**はUNICEFの活動についてである。
(2) 1970年に発効した**核拡散防止条約**は，1995年に，無期限の延長などが決定された。
2 (1) 資金協力の他に，知識や技術の伝達のために人材の育成が欠かせない。

20 地球環境と資源・エネルギー問題

Step1 解答 p.110〜p.111

1 ❶ 二酸化炭素(温室効果ガス) ❷ 酸性雨
❸ オゾン ❹ フロンガス
❺ 地球サミット(国連環境開発会議)
❻ 太陽 ❼ 原子力 ❽ 自然(再生可能)
2 (1) ア (2) ア
3 エ

解説

1 ❶ 石油・石炭などの**化石燃料**の燃焼がおもな原因

である。

❸・❹ オゾン層の破壊により，地表にとどく人体に有害な紫外線の量が増え，皮膚がんを発症する人が増加することなどが考えられる。

2 (2) 原子力が多い**ア**がフランス，水力が多い**ウ**がカナダ，残る**イ**が日本となる。2011年の東日本大震災による原子力発電所の事故後，日本の原子力発電の割合は大きく減少している。

3 **ア**．とくにサハラ砂漠の南側(サヘル地帯)，**イ**．とくに南極大陸の上空，**ウ**．とくに北西ヨーロッパ・北アメリカ大陸の東部などでめだつ。

Step2 解答 p.112～p.113

1 (1) ① **オ** ② **ウ** ③ **ア**
④ **イ** ⑤ **エ**
(2) **ウ**

2 (1) **化石燃料**
(2) **〔解答例〕先進国に対して温室効果ガスの排出量削減**
(3) **再生可能エネルギー**

3 **ウ**

解説

1 (2) **ア**・**イ**の地域では酸性雨の被害が見られる。おもな工業地域はドイツなどであるが，偏西風の影響で東ヨーロッパまで被害がおよんでいる。同様の現象は，中国と日本との間でも見られ，中国で排出された汚染物質が，偏西風で日本にまで運ばれている。**エ**の地域ではオゾン層の破壊によってオゾンホールが出現している。他にアマゾン川流域では熱帯林の減少が見られる。森林の減少は野生動物の減少だけでなく，二酸化炭素の濃度の上昇にもつながっている。

2 (2) 1997年の**京都議定書**・2015年の**パリ協定**は，両方とも気候変動枠組条約を締結した国々によって行われている会議でまとまった国際的な取り決め。なお，アメリカはパリ協定から離脱したが，政権が交代し，協定に復帰した。

3 2000年から急激に排出量が伸びたBを，工業化が著しく進んだ中国と判断する。1990年の時点で最も排出量が多かったAは，先進工業国のアメリカ合衆国と判断する。Dはじわじわと排出量が増えていることから，近年の人口増加が著しく，経済が発達してきているインドと判断する。

Step3 解答 p.114～p.115

1 (1) **A—安全保障理事会**
B—経済社会理事会
(2) **〔解答例〕5か国の常任理事国のうちの，1か国でも反対すると議決できない権限。(5か国の常任理事国のすべてが賛成しないと議決できない権限。)**
(3) **ウ** (4) **総会** (5) **エ**
(6) ① **PKO**
② **〔解答例〕難民の平和的帰還をすすめること。**

2 (1) ① **京都**
② **〔解答例〕1人あたりの国民総所得が高いほど，1人あたりの二酸化炭素排出量は多い。**
(2) **持続可能**
(3) **〔解答例〕核保有国以外の国が，核兵器を保有することを禁止する。**
(4) **イ**

解説

1 (5) **ア**は**世界保健機関**の略称。感染症の撲滅，衛生，保健システムの強化をめざす。
イは**国連難民高等弁務官事務所**の略称。難民保護や本国への帰還などを援助する。この高等弁務官を，日本人の緒方貞子氏が1990年～2000年まで務めた。
ウは**国連教育科学文化機関**の略称。教育・科学・文化を通して，世界の平和と安全に貢献することをめざす。世界遺産の指定も行う。

2 (2)「持続可能」とは，現在の人々が幸福を得られるだけでなく，将来の人々も幸福を得られるような方法で「開発」と「環境保護」を調整し，発展を持続的に保持しようとする考え。
(4) **ア**は日本はこれまで，世界の国々の中で最多の回数で，非常任理事国に選出されている。日本は**ウ**の死刑廃止条約を批准していない。**エ**の国連人間環境会議が1972年に開催された都市は，スウェーデンのストックホルムである。また，フロンガスなどオゾン層を破壊する物質について研究を進め，対策をとることを定めたのは，1985年のUNEP(国連環境計画)会議でのウィーン条約である。

高校入試 総仕上げテスト

解答　p.116〜p.120

❶ (1) イ　(2) ユーラシア大陸
(3) ① EU(ヨーロッパ連合，欧州連合)
② 内陸国

❷ (1)〔解答例〕中間に卸売業者が入らないので，流通の費用を安くできる(こと)。
(2) ウ
(3) 記号—イ　あてはまる語句—基準

❸ ① 埋め立て　② 工場

❹ (1) ウ　(2) シルクロード(絹の道)
(3) エ

❺ (1) エ
(2)〔解答例〕天皇に仕える役人としての心構えを示すため。
(3) X—ア　Y—カ　Z—オ
(4) ことがら—C　人物—エ

❻ (1) ① 普通選挙(男子普通選挙)(制度)
② 〔解答例〕女性に選挙権が認められたこと。
(2) 金融機関
(3) ① 日本銀行券　② 政府の銀行
(4) 市場価格

❼ (1) A—家計　B—税金(税)
(2)〔解答例〕衆議院が出席議員の３分の２以上で再可決したとき。
(3) 男女雇用機会均等法

解説

❶(1) 地球上の位置は，経度と緯度で表せる。東西の位置は経度で，南北の位置は緯度で決まる。
(3) ① 1958年に６か国で結成されたヨーロッパ経済共同体(EEC)は，拡大を続け，1967年にヨーロッパ共同体(EC)，1993年にヨーロッパ連合(EU)と改組された。政治・経済での統合を強化し，域内では共通通貨ユーロが使われている(一部の加盟国を除く)。
② 海に面していない国を内陸国，海に達しない川を内陸河川という。

❷(1) 手数料と利潤をとる人がいなければ，それだけ費用は安くなる。
(2) **ア**は輸入額は約８倍である。**イ**は国内生産量の約246倍，また輸入額は8,000億円を上回っている。**エ**はカナダからの輸入額の方が少ない。

❸② 工場の地図記号が４つほどある。

❹(1) **ア**．浄土信仰が民間に広がったのは平安時代後期。**イ**．行基は奈良時代，大仏造営で朝廷に協力した。**ウ**．法隆寺がつくられたのは飛鳥時代。**エ**．禅宗の栄西や道元は鎌倉時代の僧侶。
(3) **ア**の『万葉集』，**イ**の『古事記』，**ウ**の『日本書紀』は奈良時代。**エ**の『源氏物語』は平安時代。

❺(1) ア．672年，**イ**．753年，**ウ**．57年，**エ**．５世紀，**オ**．743年。資料１は３世紀前半，資料２は604年なので，**エ**となる。
(3) X．**守護**と**地頭**はセット。Y．南北朝内乱期に守護が領主化して**守護大名**となっていった。Z．室町時代後期に守護大名支配下の守護代や国人らが主家にかわって大名となっていった(**下剋上**，**戦国大名**)。
(4) 写真の明銭(永楽通宝)に関係のある資料中のことがらはCとDである。しかし，Dに関連する琉球を統一した尚氏の名前は**ア**〜**オ**にないため，Cの**エ**(足利義満)が正解となる。

❻(1) ① 男子のみの普通選挙制。
② 満25歳以上から満20歳以上へ選挙権年齢が下げられたことと，女性に選挙権が認められたことで，有権者数が大はばに増えた。また，2015年に公職選挙法が改正され，選挙権年齢がそれまでの満20歳以上から満**18歳**以上に引き下げられた。
(2) お金を融通する機関なので金融機関。
(3) ② 日本銀行は一般の人や企業とは取り引きをしない。政府と取り引きをするので「**政府の銀行**」，銀行と取り引きをするので「**銀行の銀行**」という。

❼(2) 総議員ではなく出席議員，過半数ではなく３分の２以上であることに注意する。